– September 2016 –

László Végel gehört der ungarischen Minderheit in Serbien an. Die Serben erklären ihn zum Feind, als Végel die Natoangriffe am 10. Juni 1999 begrüßt, die die Gewalt der Serben beenden sollen. Und immer, wenn Végel per Handy telefoniert, verdächtigen ihn die Serben, der Nato Zieldaten durchzugeben. Während der 78 Tage der Luftangriffe kommt er in neun Wohnungen unter, am Ende steht Végel zusammen mit seiner Frau in seinem Garten vor den Trümmern seines Lebens. Zwar bleiben sie in der Vojvodina, eine Heimat haben sie aber nicht mehr. ›Exterritorium‹ ist ein erschütterndes Kriegstagebuch, das uns ungeahnte Einblicke in den nationalistischen Wahnsinn erlaubt.

László Végel, geboren 1941, lebt als Angehöriger der ungarischen Minderheit im serbischen Novi Sad. Mit Danilo Kiš, Aleksandar Tišma oder Ottó Tolnai ist er einer der großen Autoren der Vojvodina. Sein erster Roman, die ›Bekenntnisse eines Zuhälters‹, sind, so Péter Esterházy, »ein Meilenstein für die moderne ungarische Literatur«.

Weitere Informationen, auch zu E-Book-Ausgaben, finden Sie bei
www.fischerverlage.de

László Végel

Exterritorium

Szenen vom Ende des Jahrtausends

Aus dem Ungarischen von Akos Doma

FISCHER Taschenbuch

MIX
Papier aus verantwortungsvollen Quellen
FSC® C083411
FSC
www.fsc.org

Erschienen bei FISCHER Taschenbuch
Frankfurt am Main, Juli 2014

Lizenzausgabe mit freundlicher Genehmigung
des Matthes & Seitz Verlag, Berlin
Die Originalausgabe erschien unter dem Titel
›Exterritórium‹

Druck und Bindung: CPI books GmbH, Leck
Printed in Germany
ISBN 978-3-596-19463-6

Szenen vom Ende des Jahrtausends

Erste Szene

Siegesfeuerwerk – Rasierschaum, Rasierklingen, Zahnpasta, Zahnbürste, Pyjama – Schwejk – Knisterndes Radio – Volksfest – Ćevapčići

Im Süden über Újvidék erstrahlte der nächtliche Himmel in roten, gelben und grünen Farben, bunte Flammensäulen schossen aus der Erde empor, doch die Erde erzitterte nicht. Du betrachtetest den Himmel vom Hof deines Hauses mit Garten in Temerin wie so oft während der Luftangriffe. Es war gegen Mitternacht, der Himmel war wolkenlos, die Blätter an den Bäumen regten sich nicht. Ein Wetter wie geschaffen für einen Luftangriff. Oben zuckten verspielt bunte Raketen, die Flugabwehrkanonen grollten furchterregend. Aber es dröhnten, raunten keine Flugzeuge, nur die Hunde aus der Gegend kläfften, winselten unheilverkündend in Richtung des Firmaments. Und ohne den Tagesanbruch abzuwarten krähten die Hähne um Mitternacht im Chor.

Die Sirenen schwiegen, was natürlich nichts besagte, denn es kam oft vor, dass sie wegen einer Stromsperre stumm blieben, während die Bomber über den Städten kreisten. Häufig hörtest du zunächst den Einschlag der Raketen und Bomben und gleich darauf im Treppenhaus das Getrampel der nach unten flüchtenden Menschen aus den oberen Stockwerken. Erst im Anschluss heulten die Sirenen auf oder sie blieben gleich stumm. Die Bomber zogen über die Städte hinweg, erst nahmst du ihr monotones Geraune wahr, dann das Pfeifen einiger herabfallender Bomben, gefolgt von einem großen Donnern, zum Schluss verhallendes Geraune. Später begann dasselbe von vorn. Mal ganz nah, mal sehr fern, da konntest du dir nie sicher sein. Die Erde bebte, aber dir war, als hörtest du das Echo unterirdischer Donnerschläge. Schließlich warfen die Bomber ihre Last ab, die Fensterscheiben klirrten, dann kehrte wieder Stille ein.

Bereits seit einer Woche hofftest du nur noch auf die Friedensverhandlungen, suchtest nachts auf der Kurzwelle nach Nachrichten aus Kumanovo. Auf der Frequenzskala für Kurzwellensender herrschte ein babylonisches Gewirr: Die NATO und die serbischen Offiziere verhandeln! Sie stellen sich stur. Eine Frage von Stunden! Eine Frage von Tagen! Wieder ist alles ins Wasser gefallen! Dann verhandelten sie wieder den ganzen Tag. In Belgrad Stille. In Belgrad stellte man sich stur. In den Straßen hallte es wider: Wir geben nicht nach! Auf einem ausländischen Fernsehsender konntest du folgende Bilder erhaschen: Serbische Offiziere kletterten, stürzten sich in die NATO-Zelte. Einer von ihnen blieb versteinert in der Mitte des Zeltes stehen, als sei er sich nicht ganz sicher, wo er sich befand. Beharrlich starrte er auf einen Punkt in der Ecke des Zeltes.

Im Schein der Raketen schimmerten die reifenden Sauerkirschen im Nachbargarten, die weißgetünchte Hauswand blitzte auf, doch das Laub des Nussbaums erzitterte nicht bei den Detonationen. Der Himmel funkelte wie zu Neujahr in New York. Ab und zu erhellte der Schein den wieder gerichteten Rasen, den du in diesen unheilvollen Tagen zeitweilig vernachlässigt hattest. Zum einen weil du dich mit Anikó monatelang in fremden Häusern, Wohnungen versteckt gehalten hattest – in achtzig Tagen hattet ihr neunmal die Wohnung gewechselt –, zum anderen wegen der Stromausfälle. Doch am meisten wohl deshalb, weil dir die innere Ruhe fehlte, die zur Rasenpflege nötig war. Rasierschaum, Rasierklinge, Zahnpasta, Zahnbürste, Pyjama blieben in der Reisetasche, und an den Rasen dachtest du nicht.

Das Gras wurde lang, die Halme vergilbten, während ihr euch auf Bauernhöfen, in untervermieteten Zimmern in der Stadt, in einer Kellerwohnung unter bosnischen Roma versteckt hieltet. Du packtest den Pyjama aus deiner Tasche und gingst ans Fenster, um Ausschau nach dem Leben zu halten. Noch nie erschien dir das Leben so nah wie durch das Fenster. In diesen Schutzräumen lerntest du die Welt des Krieges besser kennen als aus der Presse, aus den ausländischen und inländischen Nachrichtensendungen oder als sonst im Alltag.

Du versuchtest, die Ereignisse zu verstehen und kamst zu der Einsicht, dass die Geschichte, deren Teil du warst, nicht nur von einem Krieg handelte, sondern von vielen, von jenen vergangenen, an die du dich nicht erinnern konntest, die deine Eltern und Großeltern durchlebt, aber nicht hatten beenden können. Sie hatten den Hahn nicht fest genug zugedreht, deshalb leckte er, Tropfen für Tropfen. Jetzt schien es nicht mehr möglich, ihn zuzudrehen. Er war eingerostet. Alles war eingerostet. Ganze Generationen hatten euch verheimlicht, dass sie nicht die Kraft gehabt hatten, auch nur einen einzigen Krieg zu beenden. Stets gab es Sieger und Verlierer, alles andere zählte nicht. Irgendwo hatte man die Karten ausgeteilt, darauf kam es an. Die Sieger wurden immer selbstherrlicher, die Verlierer hingegen hatten viel mehr büßen müssen, als wenn der Krieg wirklich beendet worden wäre.

Mit geschlossenen Augen beobachtetest du den frühlingshaft, azurblau strahlenden Himmel und die vor Angst aufgebrachten Menschen. Du suchtest dir die Ereignisse heraus, so wie du in den letzten Jahren unter den wegzuwerfenden Sachen ausgewählt hattest. Alles war wertlos geworden, das, was du gesammelt, geerbt, geschenkt bekommen hattest. Bestürzt erkanntest du, dass dein Notbedarf in einer kleinen Tasche Platz hatte. Dir wurde klar, dass sich alles wegwerfen ließ, nur hattest du es nie über dich gebracht. Nie hattest du das, was du wirklich brauchtest. Die überflüssigen Dinge um dich herum waren immer mehr geworden: Notizzettel, elektrische Kabel, verrostete Schraubenzieher, alte Gardinenstangen, Griffe, Kugelschreiber, vergilbte Fotografien, Bücher, Briefe von Freunden, Schrauben, zerbrochene Tassen, Hähne, löcherige Schuhe, Manuskripte, alte, unbrauchbare

Fotoapparate, Plattenspieler, für die es keine Ersatzteile mehr gab.

Du warfst dies und jenes nicht weg, warst dem Plunder gnädig, obwohl du wusstest, dass sich das Spielchen in einem Monat wiederholen würde. Doch nun gab es keinen Aufschub mehr, es war nicht mehr möglich, etwas zu entstauben, um es für eine Weile wegzulegen, wenn auch nur irgendeiner wirren Erinnerung wegen. In diesem Krieg ging es um deine Erinnerungen, deine Erfahrungen, dein Leben, er hatte deine Erfahrungen getötet. Er hatte dich ganz und gar entmündigt, dir blieb keine Zeit, und doch musstest du dein Leben von vorn beginnen: Alles übrige Wissen, das du dir in der Zwischenzeit angeeignet hattest, schien völlig überflüssig geworden zu sein. Nichtsdestotrotz versuchtest du zwischen deinen Erinnerungen auszuwählen. Vielleicht konntest du doch etwas retten, vielleicht war doch nicht alles so, wie du glaubtest. Vielleicht hatte es dir nur vor den Augen geflimmert, hattest du irgendeine Krankheit überstanden, Albträume gehabt, halluziniert, vielleicht war also nichts von alledem wahr, waren die Menschen doch nicht so, wie sie dir erschienen.

Du ließt in der Abenddämmerung den Blick über den Rasen schweifen, so brach für dich in Temerin die Nacht des 10. Juni 1999 an. Im Städtchen schoss man wild um sich wie auf serbischen Hochzeiten. Du standest ratlos auf dem Hof, wusstest nicht, was du vom Lärm halten solltest; von der seltsamen Mischung aus dumpfem Flugabwehrkanonengedröhne, Maschinengewehrgeratter, Gewehr- und Revolvergeknatter. Du schaltetest schnell das Taschenradio ein. Kumanovo, wiederholte der Sender Freies Europa. Deine Vermutung stellte sich als wahr heraus: Die Sirenen waren deshalb stumm geblieben, weil die jugoslawische Luftabwehr den triumphalen Sieg über die NATO feierte. Tatsächlich hattest du schon seit Tagen die Frieden bringende Unterzeichnung des Abkommens von Kumanovo erwartet, es war auch zu erwarten gewesen, dass die öffentliche Meinung in Serbien das als Sieg verbuchen, ja überschwänglich feiern würde. Aber würden die Menschen dieser Propaganda auch Glauben schenken, fragtest du dich.

Immer mehr verstärkte sich in der Gegend das Gewehrgeknatter. Dieses Freudenfest, dachtest du bei dir, führte in eine verblüffende, virtuelle Welt, aus der es keine Rückkehr gab. Es war ein Wagnis, das eine eingestandene Niederlage nicht verkraftete. Aber egal: alles oder nichts. Mochten doch alle zur Kenntnis nehmen, dass sich der Kosovo-Mythos erfüllt habe; Serbien hat Europa gegen Amerika verteidigt. Wie einst gegen die Türken. Europa war gerettet. Nun mischte sich auch Maschinengewehrgeratter in die Feierlichkeiten. Vor allem in den von Siedlern bewohnten Stadtteilen knatterten die Gewehre in leidenschaftlichem Rhythmus, mit diesem Geknatter, Gedröhne ließ sich der Freudentaumel am besten zum Ausdruck bringen.

Wie viele Waffen mochten sie in diesen Häusern versteckt halten, ging dir durch den Kopf. Wo bewahrten sie sie auf? Im Schuppen? Im Schlafzimmer? Sicherlich direkt neben dem Kommunistischen Manifest, das sich bekanntlich einer beinahe ebenso großen Beliebtheit erfreute wie das Gewehr. In den ungarischen Stadtteilen jedoch blieben die Fenster dunkel mit sorgenvollen Menschen dahinter, die wochenlang gesenkten Hauptes durch die Straßen geschlichen waren, in der Hoffnung, auf diese Weise keinen Zorn auf sich zu ziehen. Im abgedunkelten Zimmer, aus dem Fenster spähend, überstand man sogar den Krieg. Anderen aus dem Weg gehen, sich von gefährlichen Plätzen davonstehlen, an die Mauer geschmiegt, humpelnd den in Tarnuniform gesteckten Jugendlichen und mit allen Wassern gewaschenen stoppelbärtigen Patrioten ausweichen. Demut verlangte menschliche Größe, auch wenn ihr euch dabei moralisch besudeltet, stelltest du fest. Diese Selbstdisziplin, Angst und Größe gingen von den Häusern der Ungarn aus, die sich in Dunkelheit hüllten.

Viele namenlose Schwejks lauerten stumm, kauerten in den dunklen Zimmern, horchten, was auf der Straße passierte. Strom gab es zwar, aber in den umliegenden Häusern wurde das Licht nicht angemacht. Du konntest dir leicht denken, warum, denn auch wenn du unwillkürlich den Schalter betätigen wolltest, zogst du plötzlich die Hand zurück. Auch du wolltest lieber ein Schwejk bleiben!

Anikó folgte dir, tastete sich im Dunkeln auf den Hof hinaus, sie hatte ein paar Tage zuvor einen Verkehrsunfall gehabt, sie konnte sich kaum bewegen, dennoch schleppte sie sich hinaus. Frieden, sagtest du zu ihr und reichtest ihr den Arm. Sie sah dich nur ungläubig an. Sie musterte mit starrem Blick den Himmel, sie konnte ihren Hals kaum bewegen. Sie haben kapituliert, hörtest du aus dem Zimmer die Stimme des Sender Freies Europa. Ihr tastetet euch vorsichtig ins dunkle Zimmer, Anikó schlüpfte unter großen Schmerzen wieder ins Bett. Was feiern sie, fragte sie. Den Sieg, erwidertest du. Unmöglich, sprach sie vor sich hin. Deshalb feiern sie es, sagtest du leise.

Ihr saßt im Dunkel, rührtet euch nicht, kamt euch wie Gefangene des Unmöglichen vor. Das Unmögliche war dein Gefängniswärter geworden. Wer wusste schon für wie lange. Du zerbrachst dir den Kopf darüber, wie du dich am nächsten Tag in Gegenwart anderer auf der Straße benehmen solltest. Dir fiel nichts besseres ein, als endlich die Jeans auszuziehen und den leichten Frühlingssakko in den Schrank zu stopfen. Du würdest dir wieder eine Jacke anziehen, dir eine Krawatte umbinden, dich also genauso verstecken wie zuvor. Du würdest zerstreut lächeln, wenn du beleidigende Worte hörtest. Du würdest abwesend sein. Du würdest immer seltener anwesend sein: Du würdest dich in deine Muttersprache einspinnen und darüber nachdenken, wie die Zeit an dir vorbeirauscht.

Das Radio knisterte, fortan interessierte es dich nicht mehr, was es von sich gab. Mitternacht war vorbei, auch in den Straßen Belgrads wurde geschossen, auch die Hauptstadt feierte freudetrunken mit Waffengeratter. Salven auf das Unmögliche! Das Fernsehen berichtete ausführlich über die Ereignisse. Es steigerte den Siegestaumel bis zum Letzten. Das war ein gewaltiges Risiko, es schien zu suggerieren, der Krieg sei nur vorübergehend beendet. Es sei nur ein Waffenstillstand, sagen wir für fünf Jahre. Fünf Jahre! Reichlich Zeit! Am so genannten Kriegsende kamen dir diese 1800 Tage wie eine besonders lange Zeit vor. Auch dir blieb davon genug, um mit dem Unmöglichen zu ringen, denn es erschien dir wirklich unmöglich, dass die feiernden Massen tatsächlich an den Sieg glaubten. Sonst hätten sie ihn nicht mit Salven, sondern gerührt empfangen. So wie man es dem Unmöglichen schuldig war. Nein, hier ging es doch um etwas anderes. Aber was war dieses Andere? Es war weit mehr als nur Selbsttäuschung, es war irgendeine grausame Kraft, die wir flüchtig Lüge nennen könnten. Aber nur flüchtig. Weil es mehr war als eine Lüge: Es war betörend wie die Lüge, aber in einer erhabeneren Weise als die Wahrheit – und darin lag seine eigentliche Kraft.

Wenn es so war, und warum sollte es nicht so sein, war dieser Sieg nur eine der vielen erhabenen Lügen. Eine Lüge, an die man glauben musste, da sie noch stärker als der Glaube, als die Wahrheit war. Aber wenn du mitfeiertest, würde das gewiss ironisch wirken, denn du entlarvtest dadurch ungewollt die Lüge. Und darin wolltest du dich nicht verstricken, nicht nur wegen der Angst, sondern auch deshalb nicht, weil es nicht mehr deine Angelegenheit war. Lieber saßt du in einem Gartenlokal, rührtest im Cappuccino, tatest so, als wärst du ein Intellektueller. Ein Intellektueller, den ganz andere Sorgen plagten, etwa die Geheimnisse der Seele, die sogenannten ewigen Fragen der Menschheit, die abstrakten Begriffe und rätselhaften Leidenschaften, wie man zu sagen pflegte. Du hattest diesen Balkankrieg ohnehin satt – wiederholtest du blasiert –, er war doch zu kleinlich und begann immer wieder von neuem. Rede über etwas anderes! Über den Rasen, einen rätselhaften Traum, wundersame Visionen, über irgendetwas, was es nicht gab, und wenn man auch davon die Nase voll hatte, spiele deine letzte Karte aus: Du trägst gerade das Minderheitenkreuz, wie das in Budapest von dir erwartet wurde. Ziehe in eine Minderheitensiedlung nach Budapest und schreie es hinaus: Ich verteidige meine Selbstidentität. In der Siedlung, versteht sich, dort ließ sie sich leicht verteidigen. Das störte wenigstens keinen. Sie würden sich zwar taub stellen, aber dir wenigstens auf die Schulter klopfen. Nur erwähne ja nicht, dass du Augenzeuge eines Sieges warst, den die Angehörigen der Minderheiten in abgedunkelten Zimmern abwarten mussten, während sie erleichtert ihr Glück segneten. Erwähne ja nicht, dass sie glücklich waren. Obwohl das das Wichtigste war: Sie waren glücklich. Glückliche, einfältige Angehörige der Minderheiten! Sie machten eine Flasche Bier auf, die sie für diesen Anlass aufgehoben hatten. Und am Morgen schalteten sie wie üblich den Kanal von Duna-TV ein, wo sie sagten: Der hat es ihnen aber gegeben. Das machte sie noch glücklicher. Und hätte es erst Sekt gegeben!

Ja, Sekt! Du hattest Lust auf Sekt, nach zehn Jahren endlich mal wieder Sekt! Du hättest jetzt gern heimlich eine Flasche geleert, nur so aus der Flasche trinken. Nicht in der Siedlung in Budapest, sondern hier auf dem echten Schauplatz. Du würdest spüren, wie deine Zunge vom schäumenden Trank betäubt werden würde. Betäubung bräuchtest du, kein Schicksalskreuz. Süße Betäubung! Nicht das obligatorische Wehklagen, die ewige Liebedienerei. Nach schäumender, künstlicher Betäubung dürstete es dich. Ein Sektglas kam nicht in Frage. Aber das Bewusstsein dieses vollblütigen oder, wie sie es nannten, vitalen Überlebens wirkte nicht betäubend, sondern ermüdend auf dich; du wärst am liebsten ins Bett gefallen, sehntest dich schon seit Wochen nur nach Schlaf und starrtest doch mit weit geöffneten Augen aus dem Fenster;

während du der Schießerei und dem knisternden Radio lauschtest, dachtest du an den Sekt, damit deine Zunge betäubt wurde. Nach Bier war dir nicht zumute, du dachtest geradezu widerwillig an Bier, von dem du alle zehn Minuten pinkeln müsstest. Du wolltest nicht glücklich sein, denn eben noch standest du mitten im Hof wie eine reglose Geisel. Denn das warst du ja die ganze Zeit, und du wusstest immer weniger, warum und in wessen Namen. Das einzig authentische Verhalten hätte darin bestanden, den Rasenmäher herauszuholen und den Rasen sorgfältig in Ordnung zu bringen. Doch allein die Sorge, was die Nachbarn von dir denken könnten, hielt dich davon ab.

Auch am Tag darauf feierten die Menschen den Sieg. Du tatest recht daran, eine Jacke anzuziehen und dir eine Krawatte umzubinden. Das war deine authentischste Antwort auf diesen Krieg, diesen Sieg. Den ganzen Tag hattest du deinen Blick umherschweifen lassen und lächeltest zerstreut. Das Unmögliche brachte dich zum Lachen. Denn Stunde um Stunde verkündeten das serbische Radio und Fernsehen, dass Belgrad in der Nacht in Freudentaumel geschwommen sei, den Sieg gefeiert habe, die Bevölkerung auf die Hauptstraßen geströmt sei, die meisten natürlich im Auto, sie hätten Fahnen entrollt und Präsident Milošević hochleben lassen. Wie einst Marschall Tito. Auf den Straßen habe man Fackeln entzündet. Manche seien vor Freude in Tränen ausgebrochen. Ein Metzger habe frisch gegrillte Ćevapčići an die Bürger verteilt. Amüsiert hattest du in Újvidék das Nachkriegsvolksfest verfolgt und konntest dich auch mit eigenen Augen vom Glück überzeugen.

Der Empfang war von schlechter Qualität, denn die Übertragungstürme waren zerbombt worden, aber die Stimme und die Erscheinung der Ansagerin strahlten Heiterkeit aus, während sie sich die platinblonden Haare richtete. Nach jedem Satz griff sie sich ans platinblonde Haar. Ihre heitere Stimme, ihr gekünsteltes Lächeln, das jetzt genauso falsch war wie vor dem Krieg, machten die Absurdität der Nachricht verblüffend anschaulich. Auch damit erweckte sie den Eindruck, als sei nichts passiert. Und als würde auch nichts passieren. Anschließend folgten patriotische Lieder. Dann kamen wieder die Siegesreden an die Reihe. Dann wieder süßliche patriotische Lieder. Man blies sogar Kunstrauch auf die Bühne. Hin und wieder tauchten die Generäle auf und schilderten den einzigartigen Sieg. Man habe die modernste Armee der Welt genötigt, den Friedensvertrag zu unterzeichnen. Man habe in einem Zelt in Kumanovo die mächtige NATO in die Knie gezwungen. Die NATO-Offiziere hätten die Stifte herausgeholt und die Kapitulation unterzeichnet.

Der Ton klang natürlich und selbstverständlich, schließlich hatten die serbischen Generäle zehn Tage zuvor noch damit geprahlt, dass die jugoslawische Luftabwehr seit dem 24. März insgesamt vierundsiebzig Kampfjets, Hubschrauber und unbemannte Flugzeuge der NATO vernichtet habe. Die NATO-Flugzeuge purzelten nur so vom Himmel! Die Verluste auf serbischer Seite seien unerheblich, behaupteten die Armeevertreter. Die Lage des Aggressors verschlechtere sich von Tag zu Tag. Sie hätten nichts mehr zu bombardieren. Sie wüssten nicht, wo sie ihre mörderische Last abwerfen sollten. Der Kriegsberichterstatter zeigte vor laufenden Kameras stolz die Panzer, die aus dem Kosovo abzogen, sie glänzten vor Sauberkeit, nicht einen Kratzer hätten sie abbekommen.

Allein der weißrussische Präsident Aljaksandr Lukaschenko litt unter Schwermut: Auf dem Balkan habe nicht nur Milošević, sondern wir alle eine Niederlage erlitten, davon würden wir uns bald überzeugen können. Es habe ihn ein wenig getröstet, dass auch die NATO eine Niederlage erlitten habe, sagte er, dennoch suchten ihn schlechte Träume heim, denn er bot dem jugoslawischen Präsidenten für den Notfall großzügig seine Hilfe an, Weißrussland sei sogar bereit, ihm politisches Asyl zu gewähren. Doch damit verlor er in den Augen der feiernden Massen viel von seinem Ansehen, das imposante Bild, das im Staatsfernsehen von ihm gezeichnet worden war, verblasste. Wo war noch jenes schlanke Staatsoberhaupt, das unter den schattigen Bäumen von Beli Dvor trotzig die serbische Garde abgeschritten hatte? Es war zusammengeschrumpft. Er wirkte ein bisschen feige oder zumindest opportunistisch. Er war so geworden, wie man in den überaus populären, neumodischen serbischen Volksliedern den dicklichen Jelzin darzustellen pflegte. Auf der Straße tönte es nämlich schon seit Monaten, dass sich Jelzin für vier Milliarden Dollar an Amerika verkauft habe, Serbien jedoch für kein Geld der Welt zu kaufen sei. Man könne ihm nicht das Rückgrat brechen. Für dieses Motto hätten sich die Wähler zehn Jahre zuvor entschieden.

Zehn Jahre! Das Jahrzehnt der Wunder! In den Straßen wog sich die Menge, ließ die kommunistischen Führer hochleben. Eine ganze Nation jubelte. Oft gab es keinen Treibstoff, dennoch rasten die Fahrzeuge durch die Straßen. Die Großmächte sperrten die Grenzen ab, dennoch gelangten die modernsten Waschmaschinen und Fernsehgeräte in die Schaufenster. Jetzt gab es Treibstoff schwarz so viel man brauchte. In der Nacht der Feierlichkeiten zum sagenhaften Sieg über die NATO rasten die Autos umher, niemand sparte an dem teuren Treibstoff. Den Fahrzeughaltern standen monatlich zwanzig Liter pro Kopf zu, den Rest musste man von ungarischen und rumänischen Schmugglern kaufen, und dennoch füllten sich die Stadtzentren mit hupenden Autos. Auch das zeigte, dass die in diesen zehn Jahren entstandene nationalistische Mittelklasse über die nötigen Devisen verfügte und die Schieber in den Nachbarstaaten nicht untätig waren. Die Fahnen flatterten, die Autos hupten. Die hochmütige Balkanseele hatte sich kein bisschen verändert. Ein Wunder war geschehen, wie immer. Jeden Tag, jeden Monat, jedes Jahr. Nur die Philister rechneten vor, dass das System schon morgen zusammenbrechen würde, räsonierten sie und prosteten sich zu. Und doch geschah es nicht! Die Apokalypse der Philister blieb aus, die kalten Zahlenangaben besagten nichts. Es kursierte irgendein apokryphes Kapital im Land, nur das konnte erklären, dass es nun schon seit zehn Jahren unzerstörbar war. Seit zehn Jahren prophezeiten die gelehrten Ökonomen den völligen Bankrott, verkündeten den endgültigen Zusammenbruch, wiederholten neunmalklug, mit knurrendem Magen würde das Volk die Führung schon vertreiben. Mit knurrendem Magen würde sich das Volk den Sieg schon erkämpfen. Es kam nicht so. Es gab Wichtigeres für die Volksseele als die Freiheit, die würde man in den Geschichtsbüchern schon verklären, ob es sie gegeben hat oder nicht. Irgendeinen Rettungsring gab es immer, irgendetwas fand sich immer, und wenn es nicht mehr war, als man zum Essen und zum Trinken brauchte und um die Ökonomen lächerlich zu machen.

Zweite Szene

Das fröhliche Serbien – Vukovar und Sarajewo – Zement, Ziegel, Sand, Dachziegel, Zubehör – Clinton und Hitler – Meinungsaustausch über Handgemenge – Der Kummer der Patrioten

Der Himmel funkelte, der Zusammenbruch war wieder einmal ausgeblieben, Godot nicht angekommen, doch nicht einmal das versetzte das vor der Wirklichkeit fliehende Serbien in Erstaunen. Das Wichtigste sei durchzuhalten und der nationale Zusammenhalt. Man brauche keine Katharsis, schworen sowohl die unabhängigen als auch die staatstreuen Intellektuellen. Den Haag sei identisch mit dem GULAG, schrieben die oppositionellen Intellektuellen, nach Den Haag würden Unschuldige verschleppt, beteuerten sie der demonstrierenden Jugend. Alle seien unschuldig, an der Unschuld des Volkes bestehe kein Zweifel, wenn nötig, fänden sich schon ein paar Sündenböcke. Ein paar Trottel, die eine glücklichere Nachwelt vielleicht zu Legenden stilisiert haben. Es blieben also noch die Ideale bestehen, in deren Namen man sich immer wieder im Lachen üben musste. So könnte den Störenfrieden gar nicht erst in den Sinn kommen, dass Serbien nichts zu lachen hätte. Es lachte sehr wohl, würdevoll und fluchend. Die Restaurants, die Cafés waren überfüllt. Die ganze, unerträglich gutgelaunte Stadt war voller kleiner Cafés. Man konnte auch nicht gerade behaupten, dass die Geschäfte vor Leere gähnten. In den besseren Läden gab es französische Markenparfüms zu kaufen, und man konnte sich nach der neuesten Londoner Mode einkleiden. Auf den Straßen rasten die neuesten Autos umher. Vukovar war weit weg, Sarajewo noch weiter. In den Straßen herrschte gute Stimmung. Das Lachen war heilsam.

Nach dem Siegesfeuerwerk bevölkerten sich die Restaurants und Cafés wieder, abends waren die Massen wieder auf den Straßen. Die Bürger wollten den mehrmonatigen Ausfall kompensieren. Die Läden füllten sich, alle wollten einkaufen, neue Jeans, Schuhe, Hemden oder zumindest ein paar Socken. Die Ladentische in den Metzgereien quollen über vor Fleisch. Auf dem Schwarzmarkt herrschte ein fröhliches Treiben, es gab reichlich Südfrüchte, man konnte zwischen israelischen und griechischen Orangen wählen, und keine von beiden war zu teuer. Schokolade, Kakao, Nescafé, Whisky, alles gab es in großer Auswahl. Vor den Ständen der Schwarzhändler standen die Bürger Schlange.

Ein paar Tage nach der Unterzeichnung des Abkommens von Kumanovo sprang auf der Terrasse eines Restaurants nahe dem größten Einkaufszentrum ein junger Mann von seinem Tisch auf und begrüßte dich. Du konntest dich nicht erinnern, woher ihr euch kanntet. Ohne Umschweife berichtete er, in Újvidék herrsche Hochstimmung, da der Präsident dort gewesen sei. Er habe wie immer eine kurze, stramme, aber markige Rede gehalten, den in Europa einzigartigen, sagenhaften Sieg gerühmt und verkündet: Wir marschieren nach Europa. Direkt ins Herz Europas. Aber erst werden wir die dorthin führenden Straßen und Brücken in Ordnung bringen, damit wir ungehindert marschieren können. In hundert Tagen bekommt Újvidék eine neue Brücke!

Der Typ klopfte dir auf die Schulter und lachte, lachte, glücklich und unbekümmert. Lachte wie ein Kind. Nur Kinder konnten so unschuldig lachen. Komm, wir trinken einen Whisky darauf, sei mein Gast, fuhr er fort, während er dir nach orthodoxem Brauch dreimal die Wangen küßte. Er drängte dich auf die Terrasse, wo Volksmusik spielte, die Menschen immer wieder in lautes Gelächter ausbrachen, sich mit frischem Braten vollstopften. Ich habe gerade ein gutes Geschäft abgeschlossen. Ich hatte während des Krieges mehrere hundert Tonnen Zement auf einem Hof in der Bácska versteckt, davon habe ich rund hundert verkauft. Zement geht jetzt weg wie Butter, denn nun beginnt der Wiederaufbau. Zement, Ziegel, Sand, Dachziegel, Zubehör, damit kann man momentan reich werden. Morgen beginnt der Wiederaufbau, man muss absahnen, solange er andauert, denn ist er einmal zu Ende, schwimmen die Gelder davon.

Du rücktest auf deinem Stuhl verlegen hin und her, du kanntest diesen Menschen nicht einmal vom Sehen. Du hattest keine Lust zu kichern und in dem Gartenlokal herumzusitzen. Du warst dir noch nicht im Klaren, was du einem Fremden sagen solltest. Du seist in Eile, erwidertest du vorsichtig, der letzte Bus nach Temerin fahre in einer Stunde. Er maß dich mitleidig. Taxis sind jetzt billig, warum rufst du nicht eins, es kostet keine zehn D-Mark. In Budapest kutschiert man dich für soviel nicht einmal in die nächste Straße. Ein ungarischer Schriftsteller kann sich ja wohl leisten, in Serbien Taxi zu fahren, oder etwa nicht? Ein ungarischer Schriftsteller fährt doch nicht mit dem Bus.

Ungarischer Schriftsteller, schoss dir durch den Kopf. Zum ersten Mal seit den Bombardierungen sagte das jemand zu dir. Es klang verblüffend, fast unfreundlich, obwohl es nicht so gemeint war. Er wollte sicher zum Ausdruck bringen, dass ein ungarischer Schriftsteller mit Geld gefüttert wurde. Oder etwas Ähnliches. Woher er dich wohl kannte, überlegtest du im Stillen. Du fandest eine Ausrede. Ja, du könntest Taxi fahren, das Problem sei nur, dass du an der Bushaltestelle ein wichtiges Rendezvous hättest. Du zwinkertest vielsagend. Und er grinste wie ein Komplize. Das ist etwas anderes, sagte er. Du warst erleichtert. Und außerdem gelte seine ganze Wertschätzung den ungarischen Frauen.

Vielleicht verwechselte er dich mit jemandem, überlegtest du auf dem Weg zur Bushaltestelle. Im Gewühl vor der Bustür kamst du zu dem Schluss, dass du paranoid geworden warst, da du die irrtümliche Einladung nicht angenommen hattest. Ihr hättet ein paar Whiskys hinuntergekippt und euch zynisch und komplizenhaft das europäische Emporstreben ins Gedächtnis gerufen. Auch ihr wärt dann emporgestrebt, hättet ironisch den Präsidenten gepriesen und dabei lauthals gelacht. Gleichzeitig hättet ihr überlegt, wo der nächste Bürgerkrieg aufflammen würde, in Crna Gora oder im Szandzsák, womöglich sogar in der Vojvodina. Viele behaupteten, er sei zu Ende, er habe in den achtziger Jahren im Kosovo angefangen und sei im Kosovo zu Ende gegangen. Andere prophezeiten, nun sei die Vojvodina an der Reihe, denn die Ungarn wollten sich die Vojvodina einverleiben. Das wollten sie für sich herausholen. Man müsse auch hier die Schlinge enger ziehen, jawohl, sagten sie. Sie beriefen sich mit der Schlinge in der Hand auf den Budapester Korrespondenten des RFI, siehe da, auch ein führender unabhängiger Oppositioneller bezeugte, dass die Nachbarländer Serbien unter sich aufteilen wollten. Also war doch die Vojvodina an der Reihe. Der unabhängige Oppositionelle bereitete die Schlinge vor. Horthys Armee wollte wieder ins Land einfallen so wie 1941. Viele belächelten das alles überheblich. Die Ungarn spielten hier keine Rolle, sie seien Schlappschwänze. Nicht einmal eine Armee hätten sie! Sie hätten kein Geld dafür. Nur die ungarischen Frauen taugten etwas. Die Kapitalisten hätten ihr Land leer geräumt. Der unabhängige Oppositionelle spiele den Patrioten, weil er vor der NATO verduftet, nach Budapest geflohen sei, das Volk im Stich gelassen habe, sagten sie und winkten ab. Jetzt wolle er sich auf diese Weise wieder ins Land betteln. Dennoch zogen sie sorgenvoll die Augenbrauen zusammen. Szandzsák sei an der Reihe, verkündeten sie. Das wollten die Großmächte ausweiden. Andere beteuerten hoch und heilig, der Balkankrieg habe in Belgrad begonnen und würde daher auch in Belgrad enden. Dort hätten die Oppositionspolitiker Slobo ihre Liebe geschworen. Sie seien vor ihm auf die Knie gefallen, jetzt säßen sie gern mit halbem Hintern in seinem Boot. Wenn Slobo es ihnen nur erlaubte, so mit halbem Hintern. Doch neuerdings duldete er sie nicht in seinem Boot. In Belgrad habe es begonnen, als die Schriftsteller und die oppositionellen Intellektuellen angefangen hätten, an Slobo einen Narren zu fressen. Dort musste es auch beendet werden. Es würde zu einem neuen, großen, blutigen Zusammentreffen kommen, mit Panzern, Maschinengewehren, Militärfahrzeugen. Die Menschen wetteten auf diese Eventualitäten, als spielten sie Lotto. Ja, diejenigen, die sich heute darauf beriefen, dass die Führer das Volk getäuscht hätten, hatten damals mit im Boot gesessen. Als habe das Volk geschlossen im Boot gesessen und nicht sie selbst. Sie träumten von einem großen, blutigen Zusammentreffen, als habe es jenes Boot nie gegeben.

Von etwas anderem als Politik konnte man ohnehin nicht reden. In Bussen, Cafés, Behörden, überall wurde politisiert. Aber neuerdings begann der Meinungsaustausch damit, dass sie es erst ordentlich der NATO gaben, und die erschöpfende Analyse folgte danach. Was zum Teufel bombardierten diese Idioten, zum Krieg käme es hier auch ohne sie. Die Griechen hätten die Hand aufgehalten. Für Dollars würden sie zu allem Ja und Amen sagen. Hier einen Dollar, dort einen Dollar. Die Italiener überlegten, zerbrachen sich den Kopf darüber, wie sie bei dem Krieg absahnen konnten. Derweil lutschten sie Froschschenkel. Sie hätten gern das Fernkommunikationsnetz gekauft. Der Itaker wollte beim Krieg absahnen. In Ordnung, dann sollte die NATO die Post nicht bombardieren. Die Franzosen zögerten wie Zuhälter. Sie sollten lieber ihren Wein trinken, der sie schläfrig machte. Sie würden ohnehin bald von den Arabern aufgefressen werden. Oft hattest du die Erfahrung gemacht, dass die Bürger wohlinformiert waren, Chancen und Folgen minutiös abwogen. Es ginge schon nicht ewig so weiter. Die Griechen würden sich Mazedonien einverleiben, woraufhin sich auch die Bulgaren ein Stück abschneiden würden. Aus diesem Spiel durfte man nicht aussteigen. Zurück mit Bosnien, das sei das Herz Serbiens. Serben lebten in Dalmatien, Bosnien, Serben gab es von

Eszék bis Szentendre. Markige Sätze, die noch Vuk Karadžić, nach dem Schulen, Straßen, Plätze benannt wurden, zu Papier gebracht hatte. Mit den Kroaten übereinkommen, halb und halb machen, sprich: die Krajina wieder anschließen. Zurück mit Vukovar. Tirana wieder anschließen, die Albaner seien ohnehin unfähig, einen Staat zu gründen. Großserbien werde es also doch geben, weil es im Recht sei. Oder sollte es umsonst zwei Weltkriege gewonnen haben? Das Problem sei nur, dass die Amerikaner keine Geschichtskenntnisse hätten und sich auf dem Balkan einnisten wollten. Gerade da. Aus strategischen Gründen, von dort würden sie das Öl überwachen. Sie behaupteten, sie wollten die Demokratie, aber sie schafften Grundlagen. Brachten in Militärfahrzeugen die geldgierigen Multis ins Land.

Die Menschen auf der Straße erinnerten sich an die Geschichte. Von uninformierten und irregeführten Massen konnte also keine Rede sein, wie es sich die Oppositionellen oft weismachen wollten, als sie beteuerten, das Volk habe von nichts gewusst und würde, wenn es einmal die Wahrheit erfuhr, diese Führer mit dem Knüppel davonjagen.

Aber wie war es möglich, dass die Menschen auf der Straße, auf den öffentlichen Plätzen, in den selten fahrenden Bussen nichtsdestotrotz nur vom Sieg sprachen? Beharrlich und siegestrunken. Zuweilen kopflos, woraus du folgertest, dass sie sich von ihren nüchternen Erkenntnissen allzu gern befreiten. Dir war, als lebten die Menschen gleichzeitig in zwei Welten: in der der Erfahrungen und in der der Phantasie. Letztere hatte die Erfahrungen konsequent niedergerungen. Der Fahrer des Busses nach Temerin kommentierte die Ereignisse zufrieden: Ihr Glück, dass sie die Infanterie nicht eingesetzt hatten. Das hätte sie erst gelehrt, was serbischer Mannesmut sei. So ist es, bestätigte ein Fahrgast, der im großen Gewühl eine Kreissäge über seinem Kopf hielt. Ihr Glück, dass sie sich nicht auf den Nahkampf einließen. Es ist leicht, das Volk aus fünftausend Metern Höhe zu bombardieren. Warum haben sie sich nicht herunterbequemt? Ein Mann riss sich die Sajkaca vom Kopf. Ich würde sie mit meinen bloßen Händen erwürgen, schrie er. Jawohl, stimmten ihm mehrere Leute zu.

Du stiegst aus dem Bus, humpelnd, von Knieschmerzen gepeinigt. Du stauntest, wie es dir gelungen war, dich aus dem sardinenbüchsenartigen Bus zu befreien, in dem nicht mehr die Vertreter der Mittelklasse Reden hielten, sondern die dem ausgefallenen Nahkampf nachtrauernde Armut das Wort führte, das Lumpenproletariat von den Randgebieten, das sich längst an den Gestank im Autobus gewöhnt hatte und sich auch nicht beschwerte, wenn sich der Bus um Stunden verspätete. Wenn er einen Defekt hatte, verkündete der Fahrer lächelnd: Motorschaden, anschieben muss man ihn. Und schon sprangen die Menschen aus dem Bus und schoben nach Kräften. Niemand erkundigte sich, warum es so viele Motorschäden gab. Wichtig ist nur, dass wir irgendwann ankommen, wiederholten sie geduldig. Ein Glück, dass es wenigstens das gibt. Wir wollen nicht zimperlich sein, solange es nicht schlimmer wird.

Diese tägliche, zähe Beharrlichkeit, dieser beispiellose Verzicht erstaunten dich. Die Menschen wussten alles, wollten jedoch nichts zur Kenntnis nehmen. Es hausten wirklich zwei Seelen in ihnen, das verrieten schon die kleinsten Gesten. Sie sprachen voller Hass über den Westen, aber sie kauften nicht einmal eine Zahnbürste, wenn der Markenname nicht englisch war. In den kleinen Lebensmittelläden sprachen sie voll Ehrfurcht von den russischen Brüdern, aber den Läden gaben sie modische englische Namen. Die Bürger der national gesinnten Mittelklasse gaben ihre Stimme der neuen orthodoxen Union, aber ihre Söhne wollten sie an die Universität Oxford schicken. In dieser Klasse wütete die Heuchelei. Deshalb war sie noch gefährlicher und verkommener. Die Lumpenschicht hingegen glaubte wirklich, was sie sagte: Sie träumte vom Nahkampf und war zu jedem Opfer bereit. Selbst die Armut nahm sie auf sich.

Du humpeltest nach Hause und wichst den Fußgängern aus. Die Lumpenschicht im Bus hatte die Wurzel des selbstquälerischen Widerspruchs unverhohlen aufgedeckt. Sie sprach misstrauisch, aus uralten, fast schon ererbten Instinkten heraus über den Westen, vor allem deshalb, weil dort Reiche lebten. Die Menschen dort seien verweichlicht und egoistisch, sie hätten jedes Gemeinschaftsgefühl verloren, beteuerte der liberale Intellektuelle. Nach Ansicht meinungsbildender Fernsehstars seien die Menschen im Westen von den jüdischen Bankiers, also den Chasaren, um den Finger gewickelt worden. Alle seien sie chasarischer Abstammung, Albright, Clinton, selbst Jelzin. Auch Lenin sei Chasare gewesen. Auch Gorbatschow sei Chasare. Tito sei ein Halbchasare gewesen, versteht sich. Die Chasaren hätten sich gegen Serbien verschworen, aber sie würden auch den Westen ins Elend stürzen. Deutschland würde demnächst eine islamischen Republik werden. Aber die feigen Bürger im Westen protestierten nicht einmal. Sie tranken Bier und glotzten. Sie ergötzten sich an Pornofilmen und glaubten CNN blind. Sie rannten in die Supermärkte. In Wahrheit redete man davon, dass die Bürger im Westen dekadent waren. Unter Dekadenz verstand man die Demokratie, denn in einer Demokratie konnte jeder tun, was er wollte. Jeder verfolgte nur seine eigenen Interessen, also unterjochten die Stärkeren die Schwächeren. Daraus zogen sie die Lehre, dass Ordnung und Autorität im Interesse der Gerechtigkeit respektiert werden mussten, weil sonst niemand in der Lage war, die Wahrheit zu bestimmen. Gäbe es keine Ordnung mehr, hätten die Chasaren gesiegt.

In den Menschen kamen von Generation zu Generation weitervererbte geschichtliche Erfahrungen wieder hoch, es übermannte sie das gegen die aufkeimende Verbürgerlichung gerichtete populistische Lebensgefühl, eine fast hundertjährige Geschichte erwachte erneut zum Leben. Sie handelte davon, dass die Verderben bringenden Neureichen sich von einem Tag auf den anderen mit europäischen Manieren gebrüstet hätten, während sie das Volk gnadenlos ausbeuteten. So war es auch gewesen. Die europäisch gebildeten Bürger hatten die Ärmel hochgekrempelt und den von ihren Vätern geerbten Knüppel hervorgeholt. Garašanin hatte ein Großserbien gefordert und ein Gesetz, das den Herren das Recht gab, die Bauern zu verprügeln. Beides geschah Hand in Hand.

Der Begriff der westlichen Demokratie war eng verknüpft mit einer elementaren sozialen Ungerechtigkeit, daraus war der Wunsch entstanden, dass die Serben jene echte Demokratie erschufen, in der Ordnung und Gerechtigkeit herrschten. Autonomie sei etwas Wunderbares, hörtest du immer wieder, eine Art gerechter Kapitalismus, nur habe sie irgendjemand verdorben. Es steckte zu viel Westen und zu wenig Osten in ihr. Tito sei eben doch ein österreichischer Korporal gewesen, das sei das Problem.

Feiges, niederträchtiges Europa! Die politische Parole erwies sich als fruchtbar, fiel auf populistischen Boden. Nicht nur die offizielle Presse, auch die sich als unabhängig bezeichnenden Blätter malten die verdorbene Moral des Westens in allen Farben aus. Erstere grobschlächtig, in offiziellem Ton, letztere in einer selbstverliebten Art und Weise. Die Westler haben alles verdorben, sagten sie. Wir sind die Helden, wir allein, nur auf uns sollten alle schauen, suggerierten sie. Wir sind die Führungsnation auf dem Balkan. Westliche Politiker wurden in diesen Zeitungen zahllose Male als Sexbesessene und Psychopathen bezeichnet, die ihren Verstand längst versoffen hätten. Folglich pflegte man sie als Faschisten zu beschimpfen. Man erklärte Clinton zu einem noch größeren und vor allem noch gefährlicheren Faschisten als Hitler. Hitler war ein gewöhnlicher Anfänger verglichen mit Clinton. Die öffentliche Meinung war ein guter Humus für diese Ansicht, anfangs zweifelten viele daran, aber nach einem Monat hielten sie es für eine Kernwahrheit. Wer Bomber schickte, führte zweifellos Böses im Schilde. In den Massen erwachte das uralte Misstrauen des Volkes gegen den einstigen Staatskapitalismus des Balkans, aber sie ahnten gar nicht, dass der Kapitalismus gerade vor ihren Augen entstand, nur dass seine Wiege sorgfältig hinter nationalistischen Parolen versteckt war.

Seltsamerweise gaben auch jene die antiwestlichen Parolen von sich, die die Regierung kritisierten. Das war eine die Tagespolitik beherrschende patriotische Pflicht. Der Patriotismus war vor allem eine moralische Verpflichtung, ein gemeinsames Vokabular, das das Gefühl des nationalen Zusammenhalts bestärkte: Er stellte eine vollkommen gelungene Illusion der Wirklichkeit dar. Die Machthaber und ihre Opposition überboten einander darin. Im Krieg waren diese offiziellen Parolen gang und gäbe, sie waren existentiell. Schriftsteller verfassten nach den durch das Propagandaministerium genau vorgeschriebenen Attributen ihre Essays, und das aus tiefer Überzeugung. So hatten sie nicht das Gefühl, ihre Hände mit Tagespolitik zu beschmutzen. Auf der Straße führte man die Parolen wie unumstößliche Wahrheiten im Munde, überzeugt, damit nicht einem Befehl zu folgen, sondern ausschließlich den allerpersönlichsten Gefühlen Ausdruck zu verleihen.

Das Vokabular eines Parteiaktivisten aus der Provinz und das eines Schriftstellers begannen sich bedrohlich anzunähern. Auch wenn die Beteiligten nicht dasselbe wollten. Sie kamen aus unterschiedlichen Richtungen, sie waren in unterschiedliche Richtungen aufgebrochen, dennoch waren sie eng miteinander verbunden. Die Sprache in den Sonderausgaben des Schriftstellerverbandes war identisch mit der auf politischen Massenversammlungen. Es fiel auf, wie bereitwillig Menschen, die über Jahre hinweg Ungehorsam propagiert hatten, sich der neuen Situation anpassten, mit welch großem Eifer sie die vom Ministerium vorgeschriebenen Worte übernahmen. Auf der einen Seite drohte die irrationale Gefahr aus dem Himmel, auf der anderen Seite marschierten die uniformierten Worte. Würde jemand die am häufigsten gebrauchten Wörter des Alltagsvokabulars während des Krieges in einer Art Wörterbuch inventarisieren und systematisieren, würde er begreifen, was sich abgespielt hatte. Ein solches Wörterbuch würde mehr bezeugen als die nachträgliche Selbstreinigung der Intellektuellen.

Die Massen hätten sich den Sieg auch spontan, ohne Feuerwerk erfunden; sie hielten verzweifelt daran fest, sie brauchten den Sieg, um erlöst zu werden, ein Sieger brauchte schließlich keine Selbstzweifel haben, seine Taten nicht hinterfragen. Ein Sieg befreite von der Verantwortung, der Sieger war einsam, kämpfte allein gegen die Welt. Sein Los war der ständige Bereitschaftszustand, die permanente Vorbereitung auf das Morgen, denn der Feind musste auch morgen besiegt werden. Nur ein Sieger konnte erneut siegen. Die Machthaber mussten sich keine große Mühe geben, die Halluzination des Sieges zu erschaffen. Die Massen wussten, sie mussten siegen, um nicht ohne Feind zu bleiben, denn eine Niederlage hätte einen historischen Mythos zerstört.

Dem Fortleben dieses Mythos diente das Feuerwerk der Armee. Die Mythologie befahl den Bürgern, einen Sieg zu feiern, an dem sie bei nüchternem Verstand eigentlich zweifelten. Die Wirklichkeit galt also auch weiterhin nicht. Der dritte Weltkrieg war aufgeschoben worden, aber die neue Weltordnung sollte es sich gut einprägen: nicht für immer. Die Luftabwehrraketen ließen den Himmel erstrahlen, die NATO-Soldaten bezogen im Kosovo ihre Stellungen, um unter den dortigen Völkern Ordnung zu schaffen, die Bürger Serbiens feierten den Sieg, die Albaner sannen auf Rache. Die elende Vergangenheit brach in ihnen auf und begann das moralische Kapital des Leidens aufzubrauchen. Die Rache war natürlich ungerecht und unmenschlich, so war es in dieser Gegend schon immer gewesen. Am gefährlichsten war jener Sieger, dessen Rache jahrzehntelang mit keinem Wort angesprochen werden durfte. Die vergessen werden musste. Von der nicht einmal im Familienkreis gesprochen werden durfte.

Das Licht der Luftabwehrraketen erstrahlte am südlichen Firmament. Das himmlische Strahlen verkündete dem Volk, dass das Leben wieder seinen gewohnten Gang ging. Es begann das lange und schwere Warten. Schon gab es die ersten Versprechungen, einmal, irgendwann einmal würden neue Grenzen gezogen werden. Würde Großserbien entstehen. Alle Serben in einem Staat! Davon dürfe man nie abrücken! Die Parteien mit der größten Gefolgschaft versprachen, ihre treuen Wähler nicht zu enttäuschen. Es begann also das qualvolle Hinhalten. Bis dahin blieb ihnen nichts, als mit den durch Blut und Schweiß erkämpften Errungenschaften klug zu wirtschaften.

Die aus dem Kosovo heimkehrenden Augenzeugen würden schweigen, weil sie Angst hätten auszusagen, weil sie ihren Augen nicht getraut hatten, es hatte nur Tote gegeben, nicht jedoch einen Krieg. Die Welt hatte den Verstand verloren, sie war nicht einmal mehr in der Lage, einen echten Krieg zu führen. Sie waren durch Wälder geirrt, hatten sich in verlassenen Dorfschulen versteckt gehalten, als seien sie Dammarbeiter, Tagelöhner, Rausschmeißer. Vergeblich hatten sie die Albaner vor sich her getrieben, mal hin, mal wieder zurück. Sie hatten Häuser angezündet und Massengräber ausgehoben. Sie hatten sich nachts eingegraben und den Himmel beobachtet. Dann hatten sie in langen Kolonnen den Rückzug angetreten, in den serbischen Städtchen bewarf man die Sieger mit Blumen. So wie damals, als sie nach Kroatien aufgebrochen waren und es in Belgrad Blumen auf sie geregnet hatte.

Sollte das der Sieg gewesen sein? Diese vielen Blumen? Mit Schulkindern in den vordersten Reihen? Vielleicht war alles gar nicht wahr, sie hatten nur im Halbschlaf einen Kriegsfilm gesehen, an dessen Handlung sie sich nicht mehr genau erinnern konnten. In Wahrheit hatten sie nur einen Moment die Augen geschlossen, dann auf die Mattscheibe gestarrt. So war die Schlacht um den Kosovo gewesen, ein Traum, ein Blinzeln, dann folgte die Mattscheibe.

Die Bürger schlüpften aus den Schutzräumen, rieben sich die Augen. Unvorstellbar, dass sie fortan jede Nacht in ihren eigenen Betten schlafen sollten. Nachts drehten sie sich im Bett und horchten. Es herrschte Stille, warum war diese Stille so furchteinflößend? Die Instinkte aus dem Schutzraum verblassten. Irgendwann bemächtigte sich ihrer die Frage: Warum hatte sich der Himmel verdunkelt? Sollte der unsichtbare Krieg wirklich zu Ende sein? Wo war der Sieg? Welchen Sinn soll dieser erhabene Krieg gehabt haben? Sie mussten still und heimlich in den grauen Alltag zurückkehren, in jene Höhle, die ihnen schon früher nichts Gutes verheißen hatte. Mussten sie sich von den Schutzräumen, den tänzerischen Protesten, den Anti-NATO-Konzerten auf den Plätzen der Stadt verabschieden? Mussten sie nicht mehr lebendige Schutzschilder für die Brücken sein? Mussten sie sich wirklich vom kleinen Klappstuhl, von der Decke, vom warmen Schal, vom Transistorradio, von der Taschenlampe, der Wasserflasche verabschieden? Von den Kartenschlachten, vom Pathos, vom Kaffee in der Thermosflasche? Purzelten die NATO-Piloten nicht mehr vom Himmel? Konnte man auf dem berühmt-berüchtigten Tarnkappenbomber keine Freudentänze mehr aufführen? Wohin waren die Albaner verschwunden? Wohin die Kroaten, Muslime, Ungarn? Wo waren die Amerikaner, Deutschen, Franzosen, Italiener, Holländer, Spanier, Norweger, Tschechen, Polen? Was für ein irrlichternder Friede war das, in dem nichts mehr eindeutig war? Die auf Hochglanz polierten Panzer zogen sich zurück, sie glänzten vor Sauberkeit, die gepanzerten Fahrzeuge glänzten ebenfalls, und auch die Kanonen glänzten. Alles glänzte! Alles glänzte, und doch musste die Frage gestellt werden, wo die Grenzen verliefen. Die Grenzen, die sie zehn Jahre lang gezogen hatten. Die Grenzen, von denen sie jahrhundertelang geträumt hatten. Ohne neue Landesgrenzen war der Traum nichts wert, ohne Großserbien war das Leben nichts wert.

Im Kosovo spielten Kinder auf den Feldern, auf denen die Panzer aufgefahren waren, doch das Gras hatte ihre Spuren überwachsen. Aber der Boden war unruhig, in den Tiefen brodelte Lava, so viel Blut hatte er aufgesaugt. Wie ein Schwamm war er geworden. Ein Blutegel. Die Äcker überließen sich den wärmenden Sonnenstrahlen, doch auch die Knochen erwärmten sich. Erhitzten sich. Auf den Hügeln blühten die Blumen, am Fuß der Hügel explodierten die Minen und die Streubomben, in den Kindergärten und Schulen warnte man die im Wald und auf den Wiesen spielenden Kinder vor der lauernden Gefahr. Es werde gefährlich sein, zu säen und zu ernten. Viele werden im entscheidenden Augenblick unvorsichtig sein, Hände und Füße verlieren, falls sie überhaupt am Leben blieben.

Die Kriegsinvaliden werden den Kriegsgewinnlern flehend ihre leeren Hände entgegenstrecken. Aus England werden alte Jungfern kommen und lange, langweilige Vorträge über die Demokratie halten. Sie werden auf die Tafel schreiben: Demokratie. Toleranz. Pluralismus. Was heißt Pluralismus? Was heißt Toleranz? Weiß der Himmel, aber in Ordnung, einverstanden. Die Diplomaten machten eine saure Miene, sie hatten diesen Kosovo längst satt, aber sie mussten vor Ort bleiben und mindestens einmal in der Woche einen Bericht ans Außenministerium schreiben, über die delikate und verwickelte Lage sozusagen. Ja, die Toleranz wachse, der Pluralismus breite sich aus. Natürlich. In schwerfälligem Trott, natürlich. Mindestens einmal in der Woche kritzelten sie qualvoll, unter großem Gestöhne ihre Berichte. Doch der Minister las sie gar nicht, und sie mussten Tag für Tag neue Geschichten erfinden, damit die Regierung sah, dass sie sie nicht umsonst bezahlte.

Jene, die die Minen gelegt hatten, musterten noch Jahrzehnte später verblüfft ihre rauen Hände; der Krieg war unsichtbar gewesen, also konnte auch der Sieg unsichtbar sein, fürchteten sie. Die Adern waren angeschwollen, die Finger zitterten. Was hatte diese Hand getan? Sie war leer geblieben, es gab nicht eine einzige persönliche Geschichte, die sie der Nachwelt hätten überliefern können. Überrascht blickten sie einander an und fragten sich: Worum war es in ihrem Leben eigentlich gegangen? Warum war die Zeit so schnell verronnen? Die moderne Militärtechnik gab den Krieg dem Hohn preis, sie scherte sich nicht um die Helden. Nicht einmal ein Handgemenge hatte es gegeben. Solch einen Sieg hatten sie nicht gewollt. Es blieben nur Kriegsinvaliden, Helden wurden nicht geboren. Die Zeit rieb sie langsam, unmerklich auf. Auch die jubelnde, feiernde Menge wurde unsicher, es hatte ja gar keinen Kampf gegeben, dennoch war ihnen der Sieg in den Schoß gefallen. Das war eine Absurdität, deren Peinlichkeit nur durch einen kühnen, die Wirklichkeit missachtenden Glauben gelindert wurde.

Die Verunsicherung der Bürger war verständlich, schließlich hatten sie sich unermüdlich abgemüht, den Feind beobachtet, die Augen aufgehalten, damit die NATO-Spione nicht am Fuß wichtiger öffentlicher Gebäude und Brücken Ortungsgeräte für Flugzeuge anbringen konnten. Meldete das Fernsehen den Abschuss eines NATO-Bombers durch die Luftwaffe, sprangen sie auf der Stelle aus dem Bett oder vom Tisch auf, schalteten den Fernseher aus und brachen auf, den Piloten zu suchen. Sie luden das Jagdgewehr mit Schrot und hatten den Finger entschlossen am Abzug. Dann kehrten sie zum Fernseher zurück, alles hatte sich so ereignet wie vom Fernsehen gemeldet; sie hatten die faschistischen Mörder entdeckt; viele von ihnen ließen sich auch noch weismachen, sie hätten eine farbige Pilotin gefangengenommen, die ihrem Leben im letzten Augenblick mit einem mörderischen Gift ein Ende setzte.

Verblüfft saßen sie vor dem Fernseher und überzeugten sich endgültig von der Glaubwürdigkeit ihres Abenteuers. Auf Wald und Wiese wimmelte es nur so von fliehenden Piloten und Jägern, die sie ausfindig machen wollten. Mit Ortungsgeräten. Der Mais spross schon in die Höhe, der Weizen und der Hafer grünten. Aber sie nahmen die Landschaft nicht wahr, sie betrachteten nur den sorgenvollen Ansager, der sie lobte, sie hätten eine große Tat vollbracht, als sie die Verfolgung des Feindes so entschlossen aufgenommen hatten.

Tag und Nacht mussten sie auf der Hut sein! Der Feind sickerte überall ein. Es kam sogar vor, dass man eine alte Frau aus Kamenica dabei erwischte, wie sie Ortungsgeräte an der Freiheitsbrücke von Újvidék anbrachte, die kurz darauf vom Feind zerbombt wurde. Fünftausend Mark soll die alte Hexe für jedes Ortungsgerät bekommen haben. Das Fernsehen führte den Teufelsmechanismus auch vor. Das Ortungsgerät war klein, kaum größer als ein Handy, und leicht zu verstecken, es in den Busch zu legen genügte, und schon sendete es Tag und Nacht Signale an den Feind.

Sie behielten alles im Auge! Sie bewachten die Fabriken, die Brücken. Sie sangen, tanzten und schwenkten Fahnen auf den großen Plätzen, um sich auch auf diese Weise den faschistischen Mördern zu widersetzen. Sie suchten mit ihren Blicken den Himmel ab, das Target-Abzeichen über dem Herzen. Sollen sie nur kommen, die Mörder! Was verbarg sich in jenen Herzen? Sollen sie nur bombardieren, die Raketen abwerfen, sagten sie. Faschisten, schrien sie alle im Chor. Die Fernsehkameras blitzten, verewigten alles für die Zukunft. Das waren die erhabenen, leidenschaftlich heldenhaften Zeiten. Danach verflachte der Krieg zu einem gewöhnlichen Volksliedfestival. Die alte Melodie erklang nicht mehr. Man würde die Sängerin nie mehr so beklatschen können wie damals. Der Sieg, der ihnen so leicht in den Schoß gefallen war, war unglaubwürdig geworden. Das ließ auch das nationalistische Heldenpathos wie einen Regenbogen erscheinen, der sich jeden Moment verflüchtigen konnte.

Was konnte die guten alten Zeiten von Neuem erstrahlen lassen? Was konnte die Wirklichkeit wieder wirklich und nicht wie eine Mattscheibe erscheinen lassen? Das Auftauchen eines neuen Feindes, der noch mächtiger als alle vorherigen war? Oder ein noch größerer Opfermut? Oder vielleicht die endgültige Niederlage, von der übrigens jahrzehntelang kein Wort würde gesprochen werden dürfen? Wäre eine Niederlage segensreicher als die Lüge? War es möglich, Erlösung in der Niederlage zu finden? Wo war das Ende? Wo das Licht, das dieses Feuerwerk erhellen würde? Oder sollte der Hass noch heftiger auflodern? War es noch möglich zu hassen? Oder alles zu beichten. Beichten? Wem?

Du lauschtest in der Nacht, die Welt war in Aufruhr geraten, dann erstarrt. Eine Szene folgte schleppend der anderen. Im Hintergrund hörtest du das Raunen, das Raunen der Massen, durch das alles verzerrt wurde, einsackte wie der Boden unter einem Panzer. Vielleicht hatte alles seine Glaubwürdigkeit verloren, der Sieg, die Beichte, der Hass, der Feind, der Freund, und die Konfrontation ließ sich nicht mehr vermeiden. Wann würde diese schreckliche Stunde anbrechen?

Du zogst den Vorhang auf, wieder zu. Und fingst wieder von vorn an. Ja, du zogst ihn auf, zogst ihn zu. Die sinnlosen Bewegungen beruhigten dich. Du legtest dich hin, doch stets fandest du dich in einer unangenehmen Lage wieder. Du standest auf. Tastetest dich durch das dunkle Zimmer. Das war deine Welt. Du wolltest sie verstehen, ohne Zorn und ohne Schmerz. Man musste sie verstehen, genauso wie das Umhertasten, das Auf- und Zuziehen des Vorhangs.

Dritte Szene

Straße in Újvidék – Geständnis einer Krankenschwester – F-117er Tarnkappenbomber, F-15er, F-18er – Fliehende Ungarn – Politisierende Ungarn

Du überprüftest den Tag, die Stunde, die Minute. Du prägtest sie dir ein, obwohl dir klar war, dass es nicht damals begann, nicht an jenem Tag, nicht in jener Stunde und nicht in jenen Minuten. Sondern vor langer, langer Zeit. Aber irgendwo musstest du ja anfangen. Es galt nur noch als ein bedeutungsloses Detail, war der Rede vielleicht gar nicht wert, dass das Zagreber Fernsehen am Abend des 24. März 1999 um 19:55 meldete: Im italienischen Aviano sind die ersten Raketen abgefeuert worden und befinden sich auf dem Weg nach Serbien. Du sprangst hoch, blicktest Anikó ratlos an. In den letzten Tagen wurde immer wieder kundgetan, dass man das Allernotwendigste, seinen Personalausweis und sein Geld an sich nehmen und in den nächstgelegenen Schutzraum fliehen sollte. Du fasstest dir an die Stirn. Was verstanden sie unter dem Allernotwendigsten? Die Frage, was du mitnehmen solltest, lähmte dich, und gleichzeitig schoss dir die Frage durch den Kopf, was in deinem Leben eigentlich am notwendigsten war. Ein Buch oder warme Socken? Warme Socken natürlich. Du musstest schließlich eine Entscheidung treffen, das machte das Leben immer einfacher.

Aber wohin solltest du fliehen? Auch das war keine nebensächliche Frage. Wo befand sich der nächstgelegene Schutzraum? Plötzlich kamst du dir selbst lächerlich vor. Du nahmst deinen Pass, deine Bankkarte, dein Geld und das Taschenradio an dich, ein paar Minuten oder Sekunden später wurde Újvidék von zwei gewaltigen Explosionen erschüttert; im Fenster blitzte eine orange Stichflamme auf, es krachte unerträglich laut, ganz in deiner Nähe, wie es schien, sagen wir fünfzig Meter entfernt, also ein paar Häuser weiter. Du blicktest aus dem Fenster auf das gegenüberliegende Gebäude des Innenressorts. Drei Jahrzehnte lang hattest du die spuckenden Polizisten beobachtet. Es lag nicht in Trümmern. In Ordnung, also war doch nichts in deiner Nähe explodiert. Im Treppenhaus Panikstimmung, die Menschen liefen auf die Straße.

Du und Anikó hattet die Wohnung abgeschlossen, du warfst zum Abschied noch einen Blick auf die Tür; zum Glück hattest du das Namensschild schon vor Jahren abmontiert, wenigstens musstest du dich damit jetzt nicht abmühen. Das Schloss klickte, die Wohnung war abgeschlossen, du machtest dir Mut, also musstest du das Allernotwendigste doch nicht mitnehmen. Es blieb noch etwas zu Hause. Die Fliehenden rissen dich mit. Du landetest auf der Straße, holtest tief Luft. Die Hausbewohner erkundigten sich vergeblich. Niemand wusste, wo sich der Schutzraum befand. Endlich tauchte ein junger Mann auf und deutete auf das dunkle Gebäude gegenüber, auf dessen Terrasse ein paar Leute gleichgültig rauchten. Aber niemand machte sich dorthin auf. Vor dem Haus lief ein Mann mit einer Schultertasche umher, in jeder Hand eine Literflasche Mineralwasser. Aus der einen nahm er hin und wieder einen großen Schluck. Ich weiß nicht, wo ich mich verstecken soll, rief er seinem Nachbarn zu. Ich auch nicht, zum Teufel auch mit den faschistischen Hurensöhnen, antwortete eine Männerstimme vom Spielplatz. Mensch, dir fiel ein, ihr hattet natürlich das Wasser vergessen.

Doch das kleine Café ein paar Schritte weiter hatte noch geöffnet. Alles war in Ordnung, du konntest dir noch Mineralwasser kaufen. Du blicktest ängstlich hinein, vor einem Tisch am Fenster saß ein junges Mädchen, einen Taschenspiegel in der Hand. Sie hatte bemerkt, dass du sie von draußen anstarrtest, erwiderte lächelnd deinen Blick, als sei nichts passiert, fuhr fort, sich die Lippen zu schminken. Die Stadt wurde bombardiert, aber die Cafés waren in Betrieb. Auch der Popcornverkäufer an der Ecke stand vor seinem Ladentisch, als wüsste er nicht, was er tun sollte. Ein Mann ging zu ihm und kaufte mehrere Tüten Popcorn. Er stopfte die Tüten in seine Taschen. Es war bestimmt als Notration gedacht.

Auf den Straßen irrten die Menschen zwischen den Häuserblöcken umher, als hätten sie sich noch nicht entschieden, ob sie Popcorn kaufen oder in das Café an der Ecke einkehren und geduldig warten sollten, so wie sie es nun schon seit fast einem Jahrzehnt taten, mit dem lähmenden Gefühl, dass alles genau so sein musste. Lange Jahre hatten sie um Milch, Öl, Brot, Zucker, Kaffee angestanden. Also konnten sie auch um etwas anstehen, was noch keinen Namen hatte, von dem man nicht wusste, was es bedeutete.

Kurz darauf begannen Falschmeldungen zu kursieren, jemand behauptete, Belgrad sei dem Erdboden gleichgemacht worden. Újvidék habe man nur gedroht. Man habe nur aus Spaß ein paar Bomben darüber abgeworfen. Niemand konnte etwas mit Bestimmheit sagen. Erst um halb zehn meldete das Staatsradio, die faschistische NATO habe Serbien angegriffen. Aber es fügte sogleich triumphierend hinzu, die Einheiten der Luftabwehr hätten ein Flugzeug der NATO und drei ihrer unbemannten Flugzeuge vernichtet. Priština und Újvidék seien die Hauptziele gewesen, aber auch in der Gegend um Belgrad seien Bomben gefallen. In Újvidék seien eine Militär- und eine Polizeikaserne zum Ziel gemacht worden, aber du konntest dich erinnern, dass auch aus der Richtung von Fruška Gora orange Feuersäulen und Stichflammen aufgestiegen waren. Letzteres wurde in den Meldungen schon verschwiegen. Dann vernahmst du immer neue Städtenamen auf der Straße: Kuršumlija, Užice, Danilovgrad, die Ölraffinerie von Pancsova, der Militärflughafen von Podsorica, die Zastava Fahrzeug- und Waffenfabrik in Kragujevac ...

Nach der offiziellen Meldung verstummten die Menschen am Fuß der Häuserblöcke. Die Nachrichten erschienen furchtbarer als die eigenen Erfahrungen. Plötzlich begannen alle einen sicheren Ort zu suchen, einige beteuerten, dass es am besten sei, sich hinter Säulen zu verstecken, andere sagten, die Stellen zwischen den Häuserblocks böten Schutz, denn wurde ein Häuserblock getroffen, würde er alle, die sich hinter einer Säule versteckt hatten, unter sich begraben. Manche verfügten über genaue Informationen: In Aviano hätten achtzig Flugzeuge abgehoben, weitere würden sich ihnen aus England anschließen. Es hätten F-117er Tarnkappenbomber, F-15er, F-18er abgehoben, die Bomben, die Raketen würden die ganze Nacht fallen, wiederholte ein junger Mann, der behauptete, mit Amateurfunkern in Kontakt zu stehen. Die Autos rasten hin und her und ließen die Sirenen heulen, die Telefone verstummten. Vergeblich versuchtest du es mit deinem Mobiltelefon, obwohl du dir nicht einmal sicher warst, wen du anrufen solltest. Du hättest deine Mutter beruhigen sollen, aber du hattest Angst, sie dadurch nur aufzuwühlen.

Eine platinblonde Frau schrie hysterisch, sie hätte in die Schweiz fahren können, man habe sie als Krankenschwester ins beste Krankenhaus von Bern gerufen, aber sie sei nicht gefahren, weil sie gedacht habe, Milošević würde doch unterschreiben, und jetzt vermoderte sie dort, denn nach alledem würden sie die Schweizer ohnehin nicht mehr aufnehmen. Nun könne sie den Wanderstab ergreifen und betteln gehen, Gott habe Serbien verdammt. Wen ein anderes Land noch aufzunehmen bereit sei, solle fliehen. Keiner würdigte sie einer Antwort, jeder hielt seinen eigenen Monolog und ignorierte den anderen. Anikó wollte sie beruhigen, aber die Frau machte ein paar Schritte zurück, als sei sie einer Gotteslästerin begegnet.

Die erste Nacht starrten die Bürger zum Himmel und trauten ihren Augen nicht. Die auf die Straßen hinausströmenden Massen waren ratlos und ohnmächtig. Sie blickten ungläubig vor sich hin und schlossen ihre Ansprachen alle damit, dass sie das nicht verdient hätten. Und Újvidék schon gar nicht. Eine Rakete schlug in meiner Nähe ein, ich hatte den Rauch in meiner Nase. Mir dreht sich der Magen um, schrie eine junge Frau. Sie zerrte ein jammerndes, weinendes Kind hinter sich her. Warum gerade wir, sagte auch sie. Ein Mann ergriff das Wort: Sie richten einen Tomahawk auf uns, jetzt lachen sie sich ins Fäustchen. Sie feuern ihn 1600 Kilometer entfernt ab und kauen dann Kaugummi, knabbern Chips. Sie wollen uns dafür bestrafen, dass wir von ihrer Tomahawk-Demokratie nichts wissen wollen.

Die Politik geht uns nichts an, erregte sich ein älterer Mann. Warum bombardieren sie gerade Újvidék, wir sind doch weit weg vom Kosovo, uns geht es nichts an, was dort geschieht, beteuerten die Menschen. Wir haben das nicht verdient! Die Politiker sollen ihre Rechnungen unter sich begleichen, das ist ihre Angelegenheit, nicht unsere, sollen doch Milošević und Clinton ihren Zwist unter sich ausmachen, das ist ihre fixe Idee, nicht unsere.

Aus den abgerissenen Monologen, den wirren Wortfetzen war herauszuhören, dass sich alle für unschuldig hielten. Du fragtest dich, ob das auch nur eine Art Rollenspiel, Selbsttäuschung, unbewusste Flucht vor der Verantwortung war. Monatelang liefen die Verhandlungen, nach seinem letzten Vermittlungsversuch setzte sich Holbrooke gesenkten Hauptes, mit sorgenvoller Miene in seinen Wagen. Das Fahrzeug glitt langsam davon. Sein Gesicht verriet, dass er von einer Stadt Abschied nahm, die berühmt-berüchtigte Kriegsdiplomatie war gescheitert. Noch nie waren die Straßen Belgrads so grau gewesen. Die Diplomaten packten ihre Sachen.

Es war sonnenklar, dass die NATO-Flugzeuge abflugbereit waren, schließlich durfte den Worten keine Blamage folgen. Die große Mehrheit hoffte dennoch auf ein Wunder. Oder redete es sich zumindest ein. Sie werden schon keine Bomben werfen, versicherten deine Bekannten. Jeder hatte eine Erklärung bereit. Die Westler seien doch Schlappschwänze, sie würden schon seit Jahren über dieser Sache brüten. Es lohne sich gar nicht, Bomben an den lausigen Kosovo zu verschwenden, im Kosovo gäbe es ja kein Naphtha. Ohne Aussicht auf Profit schösse doch der Westen nicht eine einzige Rakete ab. Die seien schmutzig, drehten jeden Groschen zehnmal um, sollten gerade sie für die Menschenrechte ins Portemonnaie greifen? Die hätten das Geld noch nie einfach so verteilt, sollten sie es gerade jetzt für die Albaner aus dem Fenster werfen? Die hätten doch schon immer den Zug verpasst. Sie schwafelten nur, je mehr sie von Demokratie schwatzten, umso ohnmächtiger wurden sie. Worte hätten nichts zu bedeuten. Worte seien keinen Pfennig wert. Milošević habe sie im vorletzten Augenblick, fünf Minuten nach zwölf, raffiniert überlistet, er würde zum Schein nachgeben und dann mit den Albanern abrechnen. Die werden im Nachhinein protestieren, das stehe nicht in der Abmachung, werden sie beleidigt sagen, aber da wird es schon zu spät sein. Sie werden sich nur ein wenig sträuben. Man muss sie nicht ernst nehmen.

Wer die Dinge ernst nahm, machte sich verdächtig. Du erinnertest dich an den Tag, als etwa dreißig Aktivisten der Belgrader Nichtregierungsorganisation gegen den Krieg, genannt *Frauen in Schwarz*, einen friedlichen Protest gegen den Kosovokrieg organisierten. Die zufällig anwesenden Bürger schlossen sich ihnen nicht an, sondern brachten ihr Missfallen zum Ausdruck. Das sind keine Frauen in Schwarz, das sind die schwärzesten Frauen Belgrads, brüllte ein Mann. Sollen sie doch in den Kosovo verschwinden, das sind keine Frauen in Schwarz, sondern Hunde in Schwarz. Spione des Westens, sie haben ihre Seelen den westlichen Bankiers verkauft, fluchte eine schlecht gekleidete Frau, die ein Kind hinter sich herzog. Das Kind flehte ständig seine Mutter an, ihm Schokolade zu kaufen. Schließlich verlor die Frau die Geduld und fuhr das Kind an: Ich habe kein Geld dafür, verstehst du nicht! Diese Huren fressen dir sogar die Schokolade weg! Du wusstest nicht, ob die protestierenden Frauen den Ausbruch der Mutter gehört hatten, aber wenn ja, konnten sie nur den Eindruck gewonnen haben, in einer Welt zu leben, in der das Protestieren eine Schande war. Erniedrigt und beleidigt trotteten die dreißig Frauen gesenkten Hauptes über die Straßen Belgrads. Du hattest Angst, sie würden gelyncht werden.

Querulanten, Schwarzseher! Widerwärtig. Sie bringen Schande über ihr eigenes Volk, wiederholten die Spaziergänger. Seit Monaten hämmerten es das staatliche Radio und Fernsehen immer wieder ein: Wir werden die Heimat verteidigen, kein fremder Soldat wird mehr einen Fuß auf den Boden des Kosovo setzen. Serbien stimmte durch eine Volksabstimmung ab. Es kam zu einem überwältigenden Sieg für jene, die den Satz geprägt hatten: Kein fremder Soldat darf einen Fuß auf den Boden des Kosovo setzen. Derweil beteuerten die meisten, dass das Dokument von Rambouillet infolge irgendeines Wunders in allerletzter Sekunde doch noch unterzeichnet worden war, unter der Bedingung, dass keine Soldaten, sondern nur Zivilpersonen kommen durften. Die Bürger bekundeten ihre Meinung vor laufender Kamera und wiederholten entschlossen: Nein, nein, nein. Niemals! Serbien lässt sich nicht verkaufen! In persönlichen Gesprächen jedoch verzogen sie besserwisserisch den Mund: Das Ganze ist nur ein Schauspiel. Die Albaner sind nicht wichtig. Die Großmächte stritten miteinander. Amerika wollte die Russen in die Knie zwingen. Man müsse nur ein wenig feilschen, sagten sie und lobten Miloševićs Kaltblütigkeit, der verstehe es wirklich, bis zum letzten Moment zu warten, er werde die westlichen Diplomaten wieder hinters Licht führen. Sie reinlegen wie Kinder. Andere verkündeten schadenfroh, Milošević würde die Kapitulation sowieso unterzeichnen, bisher habe er noch alles unterzeichnet, es sei doch allgemein bekannt, dass er eine Vertrauensperson der Amerikaner sei. Er würde nach Clintons Pfeife tanzen, lasse sich nur wegen des Volkes bitten. Er sei in Amerika Bankier gewesen und wisse die Dollars in Ehren zu halten. Er spiele nur auf Zeit, weil er sich ein Alibi besorgen wolle.

Manche prophezeiten, die Bombardierungen dauerten nur ein paar Tage, ihrer Ansicht nach war alles im voraus geplant, erst danach würde Milošević die Kapitulation unterzeichnen. Er bekäme ein neues Blatt, könne sich darauf berufen, alles in seiner Macht Stehende getan zu haben, aber er habe das biologische Überleben der Nation sichern müssen. Wie auch immer, die Aufgabe des Kosovo werde den Boden ebnen für den Sturz der Machthaber, verkündeten viele vertraulich. Sie würden untergehen, flüsterten die führenden Parteiaktivisten der Opposition. Unser Parteivorstand habe es erörtert und festgestellt, dass sie ohne jeden Zweifel untergehen werden, fügten sie flüsternd hinzu. Wie sollten sie auch nicht untergehen, schließlich gab es nicht einen einzigen Serben, der die Absplitterung der Albaner von Serbien guthieße. Jeder, der auf den Kosovo verzichtete, würde damit sein eigenes Todesurteil unterschreiben, und das Volk würde ihn eines Nachts davonjagen, und sei es Milošević. Ohne Kosovo kein Serbien. Nur ein einheitliches Serbien komme in Frage. Alle Bürger seien gleichwertig. Auch die Albaner. Wenn sie mehr wollten, sollten sie doch nach Albanien abhauen! Wer hier nicht hier leben wollte, sollte sich in sein Heimatland verziehen!

Schon Mitte März lag es in der Luft, dass ein Kompromiss nicht zustande käme. Die Boten der Militärabteilung stellten die Einberufungen zu, mobilisierten die Reservisten. Du erinnertest dich an den Fall von Bácsszöllős: In einem ungarischen Dörfchen mit 2.300 Seelen und achthundert Haushalten wurden an einem einzigen Tag siebzig Wehrpflichtige mobilisiert. Es hatten schon vorher Mobilisierungen stattgefunden. Aber an diesem einen Tag waren es noch einmal siebzig. Diese Dimension wird einem erst bewusst, wenn man sich vorstellt, man würde in Belgrad in einer einzigen Nacht 70.000 Jugendliche mobilisieren. Die Dorfbewohner protestierten, woraufhin auf einem Dorfgebäude die Schmähschrift erschien: Ungarische Huren. In Belgrad hingegen wurden keine 70.000 Jugendliche in einer Nacht mobilisiert, also herrschte eine zuversichtliche Stimmung. Die anderen würden schon kämpfen. Die Bauern, die Ungarn oder diejenigen, die sowieso gern kämpften. Die es kaum abwarten konnten, in die schmucken, von Mauern aus Ziegelstein umgebenen albanischen Häuser einzukehren. Um sich ein bisschen mit den Albanern zu unterhalten, nur so. Es würden schon jene gehen, die ein bisschen plaudern wollten. Über die Menschenrechte, nicht wahr!?

Zur gleichen Zeit machte die Nachricht die Runde, die herrschende politische Elite habe ihre Kinder bereits außer Landes gebracht, die Maschinen hätten bereits vom Budapester Flughafen Ferihegy mit ihnen an Bord abgehoben. Die Radikalen hatten nämlich zu Anfang des Krieges heftig protestiert und alle Beamten, die ihre Familien ins Ausland gebracht hatten, aufgefordert, ihre öffentlichen Ämter umgehend niederzulegen. Aber das hatte niemand getan, der ganze Lärm hatte nur dazu gedient, die öffentliche Meinung zu beschwichtigen.

Das war auch nötig, denn von einem Tag auf den anderen verkündete die Regierung das neue Kriegsrecht. Für Männer unter sechzig schlossen sich die Grenzen. Der Schritt war konsequent, und doch waren alle unzufrieden. Es sei nicht nötig, die Grenzen für alle zu schließen, nur für die Verdächtigen, empörten sich die Schwarzmarkthändler. Was sei denn das für ein Gesetz? Die Machthaber bestraften die Serben. Die Bomben fielen, in den Läden gab es keine Konserven zu kaufen, man machte sich auf das Schlimmste gefasst. Die Aufsichtsbehörden bestraften Ladenbesitzer, die Lebensmittel versteckten. Daraufhin schoss der Preis von Leberwurst in die Höhe. Die Polizei fahndete nach Schwarzmarkthändlern: Autos wurden auf den Straßen gestoppt und die Kofferräume durchsucht nach Zigaretten, Zucker, Speiseöl, Leberwurst, Salz und Mehl. Die Polizisten fluchten, die

Bürger fluchten. Sie schimpften gemeinsam auf die NATO. Man solle mit diesen Gesetzen nur nicht übertreiben, erregten sich manche. Wer sollte für Zigaretten sorgen, wenn die Grenzen für alle geschlossen wurden? Zur gleichen Zeit traten die aus dem vorherigen Krieg schon bekannten Reflexe zutage: Kämpfen muss man, an die Front jedoch sollen andere gehen.

Unter den Intellektuellen wurde es zu einer Prestigefrage, wer vom Verteidigungsministerium die Erlaubnis zur Ausreise bekam. Dieses Privileg gebührte nur den größten Patrioten, ihnen traute man zu, im Ausland von Nutzen zu sein, bei der Organisation der internationalen öffentlichen Meinung, bei der Popularisierung der serbischen Wahrheit als Beispiel voranzugehen. Die Organisatoren begaben sich nach Wien, Paris, Budapest, wo sie ihre Liebe zur Heimat bekundeten. Die Opferbereitschaft war umso größer, je ferner sie loderte. Den Krieg wollten fast alle, kämpfen fast niemand. Diejenigen, die es sich leisten konnten, die Kriegsgewinnler, die Familien der Eingeweihten waren schon Wochen vorher abgereist. In Szeged füllten sich alle Hotels, in Budapest wimmelte es von reichen Serben, während die gleichaltrigen jungen ungarischen Deserteure in den Budapester Dienststellen für Ausländer Klinken putzten und die Vertreter der Macht ihre Augenbrauen hochzogen: Was suchen diese Burschen hier, warum rücken sie nicht ein, warum erfüllen sie nicht ihre verfassungsmäßige Pflicht. Wer nicht genug Valuta hat, soll die Verfassung seiner Heimat ehren, blind den Kriegsverbrechern folgen. Die Beamten des frischgebackenen NATO-Mitgliedsstaates hielten später, ohne mit der Wimper zu zucken, fest: Soll doch der Gerichtshof in Den Haag sagen, was er will, der Platz dieser Burschen war im Kosovo. Abschieben, nicht wahr! Und sie wurden abgeschoben. Es gab unter ihnen aber auch solche, die schon früher, vor dem vorherigen Krieg geflohen waren und keinen gültigen Pass mehr besaßen. Die serbische Grenzpolizei dachte sich eins und schob sie ihrerseits ab. Hin und her taumelnd lernten sie die Heimat kennen.

Mit den Privilegierten reiste auch die Belgrader Zivilelite rechtzeitig ab, die jahrelang beteuert hatte, Milošević genieße beim Volk keine Unterstützung, so dass das System nach dem ersten resoluten Auftritt des Westens wie ein Kartenhaus in sich zusammenfallen würde. Mit ihnen spurtete auch ein Teil der mutigen Journalisten. Jahrelang waren sie die Fachleute gewesen. Sie machten einen tiefen Zug an ihrer Marlboro: Es fehlt nur ein scharfes Messer, eine entschlossene Bewegung, und die Operation gelingt. Das Krebsgeschwür verschwindet aus dem unschuldigen Körper Serbiens, wiederholten sie mit selbstsicherer Überheblichkeit. Es fehle nur noch ein bisschen Geld, und alles wäre in Ordnung. Ein gutes Projekt. Die Diplomaten notierten es mit bedeutungsvollen Mienen. Eine entschlossene Bewegung, und die Operation gelingt. Das gute Projekt liegt auf dem Tisch. Es fehlt nur noch ein scharfes Messer, eine entschlossene Bewegung. Es fehlt nur noch ein bisschen Geld. Das Krebsgeschwür verschwindet. Einfach, nicht wahr?

Das Volk wartete nur auf die passende Gelegenheit, behaupteten die Fachleute immer wieder. Das Volk sei unschuldig. Die Macht werde in sich zusammenfallen wie ein Kartenhaus. Aber sie waren nicht neugierig auf diesen Einsturz. Und auch nicht auf das unschuldige Volk! Vielleicht hielten sie es doch nicht für so unschuldig oder fürchteten sich davor, wer weiß. Kurz und gut, sie machten sich schnell aus dem Staub. Es stellte sich heraus, dass auch sie nicht an ihre eigenen Voraussagen glaubten, vor den ersten Bombardierungen verzogen sie sich ins Ausland. In Budapest wartete eine vielköpfige Schar Belgrader Zivilbarone ungeduldig den Ausgang der Bombardierungen ab. Nur noch eine Woche, nur noch zwei, dann drei. Die Blutzeugen schmollten, empörten sich. Wie lange müssten sie noch warten? Eine Multimediakünstlerin, die aus Angst vor Vergeltung nicht einmal ihren Namen verraten wollte, beklagte sich wehleidig im Morgenprogramm von Radio Kossuth, dass das diktatorische System Multimediakünstler unterdrücke. Von anderen Unterdrückungen wollte sie gar nichts wissen, sie befasse sich ja schließlich nicht mit Politik. Was für Albaner? Was für Ungarn? Was für Minderheitenrechte? Nein, von alledem wisse sie nichts. Sie sei eine Multimediakünstlerin von Rang. Sie wehrte die Fragen des Moderators hysterisch ab: Sie habe nie politisiert, sie wolle auch jetzt nicht politisieren, sie interessiere sich nur für die Multimediakunst. Der Radiomoderator schloss die Reportage verständnisvoll. Soviel Verständnis allerdings brachte er den Ungarn in seinen Reportagen aus der Vojvodina nicht entgegen. Die von hier stammenden Journalisten riefen regelmäßig ihre Bekannten an und baten sie um ausführliche Berichte. Sie sollten nur ausführlich schildern, wo die Bomben explodiert waren, und sie suggerierten ihnen dabei, mutig zu sein, zu zeigen, was ungarischer Mannesmut war. Was stellten die bösen Machthaber an? Die Vertreter der radikalen Parteien in Ungarn äußerten sich herablassend: Die ungarischen Politiker in der Bácska seien nicht standhaft genug, sie seien keine guten Ungarn, in Budapest würden sie schon zeigen, wer ein ganzer Ungar war. Csurka schleuderte Blitze, er werde die Grenzen schon ziehen. Und er zog sie, zog sie, zog sie standhaft. Ein Parteiführer der Kleinwirte hatte nach langem Grübeln ausgeklügelt, wie man der Sache auf den Grund gehen konnte. Und er ging der Sache auf den Grund! Solle doch die Vojvodina ein unabhängiger Staat werden! Der Arme hatte keine Ahnung, dass die überwältigende Mehrheit der Bürger in der Vojvodina schon bei früheren Wahlen von einer solchen Lösung nichts hatte wissen wollen. Auch die Serben in der Vojvodina lebten im Banne eines serbischen Nationalstaates, davon hatten sie zwei Jahrhunderte lang geträumt. Was zappelte der Kleinwirt so herum? Aber er zappelte nicht. Er saß und sinnierte leise vor sich hin, als liege er auf dem Dorfbänkchen herum, die

Schnapsflasche in der Hand. Dann stieß er mit dem Finger auf die Karte: Hier wird ein Staat entstehen. Der Portier des amerikanischen Generalkonsulats in Budapest hätte ihn leicht aufklären können, aber er hatte sich nicht einmal beim Portier erkundigt, sondern machte sich im bequemen Sessel breit, tippte sich an die Stirn und sinnierte.

Der Kolumnist der unabhängigen Belgrader Blätter lauerte in der Villa der ungarischen Regierung und stürzte sich auf den sinnierenden Kleinwirt und den Blitze schleudernden Csurka, schickte seinerseits kriegerische olympische Blitze in Richtung der NATO, schimpfte, dass die Nachbarländer Serbien zersplittern wollten. Der Kleinwirt sinnierte weiter, der Regierungssprecher in Belgrad nickte dankbar: Das ist der wahre unabhängige Patriotismus! Das will was heißen! So klang es viel glaubwürdiger, als hätte er es verkündet. Die Botschaft des Belgrader Journalisten aus der Budapester Regierungsvilla fiel in der Bácska auf fruchtbaren Boden, auf mehreren ungarischen Häusern prangte die Aufschrift: NATO-Faschisten.

Die Emotionen kochten hoch. Nach der Bestürzung der ersten Nacht gewann mit dem Nachlassen der Schockwirkung das nationale Selbstvertrauen wieder die Oberhand. Die staatlichen Medien betonten das orthodoxe Selbstbewusstsein, die Geschichten von der nationalen Berufung. Serbien kämpfe um das Überleben Europas. In Paris, Wien, London demonstrierten die Massen auf Seiten der Serben. In Moskau habe ein Belagerungsring das Gebäude der zaudernden Regierung umzingelt. Die serbischen Kinder sind die klügsten in der ganzen Welt, verkündete lauthals das Belgrader Radio. Die Armee ist unbesiegbar, die NATO wird zweifellos eine Niederlage erleiden. Niemals wird auch nur ein einziger ausländischer Soldat seinen Fuß in den Kosovo setzen. Auf den Straßen erzählte man sich Witze, wie elegant die serbische Luftabwehr die NATO-Bomber vom Himmel pflücken würde. Nur so im Handumdrehen. Die NATO-Generäle seien Armleuchter, die mit ihrem Waffenarsenal nichts anzufangen wüssten. Denn die Technik sei wertlos, für einen Krieg brauche man Herz und Leidenschaft.

Diese Reden gaben die öffentliche Stimmung genau wieder, denn die überwältigende Mehrheit der Nation hätte eine Absplitterung des Kosovo niemals gutgeheißen. Es sei höchste Zeit, dort für Ordnung zu sorgen! Die Albaner würden die Serben gewaltsam vertreiben, sagte man. Die ethnische Landkarte des Kosovo habe sich verändert. Und die der Vojvodina, warum hat sich die der Vojvodina verändert, hattest du dich in den vergangenen Jahren mehrmals erkundigt. Ganz behutsam, um niemanden zu verletzen. Das sei etwas anderes, die Ungarn integrierten sich freiwillig, weil es ihnen in Serbien besser erginge als in Ungarn. Hier herrschte das Prinzip der Freiwilligkeit, dort der Gewalt. Sie klopften dir auf die Schulter, die ungarischen Frauen, die hätten es aber in sich. Wie freudig sie sich hingaben! Ein Wink, und schon zogen sie sich aus. Wer konnte schon etwas dafür, dass die Ungarn Serben werden wollten? Aber kein einziger Serbe wollte Albaner werden! Ob du verstanden hättest? Du nicktest, ja, du hättest verstanden. Als hättest du dich in einen schummerigen Winkel verirrt, du fandest keinen Weg heraus, du tastetest um dich, während der Boden unter deinen Füßen wegrutschte. Wie ermüdend es war, auf dem Balkan über die Geschichte zu reden! Hatte man keinen Revolver in der Tasche, biss man sich daran die Zähne aus. Der dumme Historiker war deshalb dumm, weil er keine Waffe besaß, einzig der bewaffnete Historiker war im Besitz der Wahrheit. Hinter jedem geschichtlichen Symbol verbarg sich ein Gewehr, war irgendwo kein Gewehr dahinter, konnte es kein Symbol sein. Es ließ sich leicht in die Tiefen verbannen, in die feuchten Katakomben des Vergessens. In jenen dunklen unterirdischen Winkeln lauter unbekannte zerbröselnde Gegenstände, man wusste nicht einmal mehr, welchem Zweck sie einst gedient hatten, vielleicht ein paar Jahre noch, dann hätte sie der Moder endgültig zerfressen.

Du nahmst es zur Kenntnis: Nur mit dem Finger am Abzug konnte man unschuldig sein. Du hattest nur einige wenige Freunde, die nicht mit dem Abzug spielten, sondern über irgendeine Art lockeren Ausgleich sinnierten, aber die Presse schenkte ihren Ansichten kaum Beachtung. Vielleicht ist doch nicht alles in Ordnung, vielleicht haben wir es doch irgendwie verpfuscht, seufzten sie. Sagen wir, sie gestanden es sich ein, nur sich, heimlich und ausschließlich sich selbst. Du bekamst ihre Geständnisse ungewollt mit, senktest verlegen den Kopf, als hättest du in ihrem Privatleben gewühlt. Die anderen gestanden es sich nicht ein, in gewisser Weise wurden auch die Feigen mutig, ja, in gewisser Weise stählte sich ihr Blick, in gewisser Weise legten sie ihre Zweifel ab, beschlossen von einem Tag auf den anderen: Dieser Kampf wird der endgültige sein. Dann kann die Demokratie kommen, dann werden wir sagen, wie wir es verpfuscht haben und nicht sie. Wer nicht bereit war, für den Kosovo zu kämpfen, wem Serbien also nicht gefiel, der solle seine Sachen packen und in sein Herkunftsland zurückkehren. Tagaus, tagein war dieser Satz auf der Straße zu hören, aber auch in der Presse, in den politischen Reden hatte er Hochkonjunktur.

Vierte Szene

Reise nach Ungarn – Gedanken über die Angst – Huntingtons Pfeil – Die vitale orthodoxe Welt – Die serbische Wahrheit

Bereits vor dem Krieg hatte man es deiner Mutter auf der Straße hinterhergerufen, während des Krieges jedoch schon lauter. Immer lauter: Gehen Sie doch in Ihre Heimat zurück! Deine Mutter blieb verdutzt stehen und wusste nicht, was sie erwidern sollte. Sie hätte sich auch nicht getraut. Sie schlich nach Hause und verriegelte die Tür hinter sich. Du lieber Himmel, wohin sollte sie gehen? Sie besaß nicht einmal einen Pass. Sie ging auf die achtzig zu. Nur ein einziges Mal war sie in Ungarn gewesen, du hattest sie vor lauter Freude dazu überredet, als du 1969 unverhofft ein größeres Honorar eingeheimst hattest. Man wollte deinen Roman *Memoiren eines Zuhälters* verfilmen. In Budapest hattest du den Vertrag unterschrieben, warst Gast der Filmgesellschaft und kamst aus dem Staunen nicht heraus, du warst 28 Jahre alt und hattest noch nie so viel Geld gesehen. Und deine Mutter wälzte sich schlaflos in ihrem Luxuszimmer im Hotel Gellért und konnte kein Auge zutun, sie zerbrach sich den Kopf darüber, wie du an soviel Geld gekommen warst. Woher das Geld für das teure Abendessen? Deine Mutter ließ die besten Stücke auf dem Teller zurück und prüfte sorgenvoll dein Gesicht. Woher das Geld für das Taxi, um eine Stadtrundfahrt zu machen?

Deshalb und nur deshalb hattest du sie nach Budapest gelockt, weil das Fenster eures Hauses in Szenttamás nach Norden blickte und du dich erinnern konntest, wie oft du als Kind gehört hast, dass dort im Norden Ungarn sei. Aber weder dein Vater noch deine Mutter hatten irgendeine Vorstellung davon, wie es dort war. Auch du starrtest nur in die

Richtung, ja, dort ist Radio Kossuth, ging dir durch den Kopf. Als du zum ersten Mal die Grenze passiertest und dir ein ungarischer Grenzbeamter begegnete, tauchte vor deinen Augen das Fenster eures Hauses auf, du sahst dich selbst beim Betrachten des Himmels. Anfangs gefiel deinen Eltern die Idee, nach Budapest zu reisen, doch plötzlich stellte sich dein Vater stur, er sei schon einmal dort gewesen, und zwar in Jánoshalma, er sei als junger Mann in den dreißiger Jahren über die grüne Grenze geschlichen. Zwar nur für zwei Tage, weil ein entfernter Verwandter heiratete und er unbedingt an der Hochzeitsfeier teilnehmen wollte. Wie es sich gehörte! Ende der dreißiger Jahre sei er über die grüne Grenze gewandert mit einem geräucherten Schinken und einer Flasche Erdbeerschnaps, Torten pflegte man damals noch nicht mitzubringen. Er feierte die ganze Nacht hindurch, machte anschließend ein Nickerchen und kehrte in der Abenddämmerung wieder über die grüne Grenze zurück. Er hätte sich wieder auf den Weg machen können, diesmal nicht mehr über die grüne Grenze, sondern mit dem Zug, um zu sehen, wie dieses Ungarn denn so war, aber er hatte es sich anders überlegt. Nie hast du begriffen, warum. Vielleicht wollte er der Wirklichkeit, die er aus Radio Kossuth kannte, nicht gegenübertreten. Deine Mutter hingegen war nie in Ungarn gewesen, war nicht einmal über die grüne Grenze geschlichen, außerdem war sie von Natur aus neugieriger und erwiderte auf deinen Vorschlag, in Ordnung, sie werde mitfahren. Sie fügte jedoch hinzu, es sei nicht nötig, das auszuposaunen, es wäre besser, wenn niemand in der Nachbarschaft erfahren würde, dass sie nach Ungarn fahren wollte. Du konntest nicht verstehen, warum sie ein solches Geheimnis daraus machte. Erst zwanzig Jahre später hast du es begriffen, zwanzig Jahre brauchtest du noch, um deine Mutter kennenzulernen. Du hattest das Drehbuchhonorar für die Reise verwendet, ihren Pass eingelöst, die Fahrkarten gekauft, und eines Nachmittags kamt ihr dann am Ostbahnhof an. Mit weit aufgerissenen

Augen bestaunte deine Mutter die Stadt, klammerte sich an dich, wagte kaum, sich zu rühren. Dennoch erwies sich der Ausflug nach Budapest als Fehlschlag. Im Restaurant beäugte sie dich misstrauisch. Vergeblich wiederholtest du, dass es sich um ein Honorar handelte, sie schüttelte den Kopf, sie wollte nicht glauben, dass man mit Literatur soviel Geld verdienen konnte. Ein paar Tage später bat sie dich, ihr einen Jenaer Glastopf und einen Schnellkochtopf zu kaufen und deinem Vater noch ein Geschenk zu besorgen, sie selbst würde mit dem nächsten Zug heimfahren. Ratlos standest du vor dem Hotel Astoria in Budapest und wusstest nicht, welches Geschenk du deinem Vater kaufen solltest. Schließlich kauftest du für ihn ein paar Landkarten, statistische Jahrbücher, die studierte er gern, eine russische Armbanduhr und ein russisches Transistorradio, auf dem Radio Freies Europa leicht zu finden war, einige günstige Herrenhemden, einige Werkzeuge, nur so viele, dass es mit dem Zoll keine Probleme gäbe. Deine Mutter nahm im Abteil Platz, du verabschiedetest dich von ihr, ermahntest sie noch einmal, in Újvidék auszusteigen, den Rest wisse sie schon. Sie nickte immer wieder leicht und erwiderte deinen Blick vorwurfsvoll. Ganz offensichtlich war sie felsenfest davon überzeugt, dass du auf unehrlichem Weg zu dem Geld gekommen warst. Sie erzählte nie davon, dass sie einmal in Budapest war. Vielleicht weil sie es großartiger fand, nach Becse oder Újvidék als nach Budapest zu fahren, dachtest du erst. Aber dem war doch nicht so. Eine alte Angst war in ihr aufgebrochen, eine alte Angst aus 1945, deren sie sich gar nicht bewusst war.

Es stimmte trotzdem, dass sie Becse am liebsten mochte. Wegen einer Lungenentzündung in deiner Kindheit musstet ihr ein paar Jahre regelmäßig zur Kontrolle nach Becse fahren, jedes Mal fuhrst du mit deiner Mutter. Ihr nahmt die Lokalbahn, die zwischen Verbász und Becse verkehrte, deine Mutter holte das Brathähnchen hervor, und ihr hattet genussvoll fast alles verzehrt, noch bevor der Zug im Bahnhof von Becse einfuhr. Sicher, damit ihr nicht auf die Idee kamt, in Becse etwas zu essen zu kaufen. Und in ein Restaurant einzukehren kam euch gar nicht erst in den Sinn. Wurdet ihr am Nachmittag doch wieder hungrig, packte sie das restliche Brathühnchen aus, ihr schnabuliertet im Stadtpark von Becse, doch diesmal schmeckte es deiner Mutter – so schien es dir – nicht mehr so gut wie im Zug. Am liebsten saß sie auf dem Rathausplatz von Becse, nahm immer wieder einen kräftigen Schluck vom Wasser der Heilquelle, bestaunte das Rathaus, die Kirchen am Platz, die Schaufenster, die reicher als die in Szenttamás waren, und berichtete deinem Vater und den Nachbarn zu Hause ausführlich, wo sie gewesen sei und was sie gesehen habe.

Heute riefen sie ihr hinterher, sie solle machen, dass sie fortkäme. Und dabei hatte sie noch den Vater oder sogar den Großvater manch eines von ihnen gekannt. Einige waren erst später in die Straße gezogen. Einfache, ungebildete Menschen drohten ihr, Menschen, die ihren Alltag nur mit Mühe und Not meisterten und tagaus, tagein beteuerten, sie hätten die Nase voll von der Politik, sie wollten sich nicht in die Angelegenheiten der hohen Herren einmischen, solange sie ihr tägliches Brot hatten. Traktorfahrer, Steinmetze, Tischler, Nachfahren von Bauern allesamt. Du konntest nicht verstehen, was in diese Menschen gefahren war. Zum ersten Mal nach langen Jahren identifizierten sie sich mit der Heimat, viele auch zum ersten Mal in ihrem Leben. Ein seltsamer, noch nie gekannter, beinahe unvorstellbarer Ton entsprang ihren Kehlen. Vielleicht mischte sich auch Schmerz in diesen seltsam klirrenden Ton. Deine Mutter starrte vor sich hin, sie erkannte diese Stimmen nicht. Das waren nicht dieselben Menschen, mit denen sie jahrzehntelang in einer Straße gelebt hatte.

Du kanntest sie. Als Kind hattest du mit ihnen Fußball auf der Straße gespielt. Zur Zeit der langen Herbstregenfälle wart ihr gemeinsam auf die Straße gelaufen, um in Wannen Boot zu fahren. Ihr hattet die Toten gemeinsam betrauert. Mittlerweile war ein Abflusskanal gegraben und eine Betonstraße gebaut worden. Die Wannen hatten sie den Zigeunern geschenkt. Du glaubtest, sie zu kennen, da jedoch stellte sich heraus, dass du sie nicht kanntest. Du hattest keine Ahnung von der Welt. Du nahmst deine ganze Kraft zusammen und wolltest sie verstehen. Du wolltest ihren Schmerz nicht ignorieren. Vielleicht trugen auch sie Wunden in ihrem Innern, Wunden, über die sie bis dahin nie ein Wort verloren hatten. Es war möglich, dass die Wunden wirklich schmerzten, aber niemand sie heilen wollte. Gibt es dafür überhaupt ein Medikament? Die aufgepeitschten Leidenschaften wirkten wie Betäubungsspritzen. Vernünftige Menschen beteuerten bis zum Letzten, dass es nie zu einem Krieg gekommen wäre, hätten nicht ein paar böse Politiker die Oberhand gewonnen. Die haben Jugoslawien auseinandergesprengt. Die führten Krieg. Die trugen die Verantwortung! Wir sind unschuldig, wir haben nichts getan, von nichts gewusst, sagten sie immer wieder. In diesen Erklärungen war die Moral der Volksmärchen wirksam, die stets mit dem Zeigefinger auf die böse Stiefmutter deutete; im Grunde erinnerten sie an das Argumentationsmuster, für den Kommunismus allein den Personenkult um Stalin verantwortlich zu machen. Deshalb bekamst du nie eine Antwort auf deine Frage, warum aus dem gemeinsamen Staat die Kroaten, die Slowenen, die Moslems, die Mazedonier, also stets die Schwächeren fliehen mussten. Warum ihn nur die serbischen Kanonen verteidigten? Auch das gehörte zu den Tabus. Sie wiederholten nur beharrlich, dass die schuldigen Eliten das Volk korrumpiert hätten. Das Volk würde jedoch bald aus seinem Dornröschenschlaf erwachen. Darin lag offenkundig etwas Wahres, denn keine Lüge ist von ewiger Dauer, und doch klang es zu simpel, denn es erklärte nicht, weshalb gerade die Kleineren und Schwächeren Angst hatten. Es gab keine Antwort auf die Frage, wie das Jugoslawien war, das durch die Zerstörung von Städten erhalten werden musste. Warum sollten in Trümmer gelegte Städte und Massengräber Treue zu Jugoslawien symbolisieren? Es gab auch keine Antwort auf die Frage, warum das Volk sein Vertrauen gerade in solche Führer setzte, bei wer weiß wie vielen Wahlen. Was musste geschehen, damit das Volk endlich aus seinem Traum erwachte, schließlich waren die Massen überzeugt davon, dass die sich abspaltenden Nationen treulos und undankbar waren. Wie sollte es möglich sein, sie aus ihrem Traum zu reißen, wenn jeder behauptete, der Traum sei die einzige Wahrheit? Womöglich existierte auch deine Straße nur im Traum.

Schwebtest du schlaflos in einer Traumwelt? Vielleicht stimmte mit dir etwas nicht. In den Straßen machtest du dich ohnehin verdächtig, weil du dir die Zielscheibe, das Target-Abzeichen, nicht an die Brust geheftet hattest. Du betratest ein Geschäft, das Auge des Verkäufers blitzte auf, du dachtest sofort, er vermisst das Target-Abzeichen an deinem Hemd. Du schautest dich um, kauftest eine Zeitung, der Verkäufer starrte dich an, suchte das Zeichen über deinem Herzen. Warum hätte er es auch nicht suchen sollen, da es selbst auf den Titelblättern der oppositionellen Presse prangte, die sich sonst für ein bürgerliches Serbien zu begeistern pflegte! Der kalte Schweiß stand dir auf der Stirn, du bezahltest rasch und machtest dich davon, als hättest du etwas sehr Dringendes zu erledigen. Wo du auch hinkamst, an allen Jacken und Hemden sahst du das Target-Abzeichen. Nie hättest du es für möglich gehalten, dass so viele Menschen auf einmal ein einheitliches Abzeichen über ihrem Herzen tragen könnten. So etwas kanntest du bis dahin nur aus Filmen. Dort trugen sie das Hakenkreuzzeichen, und du stelltest damals naiv fest, dass in der Wirklichkeit so etwas nicht möglich sei. Das hätten die Filmemacher bloß erfunden!

Du lerntest, dich zu fürchten. Angst zu haben, so wie du es bei Kierkegaard gelesen hattest. Du lerntest es nach und nach, beim Kauf einer Zeitung, eines Brotes. Du bliebst vor einem Schaufenster stehen. Du kauftest einige Oppositionsblätter und griffst dir ans Herz. Du hattest kein Abzeichen! Du lerntest zu schweigen, wenn einer der Fahrgäste im Autobus plötzlich auszuführen begann, dass man die Albaner vertreiben müsse. Man müsse sie zum Teufel jagen. Sie machten nur Kinder und verdrängten die Serben. Du lerntest die Angst kennen, die sich nicht nur hier und da bemerkbar machte, sondern von morgens bis abends in dir wohnte. Aber gerade weil du das alles kennengelernt hattest, wolltest du die Zeiten nicht erleben, in denen einst dieselben Menschen, die heute keine Angst hatten, sich damit rechtfertigten würden, dass sie aus Angst gehandelt, sich aus Furcht begeistert hätten. Heimatliebe also bedeutete, dass sie ihre Haut retten mussten und jene elenden Privilegien, die ihnen ohnehin zustanden. Das Gegenteil war wahr. Sie hatten keine Angst mehr. Sie hatten ihre Angst besiegt, denn es war ihnen gelungen, sich selbst zu täuschen. Sie hatten ihre schmerzenden Wunden verborgen.

Du lebtest mit der ständigen Angst, das heißt, du sahst alles, aber du schwiegst aus Hoffnungslosigkeit. Das weckte natürlich ein Schamgefühl, einen dauernden, seelischen Konflikt in dir. Mal obsiegte der eine Impuls, mal der andere. Die Angst gebar die Wendung nach innen, die Flucht in die Innenwelt, die Ästhetisierung des Lebens, die einzige Ästhetisierung, die noch etwas, wenn auch reichlich wenig Glaubwürdigkeit bewahrt hatte. Oft erwachte jedoch beim Ringen mit dem Schamgefühl ein unerwarteter und absurder Aktivismus in dir. So konnte es geschehen, dass du am unwahrscheinlichsten Ort, im unwahrscheinlichsten Augenblick den Mund aufmachtest und dir wie im Rausch die Wahrheit entfuhr. Man könnte es Mut nennen, wäre es der Feigheit nicht so ähnlich. In der Tat hattest du stets eine physische Schwäche empfunden, wenn im Auge des anderen das feindliche Licht aufblitzte.

Deine Stimme versagte. Das hätte nicht sein müssen! Lerne zu schweigen! Bleibe für dich! In Wahrheit ist die Angst die

Lebensform, die mit der Schönheit liebäugelt, also kann nur sie noch eine edle Lebensform sein. Wende dich von den vertrauten Gesichtern ab, die dich auf diese oder jene Weise an diese Welt ketteten. Revoltiere nicht! Lerne, dich zurückzuhalten. Lerne, zerstreut zu schweigen. Das musst du lernen, wenn du es heil überstehen willst. Du schweifst schnell von dem empfindlichen Thema ab. Ja, auch das bedarf des Geschicks, der glatten Umgangsformen, des unschuldigen Blickes und des Glücks. Eine Situation ähnlich derjenigen, wenn sich ein Sterbender an die erstbeste ihm entgegenstreckte Hand klammerte und sich entschuldigte, weil er Glück gehabt hat. Eine solche Angst ist vielleicht verzeihlich, aber dass man sie Lügen strafen will, gehört unter keinen Umständen zu den lässlichen Sünden. Aber in diesen Tagen erlebtest du nichts anderes, als dass Menschen in Massen ihre Ängste Lügen straften und dadurch tatsächlich Erleichterung fanden. Darum möchtest du die bevorstehende große Reinwaschung gar nicht miterleben, selbst dann nicht, wenn die Demokratie mit einer solchen Heuchelei Einkehr hält: mit der Leugnung der erfundenen Diktatur. Du möchtest die Doppelzüngigkeit nicht auf frischer Tat ertappen, lieber spürst du die Wunden auf. Du hast keinen Zweifel, dass die Zeit kommen wird, da alle beteuern werden, gegen das System gewesen zu sein. Du sehnst diese Zeit herbei, aber du hast auch Angst vor ihr. Vielleicht erlebst du sie gar nicht mehr. Aber du vermutest, dass kaum einer den Mut haben wird, zuzugeben, wie sehr er sich für diese Diktatur begeistert hat. Millionen begrüßten den Führer in der Hauptstadt, selbst in den Fenstern der Fahrerkabinen der Busse und der Sattelschlepper prangte sein Bild. Die zu Titos Zeiten halbherzig zankenden Schriftsteller wurden – mit wenigen Ausnahmen – allzu schnell lammfromm; selbst wenn sie gewollt hätten, hätten sie nicht in alternativen Begriffen denken können, weil sie nicht über die entsprechenden Worte, Sätze, Begriffe verfügten, mit deren Hilfe sie sich der Macht hätten widersetzen können. Die Schriftsteller opferten ihre Worte auf dem Altar der Politiker, was schlimmer war, als ihnen schweigend oder in erzwungenem Schweigen zu dienen. Ein Fünkchen Hoffnung bleibt nur dort, wo man jene, die kleinlaut verstummen, versteht. Dort, wo die erhabenen Worte ausverkauft werden, kehrt die Diktatur wie ein sehnlichst erwarteter Gast ein. Dort, wo sie nicht auf dem Bajonett, sondern auf schlechtem Gewissen ihre Grundlage bildet, wird sie sofort ein warmes Nest finden.

Dort, wo man die Worte ausverkauft hatte, blieb nur das verzagte Schmollen, der Trübsinn, der durch gelegentliche Ausbrüche am Leben erhalten blieb. Eine samtene Apathie vergoldete alles. Hier und da erschallte der große, in ein Volksfest umschlagende, mit wirren Ideen angereicherte Protest, auf den im entscheidenden Augenblick gewöhnlich die Unterwürfigkeit folgte. So geschah es in Belgrad im Winter 1996. Das Volk strömte auf die Straßen der Hauptstadt, pfiff, zischte, lärmte, die Studenten tanzten vor den Polizisten. Die protestierenden Jugendlichen besaßen Mobiltelefone, und die Damen nahmen sogar ihre Schoßhündchen mit. Wenn die Jugendlichen die Polizeiabsperrung durchbrechen wollten, zogen die Polizisten ihre Gummiknüppel heraus und begannen, auf die Demonstranten einzuprügeln. Die Menge brauste auf. Schlagt nicht unsere Kinder, geht in den Kosovo, rief sie im Chor. Der gestrenge Führer winkte die Menge ab und sah sich gezwungen zu lächeln. Ich liebe euch, sprach er. Ich fordere nur, was ihr gefordert habt, fuhr er mit unheilschwangerer Stimme fort. Wahrlich, wir müssen große Opfer für das erbringen, wofür ihr vor einem Jahrzehnt demonstriert habt. Wahrlich, euer Traum war ein blutiger. Ihr wolltet, dass es so geschehe, ihr verlangtet danach! Wahrlich, ich weiß, dass ihr auch mich einmal opfern werdet, aber übereilt es nicht. Selbst in euren Träumen werde ich wiederkehren. Und eines Morgens durchbrach die mutige Jugend unter den Kreuzen der orthodoxen Popen die Polizeiabsperrung, das heißt, die Polizisten traten den Kreuzen gar nicht erst entgegen, und wie durch einen Zauberschlag schlief der Aufstand unter den Kreuzen ein. Der gestrenge Führer blickte müde vor sich hin. Was war geschehen, fragst du dich. Du sprichst von einem Aufstand, gewiss, dem hatte es geähnelt, es war Theater, gewiss, auch dem hatte es geähnelt, es war ein Theater, dessen Kulissen die Geschichte bildete, die Kulissen verschluckten die Plätze, die Straßen, die Menschen, den Aufstand. Sie verschluckten die Zeit. Ungewohnte Worte entfuhren den Menschen, andere als die bisherigen, aber es geschah nichts, die Kulissen verschluckten die Stimmen, die Schreie. Geht in den Kosovo, entfuhr ihnen der alte, schmerzvolle Ton. Ja, das war geschehen, und der Aufstand war eingeschlafen. Die Kreuze blinkten im frühmorgendlichen Licht des winterlichen Himmels, der neue Tag begann, die Vergangenheit hatte gesiegt. Die umherschlendernden Menschen hatten mit sich gerungen und wieder einmal verloren.

Das Volk strafte seine Ängste, Erfahrungen, Aufstände Lügen, vielleicht im Interesse eines höheren Zieles und im Namen eines namenlosen nationalen Schmerzes. Das zeigte sich auch bei den Feiern anlässlich des Sieges über die NATO. Nur schwerlich konntest du glauben, dass irgendjemand wirklich an einen Sieg glaubte, während das Militär und die Polizei aus dem Kosovo abzogen und die serbischen Einwohner aus Angst vor Racheakten flüchteten. Es flüchteten die Schuldigen, aber es flüchteten auch die Unschuldigen. Nichtsdestotrotz bedurfte man der Illusion eines Sieges, also der Legende von einer höheren Gerechtigkeit und eines moralischen Sieges. Die Nation litt, niemand wollte den Grund ihrer Geduld, ihrer Zähigkeit eingestehen. Obwohl die Kriege, die Opferbereitschaft, die Grausamkeiten, der seit zehn Jahren andauernde Zustand von Elend, Niedergang und Pariadasein nur durch den Schmerz des gesteigerten Nationalgefühls erklärt werden konnte.

Die Bürger verzichteten auf den von früher gewohnten Lebensstandard, die Rentner standen im Morgengrauen vor den Banken um ihre Rente an, sie hatten kleine Schemel bei sich, um sich während des langen Wartens hinsetzen zu können. Ihnen ging das Schicksal jenes Mannes durch den Kopf, der eines Nachts aus dem Fenster seiner Wohnung im zehnten Stock gesprungen war, weil seine Rente für Medikamente nicht mehr reichte. Er wollte ohne langes Leiden sterben. Aber es gab auch solche, die nur im Morgengrauen hinausschlichen, um Milch und Brot zu kaufen, und sich dann in ihren Wohnungen einsperrten und litten, deren einzige Freude darin bestand, dass niemand ihre Tür öffnete. In den Banken gab es kein Geld, auch dafür musste man sich anstellen, zuweilen wochenlang vergeblich, und doch ertrug die Bevölkerung alles ohne Klage. Die Jugend floh aus dem Land, stand im Morgengrauen vor den Konsulaten der westlichen Länder um ein Visum an. Sie harrten aus bei Schnee und Eis, in Belgrad, in Budapest, wer etwas mehr Glück hatte, in Wien. Sie waren dem Garten Eden schon ein Stück näher, dachten sie. Notfalls werden wir in irgendeinem Café in Paris oder in Berlin abwaschen, schworen sie. Ihre Eltern aber unterstützten jene Parteien, die in Europa einen Bund der orthodoxen Länder gegen den Westen errichten wollten. Die Tränen kamen ihnen, doch taten sie nichts zur Rettung ihrer Kinder. Das serbische Parlament verabschiedete mit fast hundertprozentiger Mehrheit die Absichtserklärung, einen Staatenbund der orthodoxen Länder zu gründen; wer sich ablehnend dazu äußerte, wurde von der öffentlichen Meinung des feigen Treuebruchs beschuldigt. In den Herzen lebte die Idee des heiligen Russlands. Tiefe, fast archaische Gefühle brachen sich Bahn, die den europäischen Anschein mühelos zertrümmerten.

Es tobten die authentischen Gefühle und Leidenschaften; Intellektuelle, die mit der französischen und amerikanischen Kultur aufgewachsen waren, forschten nach ihren balkanischen Wurzeln und entdeckten den leidenschaftlichen Nationalismus. Dafür war kein Preis zu hoch. Es rächt sich immer, was der Geist erst spät entdeckt und sich gierig aneignet. Die

Rache war abgedroschen wie in einem Schundroman, sie achtete nicht einmal auf Stil. Der Kitsch beschönigte die Gefühle. Viele opferten sogar ihren Stolz. Im Freundeskreis jammerten sie, morgen würde das Geld vielleicht nicht einmal für einen Bissen Brot reichen. Dabei begegnete dir kaum jemand, der nicht auf die Mächtigen geschimpft hätte. Marktfrauen, Lehrer, Ärzte, Beamte, Schriftsteller, Gelehrte, Händler, alle schimpften sie um die Wette. Die Hochschullehrer arbeiteten für einen Hungerlohn. Aber nur wenige hatten die Kühnheit und die Kraft, die fundamentalen Ideen der Mächtigen grundsätzlich in Frage zu stellen. Und auch diese wenigen rangen zumeist mit sich selbst, was ist schon die Wahrheit wert, fragten sie sich, wenn es vielleicht nicht mehr möglich sein wird, auf halbem Wege stehen zu bleiben. Die berechtigten nationalen Kränkungen und das Gerechtigkeitsgefühl gerieten in Widerspruch zueinander. Man müsse durchhalten, bald kämen bessere Tage, trösteten sich die Klagenden. Die Mutigsten gingen davon aus, dass der Sturz der gegenwärtigen politischen Führungsriege nur eine Frage von Monaten war und dass dann durch irgendein Wunder wahr würde, was diese verdammten Dummköpfe nicht hatten verwirklichen können. Das gleiche, am gleichen Ort, nur anders, geschickter und effektiver. Bis zu dem Moment, nur bis dann dauere die Zeit des Entbehrens. Es reichte nicht für das Essensgeld der Kinder, die Familie konnte seit Jahren nicht mehr in Urlaub fahren, aber sie konnten nicht anders, sie hielten durch, benahmen sich, als hätte sie eine Naturkatastrophe ereilt: eine Flutwelle oder ein Erdbeben. Und so vergingen die Jahre.

Zehn, zwanzig Jahre zuvor hatten diese Menschen nicht gejammert, in ihnen hatte eine Art Stolz gelebt, sie ließen ihr Leben schöner erscheinen, als es war. Die Bürger waren wie verschwenderische Beaus, die den Zauber der europäischen Großkaufhäuser für sich entdeckten. Der Staat verprasste die ausländischen Kredite, dasselbe machten die Bürger mit den staatlichen Krediten, und so machte sich in Serbien eine kreditgenährte sozialistische Vornehmtuerei breit. Sogar die Ärmeren unter ihnen fuhren nach Triest, um sich einzukleiden. Es schickte sich nicht, sich zu beklagen, Dünkelhaftigkeit prägte das Land. Doch jetzt holten die Menschen ihr Portemonnaie mit erstaunlichem Masochismus hervor und zeigten, wie leer es sei, selbst wenn in irgendeinem Fach ein paar Zehn- oder Zwanzigmarkscheine versteckt waren. Dennoch harrten sie aus, fanden immer wieder eine Erklärung für ihr Unglück. Amerika sei schuld, weil es ein Wirtschaftsembargo über das Land verhängt habe. Der Westen sei schuld, weil er dem Führer zu lange die Hand gereicht habe. Die Kroaten seien schuld, weil sie sich abgespalten hätten. Die Katholiken führten einen Kreuzzug gegen die Orthodoxen. Die Albaner trügen die Verantwortung, da sie Serbien zerschlagen wollten. Die Muslime seien verantwortlich, da sie islamische Fundamentalisten seien. Die als Juden getarnten Chasaren seien schuld: Albright, Jelzin, Holbrooke seien allesamt Chasaren. Die Freimaurer seien die Schuldigen. Die undankbaren nationalen Minderheiten forderten mehr Rechte, als ihnen zustanden.

Diese Denkweise ließ sich durch nichts erschüttern. Erfahrungen waren sinnlos. Die Nomenklatur warb für patriotische Kredite, die Menschen spendeten ihr Geld, viele versetzten den Familienschmuck, doch das Kapital versickerte. Die Menschen wollten nicht darüber reden. Dennoch votierten sie an den Wahlurnen, ihren Idealen Rechnung tragend, für diese Nomenklatur, denn zweifellos lebte in ihnen irgendeine Vorstellung davon, warum, in wessen Namen sie das alles erdulden und auf sich nehmen mussten. Warum mussten sie Tag für Tag ihre eigenen Erfahrungen Lügen strafen?

Du fandest nur eine einzige Erklärung dafür: Für eine Nation war ein ganzes Jahrhundert zusammengebrochen. Das Serbien gegenüber so großzügige Jahrhundert hatte vor seinem Abschied noch einmal Bilanz gezogen. Wehe den Siegern, hatten schon lange zuvor einsame Geister, auf die niemand zu hören pflegte, gemahnt. Ihre Prophezeiung erfüllte sich gerade dann, als ihre Stimme nicht vernommen wurde. Der serbische Nationalismus war kein reflektierter, denn er kannte keine Niederlage. Das Jahrhundert hatte alles auf einem silbernen Tablett serviert. Als es zum ersten Mal eine Niederlage gab, ging daran der Staat, nicht jedoch der Nationalismus zugrunde. Deshalb bekam dieser Nationalismus einen Glaubenscharakter, er brach dort ein, wo die Religion hätte Fuß fassen sollen, aber nie Fuß gefasst hatte. Da der Staat daran zugrunde gegangen war, wurde das Nationalgefühl zu einer religiösen Kraft, es speiste sich nicht mehr aus der Wirklichkeit, sondern aus dem Glauben, so besiegte und zerschlug es die Wirklichkeit, darum stellte es die Glaubwürdigkeit der Erfahrungen in Frage. Mit dämonischer Kraft übermannte es den Staat. Nicht der Staat wurde zur Sache der Nation, sondern die Nation zur Sache des Staates. Die Wirklichkeit wurde zum Feind, und in dieses Feindbild ließ sich alles hineinprojizieren. Nur sechs Prozent der Nation sei frei von Fremdenhass, staunte ein Forscher. Wohin sollte das führen? Aber nicht nur die Fremden waren fremd. Fremd waren auch die persönlichen Erfahrungen, die Welt, die innerhalb von zehn Jahren ein neues Gesicht bekommen hatte, die Tatsachen des Alltags, die sich mit dem nationalen Ideal nicht in Einklang bringen ließen.

Dieses Phänomen entsprang der Überzeugung, dass Angehörige der serbischen Nation in den zerfallenden Landesteilen nirgends zu einer Minderheit werden durften, alle Landesteile, in denen Serben lebten, mussten zu Serbien gehören. Deshalb schrieb die Hand eines Fanatikers auf das Postgebäude in Sarajewo: Das ist Serbien. Vergeblich schrieb ein nüchterner Bosnier darunter: Das ist eine Post, du Dummkopf! – es nützte nichts. Es kann keine Post sein, denn wir wollen keine Minderheit sein, lautete die Antwort. Das war die Wunde, die plötzlich zu bluten begonnen hatte. Eine offene Wunde, du hattest es immer schon geahnt, es war wirklich eine offene Wunde. Du wusstest es, du kanntest diesen Schmerz, du konntest ihn nachempfinden, denn du gehörtest einer Minderheit an, wie schon dein Vater, deine Mutter, dein Großvater, deine Großmutter. Wie deine ganze Verwandtschaft. Wie deine Freunde. Du kanntest diese Wunde von innen. Ja, damit hattest du zu kämpfen, selbst wenn du nichts davon wissen wolltest, weil du nicht zur Kenntnis nehmen wolltest, dass ihr verlorene Menschen wart. Selbst wenn es nicht soweit käme, musstet ihr wie vom Aussterben Bedrohte leben. Du konntest nur darauf hoffen, dass du am Ende des Weges weniger so wärst, wie du am Anfang oder in der Mitte warst. Am Ende des Weges wirst du Licht auf die Dinge werfen. Du tust nichts, obwohl du etwas zu tun glaubst. Du wirst nur etwas unentschlossener sein, aber es wird dich beruhigen, dass du noch nie besonders entschlossen warst. Ein Scheiß das Ganze, sagte jemand, der noch nach Luft rang. Er hatte es gut, sagtest du dir. Er hatte noch Vertrauen, er drückte sich an die Wand und wartete, weil er anders war und eine andere Sprache sprach. Fruchtlos das Ganze, ob du dich an die Wand drücktest oder nicht.

Wer schlich schon gern verzagt die Wände entlang durch die Straßen? Niemand. Darum ging es eigentlich, um dieses unfruchtbare Leben, denn die Vergangenheit war nicht vergangen, sie musste ständig jemanden verzehren. Erniedrigen. Was die anderen Länder Mittelosteuropas und die des Balkans zu Beginn des Jahrhunderts in Versailles lernen mussten, dem mussten am Ende des Jahrhunderts die Serben ins Auge sehen. Das wünschst du keinem. Lernen zu müssen, die Wände entlang zu schleichen, wenn man durch die Straßen ging. Und dabei vergeblich auf eine Antwort zu warten, immer ungewisser auf das Ende zu warten. So sah das Leben der Minderheiten aus. Selbst das Grab sank ein, weil sich eines Tages herausstellte, dass es niemand besuchte. Niemand setzte sich davor. Zu Beginn des Zerfalls Jugoslawiens gab es kaum einen, der nicht für eine neue Grenzziehung war. Nachts starrtest du aus dem Fenster deiner Wohnung auf die nach Kroatien ziehenden Militärfahrzeuge. Es herrschte ein unmenschlicher Lärm, aber niemand wollte den Kopf aus dem Fenster stecken, man beobachtete nur hinter dem Vorhang, was draußen vor sich ging. Mit Unschuldsmiene beobachtete man die ratternden Militärfahrzeuge, ja, sie mussten rollen, sonst würden die Faschisten die Serben ermorden. Die Panzer rollten, und die Militärfahrzeuge bezogen Stellung, um die neuen Grenzen zu ziehen. Und die mussten dort gezogen werden, wo Serben lebten. Damit immer jemand vor den Gräbern sitzen konnte. Das war noch im Jahr 1992. Und seitdem ratterten, rollten unentwegt die Panzer und die Militärfahrzeuge.

Erde, in der sich serbische Gräber wölbten, war das rechtmäßige Eigentum der serbischen Nation, verkündeten auch die oppositionellen Parteien vor dem Krieg, während des Übergangs zum Mehrparteiensystem. Es brach also keine samtene Revolution aus, es begann nur ein fröhliches Erdbeben. Die begeisterte Apokalypse. Die Landkarte war wie die Bibel. Alles stand darauf geschrieben, Gutes wie Böses. Auf ihr wölbten sich die besagten Gräber. Das verkündeten der demokratische Hochschullehrer mit dem graumelierten Haar und der Freischärler der paramilitärischen Einheiten. Im Lauf der Jahre grub man sich so eine bis heute offene moralische Grube: Eine Nation, die zutiefst davon überzeugt war, die Minderheitenrechte im eigenen Staat perfekt umgesetzt zu haben, wollte nichts davon wissen, dass irgendeiner ihrer Angehörigen irgendwo in der Minderheit blieb, da das Dasein einer Minderheit in diesem Fall Verschmelzung bedeutete. Also den Anfang des endgültigen nationalen Untergangs. Es konnte nicht angehen, dass sich ein Teil der Nation dieses schreckliche Requiem mit dem Rücken zur Wand anhören musste. Sollten es sich doch die anderen anhören, wenn die Geschichte schon so grausam war. Warum forderten die Menschen nicht, dass die Serben in Kroatien die gleichen Rechte genießen sollten wie die Albaner, die Rumänen, die Slowaken, die Ungarn in Serbien? Nein, das mutete wie eine Schmähung an, denn alle wussten, worum es ging. Es ging um Täuschung, um Heuchelei. Solche Vergleiche waren einfach unmöglich in den Augen der Gesprächspartner. Dumm und ungerecht. Oder feindselig. In den Institutionen der Vojvodina wurde eine systematische ethnische Säuberung betrieben, das Bildungssystem der Minderheiten stand vor dem Zusammenbruch, dennoch beteuerte ein Sprecher vor dem nationalen Forum der verschiedenen Zivilorganisationen, ohne mit der Wimper zu zucken: Der Zustand der Menschenrechte in Serbien ist skandalös, die Minderheitenrechte hingegen sind selbst nach europäischem Maßstab zufriedenstellend. Die Teilnehmer applaudierten. Der stürmische Applaus besagte, seht her, wir Serben sind so großmütig. Du hörtest mit eigenen Ohren, wie sie zustimmend applaudierten. Zufrieden und unschuldig. So war es, sagten sie mit lammfrommen Gesichtern. Niemand entgegnete etwas, denn alle hielten die Behauptung für selbstverständlich. Auch während der Bombardierungen Vukovars und Sarajewos diente das als Alibi fürs Gewissen. Auf dem zentralen Platz von Belgrad organisierte man Konzerte; für die Menschenrechte, hieß es. Ja, gerade für die Menschenrechte, in Sarajewo gab es kein Wasser, und die Scharfschützen in den Berghängen suchten seine Straßen ab. Im Morgengrauen, in der Abenddämmerung. Das Konzert in Belgrad dauerte bis zum Morgengrauen und ging ganz unschuldig zu Ende. Die Polizei wartete untätig, die Polizisten überlegten, von welchen Menschenrechten wohl gesungen wurde. Ja, das Konzert ging ganz unschuldig zu Ende, wer getanzt hatte, war unschuldig. Der Belgrader Bürger ging unschuldig zu Bett, er hatte das Seine getan und stimmte bei den Wahlen wieder für Milošević.

Die nationale Engherzigkeit nahm während der NATO-Bombardierungen bis dahin nicht gekannte Ausmaße an. Sie ergriff sogar die, die sich ihr lange widersetzt oder sie mit Unbehagen beäugt hatten. Es gab kein Unbehagen mehr. Die Emotionen brachen unvermittelt auf, und die Massen vertrauten ihnen blind, nicht nur die offizielle, auch die oppositionelle Presse unterstützte sie. Anfangs fandest du es seltsam, als namhafte Intellektuelle folgendes Syntagma von sich gaben: serbische Wahrheit. Es kommt zu einer Katastrophe, wenn die serbische Wahrheit nicht siegt, wiederholten sie. Der Westen will uns erniedrigen, sagten sie. Du dachtest, es verberge sich irgendeine Ironie dahinter. Eine ironische Paraphrase. Du schwiegst höflich. Später wurde dir klar, sie sprachen ohne Ironie, darin drückte sich das apokalyptische Lebensgefühl aus, das sich tief in den Alltag eingeprägt hatte.

Die Bevölkerung war der Ansicht, dass Europa ohne die serbische Wahrheit in sein Verderben rannte, und erwog deshalb den Ausbruch des Dritten Weltkriegs. Man musste die Glückseligkeit erleben, als sich die Nachricht verbreitete, Präsident Jelzin habe die atomaren Raketenköpfe auf die Hauptstädte der westlichen Länder gerichtet. Der apokalyptische Ton erfasste alles, die Weltkatastrophe war nur noch eine Armeslänge entfernt. Miloševićs Anhänger waren sich sicher, dass das amerikanische Volk den Sexbesessenen schon in den ersten Tagen der Katastrophe an den Pranger stellen würde. Und die europäischen Nationen sich gegen ihre Diktatoren erheben würden. Miloševićs Gegner jedoch verkündeten selbstsicher: Milošević und Clinton unterscheiden sich in nichts, sie gehören beide gemeinsam nach Den Haag. Sollen sie doch beide zugrunde gehen. Die Schuld war akzeptabel, wenn sie von der ganzen Welt geteilt wurde.

Das serbische Justizministerium zitierte Clinton, Blair und die anderen vor ein serbisches Gericht. Die Intellektuellen formulierten die Anklageschrift, da die beiden schuldig, die Intellektuellen jedoch unschuldig waren. Die Belgrader Schriftsteller gründeten ein internationales Gericht, um das grausame und endgültige Urteil der Geschichte zu verkünden.

Das Schriftstellerorgan brachte eine Sonderausgabe heraus, die Schriftsteller wiederholten im Chor: Das serbische Volk ist unschuldig, nie hat es jemandem etwas angetan, nie hatten serbische Soldaten einen Fuß auf fremdes Territorium gesetzt, nie etwas erobert. Keiner erinnerte sich an den berühmten königlichen Ausspruch von 1913, als das serbische Militär in Albanien einmarschierte: Verschwendet keine Munition auf sie, erschlagt sie mit Stöcken! Die Soldaten befolgten den Befehl, handelten danach. Was suchte die serbische Armee in Bulgarien, in Timisoara und in Pécs? Was suchte sie bei Eszék und bei Sarajewo? Nein, darüber musste man schweigen. Unter den Teppich damit!

Auf der Straße kommentierte man lauthals: Die Russen werden den Westen schon bremsen, und dann werden die Serben es den Rumänen, den Ungarn, den Tschechen, den Slowaken schon geben. Die Massen glaubten, die Bildung einer russisch-weißrussisch-jugoslawischen Union sei nur eine Frage von Tagen, und das hieße, die Russen müssten die besagten Raketen abfeuern, denn der Vertrag verpflichtete sie dazu. Dann würden sich die Rumänen, die Bulgaren, ja sogar die Griechen den Serben anschließen. Die Orthodoxen. Früher oder später. Die vitale orthodoxe Welt würde die dekadente katholische Welt besiegen. Die beiden Religionen hätten sich schon immer gegenübergestanden, behauptete der angesehenste Historiker. Die Katholiken wollten sich Serbien einverleiben. Regierungsbeamte schwangen Reden darüber, dass der orthodoxe Gegenpol, der die neue Weltordnung zertrümmern würde, schon in Kürze entstünde. Nur noch ein bisschen Geduld.

Noch nie hattest du dich in Újvidék so allein gefühlt wie in den ersten Monaten des Krieges. Du musstest dich nirgendhin begeben, hattest in diversen Wohnungen herumgesessen, öffnetest die Vorhänge und zogst sie wieder zu, wenn du dich einmal auf die Straße hinauswagtest, gingst du auf und ab, dein Gang wurde schleppend. Du musstest nirgendhin eilen, du besahst dir diese oder jene Toreinfahrt, Fassade. Du hinktest, und wenn du das Gefühl hattest, dass dein Arm oder dein Bein eingeschlafen war, setztest du dich auf eine Bank und starrtest vor dich hin. Dein rechtes Knie schlief ein, es tat häufig weh. Du machtest es dir auf der Bank vorsichtig bequem. Du dachtest darüber nach, was du tun würdest, wenn dein Knie endgültig kaputt wäre. Du wirst dir einen großen Stock besorgen müssen. Dein rechter Knöchel war angeschwollen, manchmal strecktest du dein Bein aus, um das langsame Anschwellen zu beobachten. So vergingen die Tage. Du lerntest zu faulenzen. Du spähtest zum Himmel und überlegtest, wann wohl die Sirenen ertönten. Du hattest Unmengen von Zeit, musstest nirgendhin rennen, wurdest nirgends erwartet. Nur ein paar serbische Freunde waren dir noch geblieben, sie fühlten sich vollkommen ausgestoßen, oft dachtest du daran, dass sie es seelisch noch schwerer hatten als du. Sie konnten nicht einmal über einen Ausweg nachdenken, sie standen allein, in einer vermauerten Welt, sie mussten eine noch viel größere moralische Bürde tragen. Sie torkelten durch die Straßen der Stadt wie Schatten, schon an ihrem Gang konnte man sie erkennen. Für sie war es schlimmer, als wenn man sie ins Gefängnis geworfen hätte. Auch ihre Schritte wurden schleppend, sie balancierten vorsichtig auf dem Gehsteig. Man konnte sie leicht erkennen. Wenn ihr euch begegnetet, gabt ihr euch die Hand. Früher hattet ihr euch nie die Hand gegeben. Aber jetzt tat es gut. Du versuchtest, den einen oder anderen zu trösten, nicht sie seien für die Massengräber verantwortlich. Aber wer dann?, fragten sie und gingen weiter.

Die kritisch denkenden serbischen Intellektuellen gerieten in der Welt des allgemeinen, alle Fasern des Lebens durchdringenden Nationalismus in ein völliges Vakuum. Sie fühlten sich entwurzelt, ihnen blieb fast keine Wahl als die Emigration. Sie flohen aus jenem Serbien, das sie erniedrigt hatte. Wer Serbien verließ, wurde heimatlos, aber noch heimatloser wurden die, die blieben und ihren gesunden Menschenverstand bewahrten. Du konntest alle Qualen dieser Heimatlosigkeit beobachten, als sich die Mehrzahl der einstigen Kritiker des Systems lieber durch Schuldzuweisungen an die NATO als durch eine Kritik des Nationalismus oder des Systems hervortaten.

Am augenfälligsten war das bei den Journalisten. Die verwandeln sich gewöhnlich am schnellsten. Diejenigen, die das System jahrelang kritisiert hatten, schrieben auf einmal authentischer und mit größerem Elan gegen die NATO, als sie zuvor geschrieben hatten; sogar ihr Stil wurde persönlicher. Sie gaben ihr Bestes. Man könnte sagen, weil sie Buße taten. Ihren früheren, in oppositionellem Ton verfassten Texten hatte noch eine latente Sterilität innegewohnt, oder die Gewissensskrupel hatten sie fad gemacht. Damals hatten sie nicht gewusst, wohin sie gehörten, jetzt wussten sie es. Den oppositionellen Blättern von einst hatte die Energie gefehlt, die Überzeugung, der Glaube, die für die Repräsentanten der Macht so charakteristisch waren. Denn man konnte Letztere nur schwer als verkaufte Seelen abtun, Gift und Galle auf sie spucken, sie Katzbuckler nennen. Obwohl sie im Falle einer Niederlage zweifellos mit diesem Attribut versehen würden, um sie auch auf diese Weise zu beschämen. Gewiss gab es auch solche unter ihnen, aber in der Mehrzahl waren sie aus Überzeugung dort angekommen, wo sie standen, hatten die Chancen abgewogen und waren zum Schluss gekommen, aus Gründen der nationalen Ehre die am wenigsten schlechte Alternative gewählt zu haben.

Diesem Glauben hatte die Opposition nichts entgegenzusetzen, weil sie nicht den Mut hatte, ihm wirklich die Stirn zu bieten. Hatten sie das Recht, einen Teil ihrer Nation abzustoßen, diese Frage ließ sie nicht los, obwohl sie sich sicher waren, dass gerade sie unschuldig, ja am unschuldigsten waren. Aber es half nichts, die moralische Unsicherheit hatte den Stil vergiftet. Deshalb klapperten ihre Sätze so eintönig, wie der Herbstregen gegen das Fenster schlug; es setzte sich jener halbherzige phrasendrescherische Oppositionsstil durch, der schließlich zu dem wurde, was man aus den lockereren Abschnitten der sozialistischen Presse kannte. Aber damit war es nun vorbei! Im Krieg ergriffen die meisten oppositionellen Journalisten Partei für den staatlichen Patriotismus, folglich schrieben sie noch leidenschaftlicher als die Journalisten der Staatspartei. Die bekehrten Oppositionellen griffen aus Schuldbewusstsein zur Feder, ihre Plädoyers für die Staatspartei bekamen einen dramatischen Ton, das Drama ihrer großen Kehrtwende verlieh ihren Sätzen Glaubwürdigkeit, dramatische Spannung und anregendes Vibrieren durchsetzten die Rückkehr und Buße der Verirrten.

Einerseits schrieben sie in wehmütig messianischem Ton davon, dass die Bombardierungen eine Gesellschaft vernichtet hätten, die schon morgen ihre Kraft hätte beweisen können. Im Gegensatz zum hemdsärmeligen pflegten sie einen utopischen Populismus. Das Volk sei unfehlbar und unschuldig. Der Träger der ewigen Wahrheit. Nur wurde es gelegentlich irregeführt. Welcher Populist hätte das Gegenteil behauptet? Reumütig bekannten sie, dass wieder einmal der Westen schuld sei. Mea culpa! Nicht das Volk und nicht sie, der Westen habe sich getäuscht! Daraus folgte, dass sie noch größere Opfer der NATO seien als die Gefolgsleute des Systems. Sie seien die wahren Blutzeugen, die Hüter der heimlichen Gedanken des Volkes. Oft überlegten sie sich, die Bombardierungen könnten Milošević in die Hände spielen. Andererseits kritisierten sie Milošević zwischen den Zeilen dafür, dass er seine Versprechungen nicht gehalten und die Interessen der Nation verraten habe. Das Problem besteht nicht darin, dass er Kriege führt, sondern dass er sie verliert, stellte der Oppositionsführer fest und verlangte von Europa, den Kriegsverlierer behutsam aus dem Ring zu drängen.

Es fiel auf, dass auch die Opposition nie so vereint, so geschlossen war wie während des Krieges. Im Frieden waren sie noch uneins gewesen, während der Luftangriffe der NATO verband sie bald der Gedanke des Patriotismus, der Patriotismus kannte auf einmal keine Varianten mehr, es blieb nur eine einzige Art übrig. Ein französischer Denker veranschaulichte den Patriotismus mit einem Stier aus der Gegend von Nevers, der sich weigert, eine kleine bretonische Kuh anzublicken. Er war überzeugt, dass im Kern des Patriotismus der Krieg lauerte. Das war in diesem Teil Europas immer schon so gewesen: Dort, wo das Wort Patriotismus viel gebraucht wurde, ratterten schon bald die Gewehre, und die Vaterlandslosen wurden bedroht. Ein oppositioneller Intellektueller beklagte sich in einem Interview, dass das Verteidigungsministerium ihm keine Erlaubnis zur Ausreise zu einer wissenschaftlichen Konferenz im Ausland erteilt habe, obwohl er seine europäischen Kollegen schon am ersten Tag des Krieges aufgerufen habe, sich für den Schutz Serbiens einzusetzen. Das habe er auch jetzt getan. Er rang die Hände. Er sei keine bretonische Kuh. Warum erkenne man seine patriotischen Verdienste nicht an? Seine Botschaft war klar: Manche verdienten die Privilegien, andere nicht.

Ein beliebter Vertreter der Kriegsliteratur präsentierte gleich den wichtigsten Rettungsring: Wir sind alle Albaner! Er rief im Internet dazu auf, die Interessen der Serben zu verteidigen. Denn die Serben seien genauso Opfer wie die Albaner. Warum stellten sich die europäischen Intellektuellen nicht auf ihre Seite? Als noch einfallsreicher erwies sich ein schlauer serbischer Übersetzer: Er schrieb einen Brief an Árpád Göncz, von dem er ein Drama ins Serbische übertragen hatte. Er überreichte ihm die patriotische Rechnung. Die NATO soll die schändliche Bombardierung sofort einstellen, forderte er und fuhr fort: Wer etwas auf seine Ehre hält, leistet Widerstand. Das muss auch der Präsident tun. Das war eine einseitige Rechnung, denn an Milošević hatte der Betreffende nie eine Zeile geschrieben, dass er der Unterdrückung der Albaner ein Ende setze; kein Sterbenswort verlor er über die Schließung der ungarischen Schulen. Die Hochschullehrer tuschelten hinter vorgehaltener Hand, dass solche Briefe gewöhnlich auf Einflüsterung von oben verfasst wurden, die Sozialisten, die Führer der vereinten jugoslawischen Linken machten jedoch keinen Hehl daraus. Sie wandten sich öffentlich mit der Bitte an die werten Intellektuellen, im Internet die Interessen ihrer Nation zu wahren. Sie sollten den Präsidenten, den Schriftstellern, namhaften Vertretern des öffentlichen Lebens schreiben. Sie sollten an Freunde, an Kollegen E-Mails schreiben, das Serbentum verteidigen. Sie sollten offene Briefe schreiben! Die Texte der Allereifrigsten wurden sogar durch das Belgrader Radio verkündet, Tag und Nacht, was mit ganz besonderen Privilegien verbunden war. Viele, die sich früher als Kosmopoliten bezeichnet hatten, verleugneten von einem Tag auf den anderen ihre Vergangenheit. Für Zweifel blieb kein Platz mehr.

Die Mehrzahl der heftigsten Kritiker Miloševićs nahmen den im Krieg offen entflammenden Massennationalismus nicht zur Kenntnis. Vor dem Krieg hatten sie vor allem Milošević und seine Gefolgsleute kritisiert, das alle Zellen der Gesellschaft infiltrierende Virus jedoch mit kaum einem Wort erwähnt. Das hat es gegeben, ja, vielleicht hat es das gegeben, raunten sie, aber es hat aufgehört. Es hat sich in Luft aufgelöst. Ist spurlos verschwunden! Oder es ist berechtigt gewesen und hat keinem geschadet. Auch die Slowenen seien Nationalisten, die Kroaten ebenfalls. Milošević sei eher ein Produkt der traditionsbewussten oder sogar patriarchalischen Gesellschaft, Milošević sei schließlich kein Nationalist, sondern ein Kommunist. Mit Antikommunismus ließ sich das Gewissen leicht einlullen. Es sei klar, dass der Kommunismus und nicht der Nationalismus schuld war. Woher dieses verlängerte Leben des Kommunismus? Das sei nun mal so. Er sei dort hängen geblieben. Keiner wisse, warum. Es gehe auch keinen etwas an. Man habe ihn dort vergessen wie einen abgetragenen Wintermantel an einem Haken. Nur ungern bezeichnete man den Führer als einen Nationalisten.

Ja, man zog es vor, ihn einen Vollblutbolschewiken zu nennen. Titos Schüler, sagte man. Seht her, die Menge sei derart frei von jeglichem Nationalismus, dass sie lieber für einen Bolschewiken als für einen Nationalisten stimmte. Viele Oppositionelle hielten einerseits albanische Nationalisten, andererseits Miloševićs Gefolgsleute für die Protagonisten des Kosovokonflikts. Auf der einen Seite nannten sie nur eine Gruppierung, auf der anderen eine Gemeinschaft. Auf der einen Seite hoben sie die Verantwortung einer Interessensgruppe hervor, auf der anderen die eines ganzen Volkes.

Fünfte Szene

Michniks Trompete – Das Schwimmbecken von Dedinje – Die Unsterblichen ziehen in den Krieg – Albaner – Partisanenmütze und Tschetnikkappe

Die frischgebackenen Patrioten hatten den Nationalismus in den vergangenen zehn Jahren nicht ein einziges Mal so scharf kritisiert wie jetzt die NATO. Die UNO existiere nicht mehr, Amerika habe sie mit den Füßen getreten, das Gleichgewicht der Welt sei aus dem Lot geraten, es werde nie wieder Frieden in der Region geben. Die Machthaber und die Opposition malten das Grauen der neuen Weltordnung aus wie das Jüngste Gericht. Ein bekannter unabhängiger Intellektueller, der Senator des Kriegsverbrechers Karadžić, setzte den Haager Gerichtshof als Symbol der neuen Weltordnung mit dem GULAG gleich. Den Haag sei genauso wie der GULAG. Die Stalinisten in Den Haag wollten die Serben genauso vernichten, wie es die neue Weltordnung tat. Und Michnik sei der Trompeter der NATO, konntest du in den freisinnigen Blättern lesen. Die einstige demokratische Opposition Europas marschiere zum Trompetenklang der NATO in die europäische Hölle. Nur György Konrád bilde eine Ausnahme, er habe Nein zum ungarischen Faschismus gesagt, er allein habe den Mut gehabt, sich dem ungarischen Faschismus entgegenzustellen, nickte die offizielle Presse zustimmend. Konrád ist unser Mann, skandierten die Patrioten. Sie haben geschossen, und wir haben nur zurückgeschossen, hatte der ungarische Schriftsteller bestätigt, und genau so war es auch: Sie haben geschossen, und wir haben nur zurückgeschossen, das ist unser gutes Recht, nicht wahr. Wir haben nur zurückgeschossen. Auf Terroristen, versteht sich.

So wie es die Russen 1956 in Budapest getan hätten. Und jetzt sei die ganze Welt zum Terroristen geworden. Fick dich, amerikanische Nation, Franzosen waren schon immer Mösenlecker, Serben über alles, schrieb man in Belgrad an die Wände der öffentlichen Gebäude. Der Pöbel randalierte, als Zielscheibe dienten ausländische Kulturinstitutionen. Michniks Trompete musste zum Schweigen gebracht werden, denn zu diesem Trompetenklang tanzte die Prostituierte Europa.

Diese Akzentverschiebung kam den Machthabern sehr entgegen, wurde doch dadurch ihre Verantwortung verschleiert, etwa indem man nicht ihre grundsätzlichen Ideen, sondern nur ihre Mittel kritisierte. Die serbischen Liberalen verurteilten die Luftschläge der NATO leidenschaftlich, ließen die Geschichte des Konflikts jedoch außer Acht. Der Kolumnist des vermeintlich bürgerlich oppositionellen Politmagazins *Vreme* schrieb als Korrespondent von RFI in Budapest, dass er, wenn er ein Albaner wäre, eine Unterstützung durch die NATO nicht dulden würde. Keiner erinnerte sich mehr daran, dass die albanischen Dörfer im Kosovo vor dem NATO-Angriff in Flammen standen und dass sie dafür verantwortlich waren, weil bei den Mehrparteienwahlen die von ihnen gewählten Regierungsbeamten schon vor den Bombardierungen mit der Aussiedlung hunderttausender Albaner gedroht hatten.

Damit wurde genau das formuliert, was bis dahin von der Menschenrechtsrhetorik verdeckt worden war: Das Wertesystem der in Serbien bevorzugten bürgerlichen Gesellschaft war durch und durch nationalistisch geprägt. Die Liberalen nämlich hatten die Anerkennung der kollektiven Minderheitenrechte vom Tisch gewischt unter dem Vorwand, sie stünden nicht im Einklang mit den allgemeinen Menschenrechten. Das Anderssein musste in eine Uniform gezwängt werden. Jedesmal wenn du diese Frage erörtertest, zogst du den Verdacht auf dich, eine Verschwörung gegen die allgemeinen Menschenrechte zu betreiben. Oder es wirkte wie Haarspalterei, schließlich galt es, viel wichtigere Ziele im Blick zu behalten, sagten sie, obwohl sie – das Vorspiel des Krieges bewies es – gerade vor den wichtigsten Dingen den Kopf in den Sand steckten. Während der Verhandlungen von Rambouillet verkündete die Bürgerliche Union Serbiens in einem Ton, der keinen Widerspruch duldete: Man soll nicht Handküsse an die UCK-Mitglieder verteilen, sondern öffentlich die Staatsinteressen vertreten. Die Bürgerliche Union Serbiens wusste noch nicht, dass eine Kapitulation mit Küssen unterschrieben wurde.

Handküsse, affektiertes Geschäker, sagtest du dir und dachtest verblüfft an wirre Jagdtreffen in der Provinz. An Panzerausflüge in die Gegend um Priština. An Picknicke mit Militärjeeps. Vor den Panzern küssen die Generäle die Hände der Albaner um die Wette. Vor dem türkis glänzenden Schwimmbecken von Dedinje nehmen die albanischen Intellektuellen ein Gabelfrühstück ein, ach, wir brauchen nicht zu viele Minderheitenrechte, wir geben uns auch mit weniger zufrieden, sagten sie und nahmen genügsam den Lachs zu sich. Ich bitte Sie, wehrte sich ein Freischärler gegen diese Bescheidenheit, nehmen Sie doch zu den zweisprachigen Straßenschildern auch die zweisprachigen Schulen, küss die Hand. Unser Volk verlangt, dass Sie Ihre nationale Identität bewahren, küss die Hand. Die verflixten internationalen Menschenrechtsorganisationen bereiten Probleme und fordern die Minderheitenrechte ein, sagte der Ministerpräsident und entfernte mit seinem Seidentaschentuch einen Senffleck von seinem Hemdkragen. Bitte sehr, teilen Sie uns Ihre Wünsche mit, wir geben, so viel Sie wollen. So unterwürfig, servil stellte die Opposition die Vertreter der Macht dar, die ihrerseits die Übereifrigen verachteten. Eine bessere Opposition können wir uns gar nicht wünschen, brachte es der Sprecher der Sozialisten auf den Punkt. Hervorragende Männer. Was wussten die schon über die Nation? Nichts! Nicht einmal ein Gewehr konnten sie gescheit halten. Sie fraßen sich nur auf den Empfängen der amerikanischen Botschaft durch und zierten sich, sagten sie immer wieder. Soffen Whisky und fraßen Lachs. Vor dem türkisblauen Schwimmbecken beteuerten die Unerschrockenen: Das Kartenhaus stürzt ein. Es wackelt schon. Das Volk rüttelt schon daran. Natürlich, vergessen wir die Albaner. Herr Botschafter wünschen nicht, dass ich ihnen die Hände küsse, küss die Hand, Herr Botschafter. Diese Oppositionellen sind tüchtige Leute. Sollen sie nur vor dem türkisblauen Schwimmbecken des Generalkonsulats spazierengehen. Das war besser, als wenn sie pfiffen. Was wussten sie schon vom unschuldigen und unwissenden Volk? Nichts. Sollen sie sich doch ihren Illusionen hingeben, irgendeine Opposition braucht ja auch dieses Land. Wir haben ja ein Mehrparteiensystem oder was auch immer! Sollen sie doch pfeifen, spazierengehen! Ihre Happenings organisieren. Sie halten sich für Künstler, ha, ha, ha. Straßentheater und Demonstrationen, ha, ha, ha. Es ist leicht, mit ihnen auszukommen. Am Ende geraten sie sich doch in die Haare. Manchmal machen sie einen großen Lärm, übertreiben ihre Rolle vor dem Ausland, aber sobald wir vor ihnen das Zauberwort Nation aussprechen, ziehen sie sofort den Schwanz ein. Es sind tüchtige Männer, dennoch müssen wir auf der Hut sein, dass ihnen der Ruhm nicht zu Kopf steigt.

Zum Glück stieg ihnen der Ruhm ein Jahrzehnt lang nicht zu Kopf. Sie zankten sich nur wie die Kinder. Manchmal tippte sich jemand an die Stirn. In zwei Wochen stürzen wir das System. Oder in einem Monat! Gut so, sollen sie doch Europa etwas vorgaukeln! So lange ihnen der Ruhm nicht zu Kopf steigt. Möglich, dass er ihnen einmal zu Kopf steigen wird. Vielleicht. Aber bislang haben sie die Grenzen respektiert, das nationale Interesse blieb wichtiger als alles andere. Der gute, gesittete Koštunica möchte ein noch größerer Nationalist sein, als wir es sind, ha, ha, ha. Wir schicken ihn noch ein paar Mal zur Nachprüfung, dann stößt er zur Mannschaft, ha, ha, ha. Aus dieser Quelle speiste sich der im Krieg aufflammende Nationalismus und machte einen ständigen

Rollenwechsel durch. Alle wiederholten, wie schrecklich doch der Nationalismus sei. Sie hingegen seien sogar zu Hause im jugoslawischen Geist erzogen worden, sogar zu Hause, vielleicht allzu sehr im jugoslawischen Geist, und jetzt seien sie überrascht. Nur ganz wenige bezeichneten sich offen als Nationalisten, höchstens ein paar extremistische Freischärler. Die meisten von ihnen vertraten ein bürgerliches Serbien. Und ein Bürger konnte kein Nationalist sein, vor allem nicht, wenn er die Staatssprache sprach.

Nur das Elend der Minderheiten störte diesen simulierten Widerspruch. Obwohl wir gerade diesbezüglich hervorragend sind, in die europäische Spitze vorstoßen, beteuerten sie. Die Liberalen, genauer gesagt, die in die Opposition abgedrängten postmarxistischen Nationalliberalen hoben die Köpfe, es kommen nur die individuellen Rechte in Betracht, wir wollen ausschließlich von individuellen Rechten etwas wissen, sagten sie immer wieder und mahnten: Lasst uns mit dem Multikulturalismus vorsichtig sein, ihn nur löffelweise dosieren, denn es gilt vor allem, die Bürger der Minderheiten in die Mehrheitskultur zu integrieren. Und dann mag der Multikulturalismus kommen wie das Sahnehäubchen auf die Torte. Slowakischer Kulen und Strapatschka, Szekler Gulasch, multikulturelle Ferienlager, Sarma und Pecsenye, dann Palatschinken. Ungarische Kellnerin, Köchin und Zugehfrau. Slowakisches Dienstmädchen und Spülerin. Žuška und Mariska, wie es im Lied heißt. Aber lasst uns auch dann nicht vergessen, dass eine der wichtigsten bürgerlichen Tugenden darin besteht, die Bürger der Minderheiten in die Kultur der Mehrheitsnation zu integrieren.

Du kamst dir in jener Gesellschaft meist überflüssig vor. Im Schatten des Völkermordes im Kosovo gaukelten sich die zentralistischen liberalen Parteien in Belgrad vor, die Demokratisierung des Systems würde automatisch auch die Lage der Minderheiten verbessern. Sie bekommen schon ihre Rechte, aber alles der Reihe nach. Erst die Demokratie, dann die Minderheitenrechte! Auf ethnischer Grundlage lässt sich nicht politisieren! Bis es soweit ist, lasst uns Strapatschka und Palatschinken futtern. Es knallten die kurzen, markigen Sätze, Axiome entstanden, für Zweifel blieb kein Platz. Die Dörfer der Minderheiten rauchten, aber der dramatische Konflikt, den die Zivilelite nicht zur Kenntnis nehmen wollte, wurde ans Ende der Liste gesetzt. Genauso wie die Massengräber des Krieges.

Du nahmst oft an den Konferenzen der Menschenrechtsaktivisten teil, zur Erörterung der Rechtsverletzungen gegenüber Minderheiten kam es meistens erst zum Schluss, als alle schon nach Hause eilten. Daher erklang am Ende der Tagesordnung gewöhnlich die Mahnung, den Bericht über Rechtsverletzungen gegenüber Minderheiten kurz und bündig zu halten, nur das Wichtigste und möglichst kurz und bündig, niemand soll länger als fünf Minuten reden, ihr wärt schon in Verzug geraten. Da ergriffen einige Angehörige der Minderheiten das Wort, die Uhr tickte, die Mehrheit packte bereits ihre Sachen, schließlich wurde im Saal nebenan ein Empfang gegeben. Der Whisky war schon kaltgestellt. Die Eiswürfel klirrten in den Gläsern. Es fand sich auch französischer Cognac. Die Sandwichs waren fertig, das Bier schäumte. Die Ungeduldigen rührten schon im Gang in ihrem Kaffee. Ab und zu spähten sie herein und stellten gelangweilt fest, dass die Angehörigen der Minderheiten immer noch jammerten. Sollen sie doch warten, bis sie an der Reihe sind, sollen sie doch reden, wenn die Demokratie eingekehrt ist. Der Verdacht beschlich dich, dass die Frage der Minderheitenrechte nur wegen irgendeiner internationalen Organisation, eines Sponsors auf der Tagesordnung bleiben musste. Nur kurz, in fünf Minuten. Die Uhr tickte. Schon begann die nächste Menschenrechtskonferenz, dann zwei Beratungen über Menschenrechte, dann ein Seminar über Menschenrechte, dann ein Diskussionsforum über Menschenrechte in der Volkshochschule.

Oder der Zug fuhr schon ab, die Maschine startete bald zur nächsten Menschenrechtskonferenz nach Wien, nach Budapest, nach Zürich, nach Paris oder auch nach New York. Sitzungen im Ausland seien die besten, dort drängelten sich wenigstens keine Angehörigen der Minderheiten, dorthin lud man sie Gott sei Dank nicht ein. Dort ließ sich die schuldhafte europäische Politik entspannt analysieren, ließ sich bei einem Spaziergang über Menschenrechte, über die Fehltritte des Westens sinnieren. In den neunziger Jahren hatte sich eine professionelle Kaste von Menschenrechtlern gebildet, deren Vertreter durch die Hauptstädte Europas tingelten. Unterwegs von einer Beratung zur nächsten schilderten sie die Listigkeit der serbischen Machthaber. Aber hin und wieder fuhren sie auf. Vorsicht, die verflixten Westler haben eine Falle gestellt. Die niederträchtigen Kerle nach Den Haag schicken? Ach, so niederträchtig sind sie auch wieder nicht, dass man in Den Haag, in jener stalinistischen Hölle, über sie richten sollte. Was würde das Volk dazu sagen? Wir unterschreiben nicht, weil uns das Volk Vorwürfe machen würde. Das Volk ist nicht dumm, nur irregeführt. Ein Jahrzehnt lang beteuerten sie, das Kartenhaus werde schon einstürzen, eine militante Verbrecherorganisation, die das Vertrauen des Volkes nicht genoss und mit internationaler Hilfe leicht zu stürzen war, halte das Steuerrad in der Hand. Sie hielten es, und wie! Sie klammerten sich verzweifelt daran fest. Ein Fuß am Abgrund, und doch hielten sie es fest. Den anderen Fuß stemmten sie in den Boden. Warum stemmten sie den anderen Fuß in den Boden?

Ja, warum stemmten sie den anderen Fuß in den Boden? Warum waren sie so zäh und beharrlich? Man beteuerte, es habe kein Fundament. Es werde einstürzen wie ein Kartenhaus! Vielleicht wussten es die Leute auf der Straße und in den Bussen besser, die an den Wahlurnen ihre Stimmen abgaben und träumten. Wovon träumten sie? Wofür gaben sie ihre Stimme? Durch den Spion beobachtetest du, wie die

Menschen durch das Treppenhaus liefen. Wieder einmal heulten die Sirenen. Es gab kein System mehr, nicht einmal darin. Der Lärm von der Straße verhallte. Du hörtest nur noch die polternden Schritte der Menschen, die die Treppen hinunterliefen. Du machtest das Fenster weit auf, wegen des Luftdrucks. Vielleicht kamen die Maschinen, vielleicht auch nicht. So ging das wochenlang. Deine Gedanken stumpften ab. Ob sie noch immer davon träumten, wofür sie gestern gestimmt hatten? Wieder einmal, gewiss nicht zum letzten Mal versuchtest du zu begreifen, ein bisschen zu verstehen, warum sie den anderen Fuß so fest in den Boden stemmten. Der Krieg hatte den Schleier von diesem Märchen gnadenlos heruntergerissen. Nirgends gab es einen Abgrund, sie standen mit beiden Beinen auf festem Boden. Die Nebelschwaden der internationalen Beratungen lösten sich in einer einzigen Nacht auf. Schwebten davon wie Schafwölkchen vor dem Sturm. Alle waren lammfromm geworden. Denn hätte es gestimmt, wären die Machthaber nach wenigen Tagen gestürzt, was auch die Einstellung der Bombardierungen nach sich gezogen hätte. Zur Hölle mit der NATO, zur Hölle mit der neuen Weltordnung, zur Hölle mit den Machthabern. Auch dir schmeckten die Generalssterne nicht, nicht einmal die der NATO. Hätte doch nur das mit feierlichen Worten angekündigte neue Leben begonnen. Die Demokratie oder was auch immer. Wäre doch schon das andere Serbien erwacht. Aber so kam es nicht, die Gesellschaft stellte sich erneut hinter die Machthaber beziehungsweise hinter ihre eigene Stimmabgabe einige Jahre zuvor: Sie torkelte zu den Urnen, anderswohin konnte sie nicht gehen. Es brach die Stunde der Endabrechnung an, die Gesellschaft stand jenen Auge in Auge gegenüber, die die Nation ihres Rechtes beraubt hatten, sich zu vereinen. Stand jenen Auge in Auge gegenüber, die die Nation gleichsam zersplittert hatten, die gleichsam zynisch lächelten, wenn sie hörten, alle Serben sollten in einem Staat leben.

Ach, nicht die NATO-Schläge hatten die Einheit geboren! Die war schon Ende der achtziger Jahre, während der antibürokratischen Revolution klar formuliert worden, ihre Wurzeln jedoch reichten noch weiter zurück. Ende der achtziger Jahre wussten bereits alle, worum es ging. Die europäischen Diktaturen stürzten tatsächlich wie Kartenhäuser ein. Sanft, seidig. Gut, möge es also die Demokratie geben, wir überleben auch im Packeis. Nur ein paar Machthaber tobten. Du trautest deinen Augen nicht, verschlangst die Zeitungen, hörtest Radio, starrtest auf die Bilder im Fernsehen. Es war nicht möglich, stauntest du, du konntest dir nicht vorstellen, dass die Welt, in der du aufgewachsen warst, zusammenbrach. Du warst glücklich, aber du stauntest, sollte es möglich sein, dass du in den nächsten Jahren das Sprechen neu lerntest und hinter dir nur die Schande blieb? Dass du dich für deine Vergangenheit schämen, die alten Begriffe unter quälenden Gewissensbissen vergessen musstest? Aber in Serbien geschah etwas ganz anderes, die Menschen redeten anders. Der Präsident der Serbischen Wissenschaftlichen Akademie warf seine Autorität in die Waagschale: Was für ein Mehrparteiensystem? Das hat in Amerika versagt. Die Demokratie ist gescheitert! Die Schriftsteller standen in Reih und Glied, wir brauchen kein Mehrparteiensystem, wir brauchen einen parteilosen Pluralismus, bekräftigten sie. Die Akademiker verfassten ein Memorandum: Was für ein Mehrparteiensystem, von so etwas stand darin kein Wort, schließlich wurden die Serben unterdrückt, ausgebeutet. Wir brauchen einen starken, zentralistischen Staat, einen Bürger, eine Stimme. Der Dichterfürst wartete schon seit 1982 auf die Revolution. Nun pochte diese Revolution an der Tür, in den Straßen der serbischen Städte schlängelten sich die Massen und feierten den kommunistischen Parteivorsitzenden. Jetzt gibt es mehr Grund für eine Revolution als 1941. Im Zuge dieser Revolution muss die Vereinigung der serbischen Länder durchgesetzt werden. So träumte der Dichterfürst vor sich hin. Andere Nationen hatten ihre Staaten aufgrund der Entscheidungen der Großmächte geschaffen, nur sie taten es ohne jede Hilfe von außen, aus eigener Kraft, beteuerte er. Wir kommen auch ohne sie aus, wir überlassen ihnen keine serbischen Territorien. Sollen sie nehmen, was ihnen gehört, was uns gehört, geben wir nicht her. Bereiten wir uns auf die Einsamkeit vor, fügte der andere Unsterbliche hinzu. Und die unsterblichen Akademiker marschierten unerschütterlich in den Krieg. Einer der wichtigsten Führer der Opposition bekannte reumütig, Milošević sei ein Politiker europäischen Ranges, Šešelj irre sich fatal, wenn er ihn beschimpft. Der Verfasser des in diverse europäische Sprachen übersetzten Romans *Chasarisches Wörterbuch* brachte seine innigsten Wünsche zum Ausdruck, als er verkündete: Milošević hat dem serbischen Volk nur Gutes gebracht, das Schicksal der Nation liegt endlich in guten Händen. Ach, könnte doch nur auch Šešelj an der Macht teilhaben! Das ist mein Herzenswunsch. Die Demokratische Partei nahm es in ihr Programm auf: Es ist das Ziel der nationalen Politik, dass alle Serben in einem Staat leben. Die Grenzen müssen dort gezogen werden, wo Serben leben. Der Parteivorsitzende mit dem graumelierten Haar, zugleich ein Hochschullehrer, verkündete das endgültige Urteil. Er redete, als stünde er auf einer Kanzel. Der Vorsitzende der Serbischen Erneuerungsbewegung stellte die rhetorische Frage: Wo sollen wir die westlichen Grenzen ziehen? Dort, wo sich die serbischen Gräber wölben, skandierte die Menge. Sowohl die Machthaber als auch die Opposition ordneten sich demselben nationalen Ziel unter; die Opposition gieße Wasser auf die Mühlen der Machthaber, füttere das Pferd, auf dem der Führer reitet, staunte schon 1993 ein kritisch denkender serbischer Intellektueller. Aber der Wirrwarr der oppositionellen Massenkundgebungen ließ seine Stimme verstummen. Sprach doch einmal jemand die Verantwortung an, empfing ihn die Menge im Zentrum Belgrads mit einem Pfeifkonzert. Wenn es um die Nation geht, gibt es keinen Verräter unter uns, waren wir uns immer schon einig, fasste ein Vertreter der Opposition unmittelbar vor den NATO-Schlägen zusammen. Auch dieser Satz belegt, dass nicht die NATO die Nation vereint hat. In nationalen Fragen stehen wir auf derselben Grundlage, da gibt es keinen Streit zwischen uns, verkündete 1993 der Führer der demokratischen Opposition. Der Geist unserer Zeit wohnt in Pale, ereiferte sich 1994 der Sprecher der Opposition.

Ein Blick auf die Zusammensetzung des serbischen Parlaments zeigte, dass es in Bezug auf den Nationalismus in ganz Europa kein einheitlicheres Parlament gab. Und so stimmten sie auch ab, einheitlich. Die Hände schossen in die Höhe, es herrschte stickige Luft im Parlament, der Schwung der Arme war kräftig wie bei Geräteturnern. Einer der Parlamentarier hielt ein Streichholz zwischen den Zähnen. Das war die einzige wesentliche Abweichung im Saal. Im Innersten waren sich die Kämpfer für die Menschenrechte über ihre listige Rhetorik im Klaren, denn vor dem Einschlag der ersten Raketen – noch bevor sie das Ausreiseverbot für alle Männer unter sechzig erließen – setzten sie sich schnurstracks ins Ausland ab, von wo sie den Westen dafür geißelten, die serbische Nation kollektiv zu bestrafen. Über Italiens Himmel blitzte es, der Wind malte blaugrüne Streifen zwischen die Olivenbäume, in den Straßen von Újvidék wehte eine sanfte Brise, während die Wagen in Budapest leise über die Kerepesi-Straße glitten. Die blitzschnell nach Budapest geflohene Belgrader Zivilelite – unter ihnen fand sich kein einziger Ungar oder Slowake, obwohl sie infolge der NATO-Mitgliedschaft beziehungsweise NATO-Partnerschaft ihrer Heimatländer womöglich einer größeren Gefahr ausgesetzt waren – stimmte sich mit einem Schlag auf den Patriotismus ein. In einem Atemzug verurteilte sie den Westen und die herrschenden Machthaber. Dir kam zu Ohren, dass die Büsche in den Budaer Hügeln säuselten, auf der Pester Seite hingegen Windstille herrschte, nur ab und zu raschelte auf der Andrássy-Allee ein Blatt und ließ seine Rückseite aufblitzen.

In solchen Momenten hattest du keine Lust, deine dumme Visage in Erinnerung zu rufen, als du nach dem Einschlag der ersten Raketen in der Diele in Hektik verfielst. Der Geist von Pale erschütterte deine Stadt. Die Erde bebte, der Häuserblock winselte oder weinte gar, beweinte die vergangenen Jahrzehnte. Damals hatte diese Kriegsgeschichte begonnen. Auf den Radialstraßen wehten die Transparente, Serbien marschierte in die Vojvodina ein, marschierte ein, um die dort lebenden Menschen umzuerziehen. Marschierte ein, um sie erneut zu befreien. 1989 hoben die Machthaber in Belgrad unter völliger Missachtung der Verfassung die Autonomie des Kosovo und der Vojvodina auf, zuvor hatten sie schon den Rasen im Stadtzentrum zertrampelt, die Fenster des Banenpalais eingeschlagen, den noch dein Vater, dein Großvater gebaut hatten. Sie hatten den Zement, den Schotter und die Erde herangeschleppt, um den Boden anzuheben. Die Verfassung zählte nicht, die Belgrader Intellektuellen feierten. Solch winzige Regelwidrigkeiten wie die Missachtung der Verfassung zählten wirklich nicht. Die Bevölkerung organisierte fröhliche Massenkundgebungen. In Belgrad demonstrierten eine Million Menschen. Keiner stellte sich schützend vor die Verfassung. Keiner erwähnte den Rechtsstaat. Keiner verteidigte das Gesetz. Warum hätte er es tun sollen, solange Albaner serbische Frauen vergewaltigten. Sie auf öffentlichen Plätzen, an Bushaltestellen, selbst im Rettungswagen vergewaltigten, wie sich ein Belgrader Hochschullehrer im Fachblatt der Belgrader philosophischen Fakultät erinnerte. Die Presse hob bei jeder sich bietenden Gelegenheit die gewalttätige Natur der Albaner hervor, und die Intellektuellen analysierten sie fachgerecht. Niemand traute sich, die aus statistischen Quellen bekannte Wahrheit auszusprechen: 1987, also in dem Jahr, in dem die Verfassung mit den Füßen getreten werden musste, hatte ein einziger Albaner eine Serbin vergewaltigt, gleichzeitig hatten sieben Serben sieben Serbinnen vergewaltigt. Die Wahrheit zählte auch diesmal nicht. In Belgrad hatte man schon 1987 die Reifen von Autos mit Újvidéker Kennzeichen zerstochen, da Leute aus Újvidék dem vereinten Serbien angeblich nicht wohlgesonnen waren. So erging es auch einem nationalistischen Schriftsteller aus Újvidék, der dir gegenüber jedoch stoisch bekannte: Ja, wir haben es verdient. Wir müssen Buße tun! Wir wollten uns von Serbien loslösen, wollten einen eigenen Staat. Wir müssen büßen! Auch er stellte sich nicht vor die Verfassung.

In den Straßen von Újvidék feuerten pensionierte Staatssicherheitsleute und oppositionelle Schriftsteller Hand in Hand begeistert die Demonstranten an, die nationalistische Lieder sangen. Was für eine Verfassung, ich bitte Sie! Aus Belgrad trafen berühmte Sängerinnen ein und schmetterten das Lied: Serbien hat nie einen Krieg verloren, obwohl es viele gefochten hat. Das Leben war wieder spannend und gefährlich geworden, nicht so wie in der grauen und ein wenig süßlichen sozialistischen Diktatur, in der man immer nur nicken musste und dafür problemlos sogar nach Amerika reisen durfte. Die alten Tschetniksymbole kamen wieder zum Vorschein, und die Massen schwenkten Miloševićs Poster. Auf der Straße sang man populäre Lieder über Milošević. Die Belgrader Polizei verprügelte ein Mitglied des slowenisches Zentralkomitees. Blaue und rote Striemen zeichneten sich auf seiner Haut ab. Es war eine echte, eine antibürokratische Revolution entflammt, nicht irgendeine, und schon gar nicht eine schlaffe samtene Revolution wie in Prag, Warschau oder Budapest. Serbien hat alle Kriege gewonnen, sang das Volk auf den Straßen von Újvidék. Die Slowenen verließen geschlossen den Parteikongress. Sie weinten. Lasst sie nur weinen. Sie werden zu Knechten der Österreicher werden. Die eingefleischten Antikommunisten fanden im Vorsitzenden des Zentralkomitees ihren nationalen Messias. In den Straßen erklang das Lied: Wer wagt es zu behaupten, Serbien sei klein, dreimal hat es

Krieg geführt und alle drei gewonnen. Und auf dem Amselfeld verkündete der Messias: Wir werden Krieg führen, wenn es sein muss. Und wann es sein muss, wird das Volk entscheiden. Alle Serben werden in einem Staat leben, mit schwedischem Lebensstandard, versteht sich, so sprach er.

Auch die Kosovoalbaner demonstrierten gegen die gewaltsame, im Schatten der Bajonette vollzogenen Auflösung des Regionalparlaments. Aber die Polizei schoss auf die Demonstranten, sie mussten es mit vierundzwanzig Toten bezahlen. In Belgrad strahlte der Himmel, auf den Plätzen jubelte die Menge, die intellektuelle Elite aß mit dem Messias zu Abend. Was stand wohl auf dem Speiseplan? Rehrücken? Kalbsschnitzel? Unwichtig! Hinter den Schriftstellern standen die Kellner stramm, Sicherheitsleute bewachten den Saal. Die Wünsche eines ganzen Jahrhunderts sollten in Erfüllung gehen. Die Kellner eilten hin und her, die Köche gaben ihr Bestes. Alle schrieben Geschichte und zeichneten Karten, die Köche, die Kellner, die Politiker, die Intellektuellen, die Sicherheitsleute, die jubelnde Menge. Wenn die Geschichte den Fakten widersprach, dann umso schlimmer für die Fakten. In Priština trug der Himmel Trauer, eine unheilschwangere Finsternis legte sich über die Landschaft, Kugeln pfiffen, Polizisten marschierten. Ab und zu klopften sie an ein Fenster. Es waren nicht nur echte Kugeln, nicht nur echte Polizisten, nun drängelten sich die Kommissare der Geschichte nach vorn. Verdächtige albanische Schriftsteller wurden in serbische Gefängnisse abtransportiert, Verhandlungen gab es noch nicht, es handelte sich ja nur um temporäre Verhaftungen. Das war der erste Spatenstich der Massengräber.

Ein paar Jahre später half die akademische Elite Belgrads bei der Auflösung der albanischen Abteilung der Universität Priština mit. Wenn nicht anders, dann als frischgebackene Gastdozenten, das zählte ja nicht als Menschenrechtsvergehen. Die gastierende Elite sah mit an, wie die albanischen Dozenten mit Gewehrkolben aus der Universität Priština verjagt wurden. Es herrschte Stille, wie immer. Sie gehörten weder hierhin noch dorthin, wiederholten sie. 130.000 albanische Schüler durften die Schulen nicht betreten, 6.000 albanische Lehrer landeten auf der Straße. Die kosmopolitischen Europäer verzogen den Mund: Die Nationalisten rechnen schon wieder miteinander ab. Das geht sie wahrlich nichts an. Die Polizei soll ihre Arbeit tun, wie sich das in einem Rechtsstaat gehört. Ihre Hände sind sauber, sie werden mit albanischen Nationalisten nicht gemeinsame Sache machen. Die Gastdozenten beobachteten aus dem Kabinett, was auf dem Korridor vor sich ging, beobachteten die Gewehrkolben, wahrlich, sie hatten keine Ahnung, worum es da ging. Das sei nicht ihr Kampf. Sie seien alle Albaner, sagten sie und hoben das Honorar des Ministeriums ab. Sie beriefen sich darauf, dass das System auch sie unterdrücke, nicht nur die Albaner. Das System unterdrücke alle gleichermaßen, irgendwann müsse man sich davon befreien. Diese albanischen Nationalisten stärkten das System nur, gäbe es sie nicht, hätte das Volk den Führer längst gestürzt. Warum boykottierten sie die Wahlen? Wären sie hingegangen, wäre das System gestürzt worden, natürlich. Die Gastdozenten zogen die Tür des Kabinetts hinter sich zu und warteten. Unangenehm, unangenehm, aber irgendjemand müsse nun mal die schmutzige Arbeit verrichten. Schließlich hätten gerade sie gegen die Verfolgung der Serben protestiert. Sie hätten Petitionen unterschrieben, worauf wartete der Staat noch, hätten sie den Führer ungeduldig gefragt. Warum tat er seine Pflicht nicht? Der Rechtsstaat solle seine Pflicht tun. Nur zwei mutige Frauen hatten den Mumm, es auszusprechen: Kratzt man an der Haut eines Kosmopoliten, kommt gleich die nationalistische Schicht zum Vorschein.

Die Türen fielen zu, es blieb kein Ausweg, die erregte Gesellschaft wartete. Die Schriftsteller und die Kellner, die Köche und die Sicherheitsleute taten ihre Pflicht. Die Kosmopoliten protestierten nur, wenn die Wölfe an ihre Tür klopften. Sie pochten nicht mit Gewalt, sie klopften nur beharrlich, forderten die begeisterten Parolen ein. So war das nicht abgemacht, mahnten sie. Der große Einsatz fordert große Opfer, von welcher Demokratie predigen Sie denn, meine Herren, ich bitte Sie, lassen wir das Ganze. Später, wenn sich der Traum erfüllt hat. Bis dahin schreiben Sie schön Ihre Bücher. Über die Freiheit und andere unnütze Dinge. Ich bitte Sie, es geht um die Nation, und wenn es um die Nation geht, können wir nicht wie Krämer über die Freiheit reden. Es gibt keine Geschäftemacherei, keine Abmachungen. Wir sind nicht auf dem Jahrmarkt.

Da war die Falle platziert. Die hinterlistige Abschaffung der Ungarischklassen in der Vojvodina erachteten sie als eine partikulare ethnische Frage. Die Sache der Freiheit sei wichtiger als die Nation, pflegten sie dann zu sagen, aber als der Status eines Belgrader Hochschullehrers infrage gestellt wurde, wurde es zu einer Menschenrechtsfrage von universaler Tragweite. Trat der Westen dann nicht mit gebührendem Nachdruck auf, wurde sofort der Vorwurf erhoben, die westlichen Politiker machten wieder gemeinsames Spiel mit Milošević. Ja, sie nippten gemeinsam den Whisky. In Dayton noch mehr als sonst, während sich die amerikanischen Feldwebel ins Fäustchen lachten. Der Westen habe sich mit ihm arrangiert, habe mit ihm gefeilscht, geflirtet, ihn eine tragende Säule des Friedens genannt. Jetzt soll er auslöffeln, was er sich eingebrockt hat, statt das Volk zu bombardieren. Das sei Faschismus, ebenso wie es Faschismus gewesen sei, als die Serben jahrelang Sarajewo bombardierten, seufzte ein Kritiker des Systems. Rassismus. Die Rechnung sei also beglichen. Also dürfe niemand zur Rechenschaft gezogen werden.

Mit wem hätte man sich unterhalten sollen, fragtest du dich, während du durch den Spion die Mutter beobachtetest, die in den Schutzraum eilte und ihr Kind, in eine Decke eingewickelt, an sich drückte. Sie hatte Angst, in den Aufzug einzusteigen, tastete sich durch das Halbdunkel, niemand traute sich, das Licht im Treppenhaus einzuschalten. Sich durch das Halbdunkel tastend liefen die Menschen nach unten. Vielleicht blieb die Mutter mit dem Kind als letzte zurück. Du verfolgtest die Szene mit tiefer Empörung, die Frau tat dir aufrichtig leid. Diese Szene beinhaltete alles, was du wusstest und auch was du gerne gewusst hättest. Du hättest gern gewusst, was ihr durch den Kopf ging. Was wird sie einst ihrem Kind sagen, wird sie zugeben, dass sie zehn Jahre zuvor die rhythmisch brüllenden Massen begeistert begrüßt hatte? Oder wird sie nur bekennen, dass sie Hals über Kopf in den Schutzraum gerannt ist? Diese Banditen, nicht einmal die Kinder haben sie verschont, wird die zitternde Mutter dereinst sagen.

Wird sie sich an die Zeiten zurückerinnern, als sich nicht enden wollende Demonstrationszüge durch die Straßen Serbiens schlängelten? Als die Menge mitten in Belgrad skandierte: Nieder mit Vlasi! Es ging auf Mitternacht zu, die Menge skandierte und hielt nach dem Henker Ausschau. Die Menge forderte den Untergang slowenischer und kroatischer Politiker. Nieder mit Smole, nieder mit Račan! Drnovšek ist eine Schwuchtel! Endlich war es möglich, die kommunistischen Führer mit Schmutz zu bewerfen. Nach Lust und Laune. Die Städte erinnerten damals an Arenen. Die Scheinwerfer des Fernsehens erleuchteten diesen oder jenen Winkel des Platzes, obwohl die Neonlichter Belgrads noch strahlten. Nach Mitternacht kehrten die Straßenkehrer den Müll auf, aber am nächsten Morgen begann alles wieder von vorn. Die Damen in der Bank bewarfen die wogende Menge auf der Radialstraße mit Blumen. Es regnete Blumen, der Zug schlängelte sich vorwärts, die Fahnen wehten, die Augen glänzten. Vorne trug man das riesige Foto der serbischen Parteiführer. Man marschierte Seite an Seite, ob man eine Partisanenmütze trug oder eine Tschetnikkappe.

Ist es angesichts der fliehenden Frau noch erlaubt, sich daran zu erinnern, oder nicht mehr? Woran sie das nervenzerreißende Sirenengeheul wohl erinnerte? Ein paar Sekunden noch, und sie wird hinter der Kurve verschwunden sein. Sie wird es niemals sagen, keiner wird es jemals sagen, wird es dir oder seinem Kind verraten. Es ist am besten, nichts zu wissen, es wird am besten sein, alles zu vergessen, sie wird gewiss alles aus ihrer Erinnerung löschen. Sie wird sich nur an jenes Geländer erinnern und daran, wie sie ihr Kind an sich drückte, nur an die Folgen darf man sich erinnern, nicht an das Vorausgegangene, an die Ursachen, sonst ist es vorbei mit dem Nachweis der Unschuld.

Sechste Szene

Straßenverkäufer – Barockspiegel mit vergoldetem Rahmen – Albaner, wieder – Massengräber – Gedanken über die Minderheiten

Die gemeinsame Verantwortung galt als ein Tabuthema unter den Andersdenkenden. Das Volk ist unschuldig, die Machthaber hatten das eigene Volk irregeführt, ihm die Wahrheit verschwiegen, beteuerten sie, aber auch sie sagten ihm die Wahrheit nicht. Ja, vielleicht hatten sie Angst. Vielleicht ahnten sie instinktiv, die Wahrheit hätte sie ausgebootet. Irgendwann einmal, wenn die Zeit reif dafür war. Den Willen des Volkes rechtfertigten sie durch irgendeine fatale Medienmanipulation, die Menschen seien leichtgläubig, die Menschen seien wie Kinder, sagten sie. Es sei leicht, sie irrezuführen. Sie sähen den ganzen Tag nur fern. Niemand ging darauf ein, warum sie das eine glaubten, das andere jedoch nicht. Und niemand schien zu beachten, dass die offiziellen Kandidaten bei den Wählern der Minderheiten in aller Regel verloren, obwohl die Bürger der Minderheiten mehr Grund hatten, sich zu fürchten, der staatlichen Manipulation ebenfalls ausgesetzt waren; also spielten bei den Wahlen doch nationale Interessen und Leidenschaften die entscheidende Rolle. Kam die Sprache doch einmal auf dieses Phänomen, blitzte Misstrauen in den Blicken auf. Gewiss lauerte irgendeine zweifelhafte Absicht hinter der Annahme einer besseren Alternative. Oft bekamst du den Vorwurf zu hören, die Minderheiten hätten es leicht, sie seien nur Staatsbürger, vielleicht anständige Staatsbürger. Sie zahlten die Steuern, achteten die Gesetze, aber sie empfanden nichts, da keine fatale Bürde auf ihnen lastete. Eine Bürde, über die man mit zusammengebissenen Zähnen schweigen musste.

In solchen Momenten hattest auch du das Gefühl, schweigen zu müssen. Jeder hatte jetzt seine Bürde zu tragen und jeder glaubte, die seine sei die schwerste und fatalste. Nur selten dachte jemand die Dinge zu Ende, wer sich dazu entschloss, verwickelte sich gewöhnlich in innere Widersprüche und isolierte sich. Er öffnete den Mund, um etwas zu sagen, aber er konnte nur die Arme ausbreiten und brachte kein Wort heraus. Die Bürde drückte ihn nieder. In einem einzigen Staat leben! In diesen Kreisen schickte es sich nicht, über den tief verwurzelten, immer aggressiver werdenden Nationalismus zu reden, mit der Begründung, damit mache man das Volk verantwortlich. Das Volk sei jedoch nicht verantwortlich. Alles ist in Ordnung, so wie es ist, Ruhe, nur Ruhe. Lieber beteuerten sie, der Nationalismus sei längst verflogen, habe sich erschöpft, wenn es ihn denn je gegeben habe. Die Nation sei schutzlos und unschuldig. Im Streit zwischen Demokratie und Nation trug in aller Regel die Nation den Sieg davon. Die Wirklichkeit zählte nicht mehr. Massengräber wölbten sich überall, wo serbische Soldaten und Freiwillige umhergingen und Jugoslawien – gleichsam – retten wollten. Auf einmal verfielen alle in Jugo-Nostalgie, während die Waffen dröhnten. Zu Beginn der neunziger Jahre, während serbische Freiwillige in Kroatien kämpften, konnte man in den Straßen von Újvidék billig kroatische Sachen kaufen, manchmal warf man die Fahrräder, Fernseher, Porzellanteller, Haushaltsgeräte direkt von den Lastwagen herunter. Die Kanonen dröhnten, aber die Straßen glichen Trödelmärkten.

Ein Freiwilliger aus dem ungarischen Verwaltungsbezirk Baranya verkaufte Fernseher in den Dörfern. An seinem Gürtel hing noch der Revolver. Dieser Fernseher spricht auch Ungarisch, beteuerte er. Ein Herr mit Flanellschal rückte seinen Hut zurecht und kaufte einen herrlichen Barockspiegel. Mit vergoldetem Rahmen. Kroatische Ware. Gut für die Diele, neben dem Kleiderständer. Er habe ihn bezahlt, der Rest gehe ihn nichts an. Niemand musste sich einen Spiegel vorhalten lassen. Der Mythos bot Schutz gegen das Bedürfnis der Selbstprüfung. Die Irrationalität verwies den Belagerungsring um Sarajewo, die Tag und Nacht auf der Lauer stehenden Kanonen, die echten, moralischen Zweifel in ein fatalistisches Spielfeld, unter dem Vorwand, nicht nur Sarajewo, auch Belgrad sei ein Opfer. Die Wirklichkeit erinnerte eher an eine Halluzination als an sich selbst. Die Macht des Opfermythos verschleierte die Wirklichkeit, alles gehörte sich so, wie es war, ein Opfer brauchte keine Gewissensbisse zu haben. Das Böse war unaussprechlich und unkenntlich geworden. Wir haben nichts damit zu tun, wiederholten die Menschen. Das wird auch die Mutter sagen, die mit ihrem Kind tastend deinem Blickfeld entschwunden war. Im Treppenhaus tauchte niemand mehr auf, eine lange Stille trat ein. Du zogst dich ins Wohnungsinnere zurück, wartetest auf das ferne Raunen der Bomber.

Du zündetest dir eine Zigarette an, selbst das Klicken des Feuerzeugs war dir zu laut. Sogar die eigenen Atemzüge störten dich. Der Sonnenball ging gerade unter, sackte ohne jeden Übergang in sich zusammen, Schattierungen zählten im Krieg nicht, es gab keine Abenddämmerung und keine Morgendämmerung. Die Farbe des Firmaments zählte auch nicht, nur die Beschaffenheit, Art, Farbe, Form der Laute und Geräusche. Ja, der Laute. Selbst die Tiere achteten darauf. Und die Pflanzen. Von jetzt an musste man nur die Nerven im Zaum halten. Und dann konnte die Stille kommen, in der nichts anderes zählte, als dass nicht an deiner Wohnung geklingelt wurde. Dass sich deiner Tür keine Schritte näherten.

Krieg? Du wusstest, das war kein Krieg. Oder wenn man es doch einen Krieg nennen wollte, so hatte er vor mindestens zehn Jahren begonnen, jetzt war er tief im Bewusstsein verankert. Dort explodierte er, explodierte er im Bewusstsein eines jeden und verursachte einen unermesslichen Schaden in deinem wie auch im Bewusstsein aller anderen. Er wird auch explodieren, wenn nicht mehr bombardiert wurde, mit anderen Worten, die Bomben werden fallen, bis jeder Einzelne für sich geklärt hat, warum sich der Krieg so tief in seinem Bewusstsein hatte einnisten können. Dachtest du logisch darüber nach, kamst du zu dem Schluss, dass dieses Einnisten kaum durch die Winkelzüge der aktuellen Machthaber zu erklären war. Sie machten es sich zunutze, und ob sie es sich zunutze machten, aber vor allem deshalb, weil es etwas gab, was sie sich zunutze machen konnten. Das nationale Interesse und die Sache der Demokratie konnten in der Geschichte Serbiens im zwanzigsten Jahrhundert kein Gleichgewicht erlangen. Diese Spannungen brachen Ende der achtziger Jahre mit elementarer Kraft hervor, mit der »Wiedervereinigung Serbiens« gingen beide Interessen verhängnisvoll auseinander. Der Staat unterwarf die Gesellschaft, nistete sich in den Herzen und Seelen ein und sagte: Rettet euch. Er sprach wie Thomas Manns Zauberer. Viele waren sich unsicher, wogen ab, waren skeptisch. Doch Mario senkte den Kopf und war ratlos. Vielleicht hatte der Zauberer ja doch recht, überlegte er im Stillen. So begann der Wirrwarr mit jener Freiheit, die der Staat den Menschen vorwarf. Wie Futter. Der Krieg begann damit, dass sich die Menschen retten wollten. Er begann vor über zehn Jahren. Mit delirierender Begeisterung, langen Prozessionen, Demonstrationszügen. Mit der Schnapsflasche in der Tasche, Fahnen oder Flugblättern in der Hand. Eine Hand deutete zum Himmel, und die Menschen nahmen glücklich zur Kenntnis, dass die Sonne schien. Eine andere Hand deutete zur Erde, und die Menschen erschauderten: Es war Nacht. So lernte allmählich ein jeder sich selbst kennen wie einen unerträglichen Fremden, den man auf den Wink einer unsichtbaren Hand kennenlernen musste. Jeder wollte etwas anderes sein, als er war. Auf den Wink einer unsichtbaren Hand wurde das Licht zu Dunkelheit. Auf den Wink einer unsichtbaren Hand erkannte und entdeckte sich ein jeder selbst.

Der Staat vollbrachte Wunder, die Bürger suchten sehnsüchtig nach ihrem Ich. Das persönliche Ich entglitt immer, ließ sich nie am Kragen packen. In der Wirklichkeit tauchte immer irgendein Hindernis, irgendeine Klippe vor einem auf. Die Wirklichkeit betrieb stets Sabotage. Ließ die Menschen nicht träumen, ließ nicht zu, dass sie das, wonach sie sich sehnten, am Kragen packten, die Wirklichkeit war immer erschreckend anders. Dann sollte schon lieber alles untergehen, was anders war. Was anders war, war abtrünnig.

Und es ging alles verloren, was anders war. Anderssein wurde verdächtig. Nach einigen Jahren verschwanden die albanischen Valutaschieber vom Markt in der Futaki-Straße. Sie verschwanden wie vom Erdboden verschluckt. Es hatte sich herausgestellt, dass sie anders waren. Wer anders war, war verdächtig. Fremd! Das Marktviertel in Újvidék veränderte sich, der immer wichtiger werdende Schwarzhandel wurde in wenigen Wochen ethnisch sauber. Die Serben übernahmen die Valutaschieberei. Vor allem Flüchtlinge aus Kroatien und Bosnien. Selbst die albanischen Gepäckträger, Holzfäller, Gelegenheitsarbeiter gingen in die Halbillegalität, hausten fortan in einer Seitengasse abseits des Marktes. Sie zogen nur noch paarweise oder in kleinen Gruppen umher, nie scharten sie sich zu größeren Gruppen zusammen so wie früher, sie hüteten sich davor, die Aufmerksamkeit auf sich zu ziehen.

Albanische Kinder besuchten nicht mehr die Schulen im Kosovo, denn der neue Lehrplan ging nicht mehr auf die jeweilige Nationalkultur, auf das nationale Wertesystem ein. Sie wollen schon wieder etwas anderes! Das war sehr verdächtig. Die albanischen Kinder fingen an, ihre Geschichte in Kellern, Garagen, Privatwohnungen zu lernen, nur dort konnten sie ihre eigene Kultur studieren. In den Garagen sei es kalt gewesen, klagte ein albanischer Intellektueller, am schlimmsten sei der Unterricht gewesen, wenn eisige Winde gegen die Fenster der Häuser in Priština schlugen, während er die neuen soziologischen und philosophischen Theorien erläutern musste. Er habe Kant erläutert, die Quelle der Menschenrechte, und dabei auf die Eisblumen gestarrt, sagte er. So wuchsen die Kinder auf, die später zu den Waffen griffen, weil sie nichts mehr zu verlieren hatten.

Ein Jahrzehnt später, am Vorabend des Krieges, als auf internationalen Druck hin die Möglichkeit aufblitzte, dass die Albanischklassen doch in die öffentlichen Gebäude zurückkehren konnten, erhob sich ganz Südserbien. Nicht einmal einen Bleistift werden wir ihnen geben, skandierte die Jugend an der Universität Niš, aber in den Garagen blätterten die albanischen Jugendlichen noch immer in ihren Büchern. Blätterten in ihren Büchern, während die Rache in ihnen heranreifte. Obwohl solche Parolen die geltende Verfassung verletzten, sah die Polizei den Demonstranten amüsiert zu, niemand wurde wegen Aufwiegelung zur Diskriminierung vor Gericht zitiert. Die albanischsprachigen Bücher kamen unter das Pult, die Hände griffen nach den Waffen, sie dachten, darin läge die Rettung.

In der Vojvodina begann die Entlassung der Ungarn aus den öffentlichen Ämtern in den neunziger Jahren, diejenigen, die am besten ausgebildet waren, die jungen Ingenieure, Ärzte, schlugen den Weg nach Ungarn ein. Die öffentlichen Ämter wurden allmählich ethnisch sauber. Ich bitte Sie, wie soll man verantwortungsvolle Posten mit verantwortungsvollen Menschen nach einem Minderheitenschlüssel besetzen, das ist nur nach Verdienst und Begabung möglich, vernahmst du. Begabung und Eignung sind entscheidend und nichts anderes. Worauf die Unbegabten, Ungeeigneten mangels Alternative zum Wanderstab griffen, und siehe da: In einem sich auf den europäischen Wettbewerb rüstenden Feld standen sie ihren Mann. Sie reisten eilig und überhastet ab, überließen ihre Familienbibliothek den neuen Herren, die nichts damit anfangen konnten. Möbel ließen sich ja noch verkaufen, aber die Holzteller und hausgewebten Stoffe aus Siebenbürgen verstaubten noch eine Weile und kamen dann auf den Müll. Die neuen Hausbesitzer entrümpelten.

Aus den Straßen von Újvidék verschwand die Sprachenvielfalt. In den Bussen, in den Cafés, auf der Straße hörtest du kein ungarisches, rumänisches oder slowakisches Wort mehr; was viele Jahrhunderte lang geblüht hatte, starb plötzlich ab. Machte es sich doch einmal bemerkbar, gab es dafür gelegentlich auch Schläge. Der Fahrer hielt nicht an, um einen Polizisten zu rufen, der Bus raste weiter, die Fahrgäste senkten die Köpfe, nein, sie hätten nichts gesehen, nichts gehört, sie seien unschuldig, so wie sie in allen peinlichen Angelegenheiten unschuldig waren. Eine mehrere Jahrhunderte alte Geschichte ging zu Ende. Was man prophezeit hatte, trat nicht ein, was du dir vorgegaukelt hattest, erwies sich als Blendung.

Kant, sprachst du vor dich hin und schlugst eines seiner Bücher auf. Ja, Kant. Und dann zogst du die Bücher wahllos aus den Regalen deiner Hausbibliothek, suchtest in ihnen nach einem Satz, nach irgendeinem, zuweilen hobst du schnell den Kopf, dir war, als müsstest du irgendeine Wahrheit aussprechen. Du hättest eine Maske, einen getarnten Satz gebraucht, aber es war umsonst, die Bücher handelten nicht mehr von dir, weil du aus ihrer Perspektive nicht mehr existiertest. Du fristetest dein Dasein in einem Städtchen an der Donau, wie ein liegengelassener Gegenstand. Du fühltest dich wie eine erfundene Figur, die aus ihren Romanen herausgetreten war und sich verträumt in einer ihr fremden, unbekannten Stadt verirrt hatte und erst am Ende der Geschichte erfuhr, dass sie ein Menschenalter in ihr verbracht hatte. Ihre größte Schuld bestand darin, die Geschichte selbst geschrieben zu haben.

Du löschtest den ungarischen Spruch auf dem Anrufbeantworter, um die darauf folgenden Flüche nicht zu hören. Es kam nämlich vor, dass jemand versehentlich deine Nummer gewählt und beim Hören der ungarischen Ansage Wert darauf gelegt hatte, dich zu belehren, das ist Serbien, fick deine Mutter. Ein Herr hatte etwas Wichtiges sagen wollen, doch er begnügte sich damit, er nahm sicherlich an, den Rest würdest du schon kennen. Natürlich, stand es doch schon an den

Häuserwänden geschrieben. Ungarische Kinder mussten aus den Lehrbüchern noch immer pauken, dass ihr Nationalheld Marko Kraljević sei. Dass ihr Reich von Zar Dušan gegründet worden sei. Dass der Heilige Sava die Grundlagen ihrer geistigen Koordinaten gelegt habe und sie alles, aber auch alles diesen Koordinaten zu verdanken hätten. Das hattest du seinerzeit gelernt, später auch dein Sohn, so pflegtet ihr die nunmehr achtzigjährige Balkantradition. Zehntausende brachen auf, griffen zum Wanderstab, das wunderte niemanden. Das sei nur natürlich, die Menschen gingen von selbst. Niemand zwinge sie, sagten dieselben mit Unschuldsmiene, die sich tagtäglich empörten, wenn andere aufbrachen; denn die wurden gezwungen, für die, ihretwegen mussten im Interesse der Gerechtigkeit die Panzer, die Militärfahrzeuge, die Kanonen auffahren und alle vorhandenen Mittel mobilisiert werden.

Das alles wurde mit einem theoretischen Diskurs gerechtfertigt, der die Persönlichkeitsrechte auf das höchste Piedestal erhob. Wie in einem Orwellschen Roman wiederholte man, es gäbe nur Rechte, die auf den einzelnen zugeschnitten seien, alle Menschen seien gleich, in Minderheitenghettos herrschten andere Kriterien. Ghetto, sagtest du dir und konntest dir nicht vorstellen, wie dieses Ghetto, von dem sie sprachen, aussehen mochte. Du kanntest nur jenes Ghetto, von dem sie nicht sprachen, vor dem dich die anonymen Anrufer warnten, ja gewiss, es gab irgendein Ghetto, aber du wolltest nicht in einem Ghetto landen, erst recht nicht, wenn man dich hineinstoßen wollte.

Doch die Predigten über die Persönlichkeitsrechte lösten sich während der Bombardements plötzlich in nichts auf. Im Nu wurde aus dem Ich ein Wir. Als die ersten Raketen im Namen der universellen weltbürgerlichen Rechte einschlugen, um einer anderen Gewalt, der massenhaften und brutalen Missachtung der Menschenrechte, Einhalt zu gebieten, schrumpften die universellen Rechte im Verhältnis zur nationalstaatlichen Souveränität sofort zusammen. Der Weltgeist wurde in ein Clownskostüm gesteckt: Er lügt, er lügt, er ist ein Knecht der NATO, er strebt nach der Weltherrschaft, zeigten sie mit dem Finger auf ihn. Der so lange gemimte Kosmopolitismus verflüchtigte sich plötzlich aus den Köpfen, nun ließ das Nationalgefühl die Herzen der Kosmopoliten höher schlagen. Leidenschaftlich und impulsiv. Es zeigte sich, dass es sehr wohl übergeordnete kollektive Rechte, Werte und Wunden gab. Dass es sehr wohl eine kollektive Würde gab, sehr wohl kollektive Werte gab, nur eben keine kollektive Verantwortung. So lautete der neue Lehrsatz, er war brandneu, denn der frühere hatte noch ganz anders gelautet. Über ein halbes Jahrhundert hatten diese Intellektuellen die Meinung vertreten, die kollektive Bestrafung sei sehr wohl angebracht. Du konntest dich noch gut erinnern, dass in den offiziellen Lesebüchern geschrieben stand, die Ungarn seien Faschisten und so weiter, somit sei auch die kollektive Bestrafung berechtigt. Man verzog keine Miene, doch nun brach der Protest gegen die kollektive Bestrafung unvermittelt und mit elementarer Kraft hervor. Es gäbe keine kollektive Verantwortung, es gäbe nur die kollektive Unschuld. Ja, auch du warst der Meinung, das sei unmenschlich. Aber immer, überall und bei jedwedem Anlass. Keine Nation durfte beschämt werden, auch dann nicht, wenn ihr eine große und ernsthafte Gewissensprüfung bevorstand. Auf einmal redeten alle von der Bestrafung und der Unschuld der serbischen Nation, von den Albanern kaum jemand. Selbst das Wort Bürger geriet in den Hintergrund. Die Serben werden bombardiert, erklärte dir ein sich als bürgerlicher Intellektueller bezeichnender Schriftsteller. Er war nun kein Bürger mehr, sondern ein Serbe, der nicht sah, dass die Bomben auch die Bürger trafen. Du machtest eine ratlose Handbewegung, gewiss, auch du habest jene Tage durchlebt. Das sei etwas anderes, winkte er ungeduldig ab. Die gleiche Meinung konntest du oft in den Zeitungen lesen.

Die unabhängigen Kommentatoren verkündeten überzeugt: Die serbische Armee war gezwungen, ihre eigenen Staatsbürger albanischer Herkunft während der NATO-Bombardierungen als lebendigen Schutzschild zu benutzen. Der heftige Kritiker des Führers bestätigte den Präsidenten auch darin, dass die Albaner sehr wohl vor den Bomben der NATO aus dem Kosovo geflohen seien. Was mit den Albanern im Kosovo wirklich geschah, davon sprachen die unabhängigen serbischen Intellektuellen kaum. Nur einige von ihnen, nur die Ausnahmecharaktere. Die Verbrechen der Nomenklatur kamen auf den Tisch, aber niemand ging darüber hinaus. Nur wenige bezeugten, dass Sondereinheiten der Polizei die Albaner schon vor den Bomben der NATO zur Flucht gezwungen hatten. Sie hatten ganze Straßen, Stadtteile, Dörfer evakuiert und die Menschen in Lastwagen, in Sonderzügen an die mazedonische oder albanische Grenze gebracht. Dabei konfiszierten sie ihr Geld, ihre Wertsachen und ihre persönlichen Dokumente, damit sie nicht zurückkehren konnten, außerdem sollten sie durch diese Geste symbolisch ihrer Identität beraubt werden. Es gab sie – es gab sie nicht mehr. Sie seien vor der NATO geflohen, lautete die Antwort. Fortan existierten sie nicht mehr, denn hatten sie keinen Namen, hatten sie auch kein eigenes Leben, keinen eigenen Tod. Vielleicht waren sie am Leben, vielleicht auch nicht.

Dieser verblüffende Wille zur Vernichtung der Identität deutete sich auch schon in dem Bild an, das sich in den vorausgegangenen Jahrzehnten verfestigt hatte. Kulturell existierten die Albaner gar nicht, ihre identitätsbestimmenden Merkmale besaßen keinerlei Legitimität. Sollen sie doch Jugoslawen sein, wenn sie schon keine Serben sein wollen. Ein Jahrzehnt lang wurden sie nur im Zusammenhang mit hässlichen Zwischenfällen und politischen Streitigkeiten erwähnt, stets sehr verächtlich. Sie wurden als Abtrünnige bezeichnet. Terroristen, sagten die Oppositionsführer. Während des Krieges und in den Jahrzehnten davor war es unmöglich, differenziert und mit angemessenem Moralverständnis über ihr Anderssein zu sprechen. Schon das Konzept des Andersseins reizte die öffentliche Meinung, in der die Ansicht vorherrschte, dass Anderssein die Gemeinschaft zersetzte, Zwietracht gebar, das bürgerliche Selbstbewusstsein zerrüttete. Und wenn einmal die Realität dieses Thema erzwang, hieß es im besten Fall, mit irgendeinem pseudokosmopolitischen Schürzen der Lippen den Nationalismus beider Seiten zu verurteilen, als ginge es bloß um den Konflikt zweier in allem gleichermaßen schuldiger Eliten. Milošević und Rugova seien beide aus einem Holz geschnitzt, hieß es immer wieder, und diese Gleichsetzung sprach die Mehrheit von jeder Verantwortung frei. Nur besaß Rugova keine Panzer und kein schweres Gerät, ja, dieses geringfügige Detail war allen entgangen.

Diese Einstellung war schon während des Krieges in Baranya entstanden. Die serbischen Freischärler hatten Vukovar bombardiert und geplündert, sie hatten in der Umgebung der Stadt Massengräber ausgehoben, aber die überwiegende Mehrheit der Belgrader Intellektuellen begnügte sich weiterhin damit, zwischen Tudjman und Milošević ein Gleichheitszeichen zu setzen. Zweifellos gab es große Ähnlichkeiten zwischen ihnen, dennoch waren sie nicht identisch, wurde doch Eszék bombardiert und nicht Újvidék, Vukovar in eine Ruinenstadt verwandelt und nicht Zombor. Die Geschichte der Massengräber in Vukovar wurde kaum erwähnt, aber am Kriegsende nahm die öffentliche Meinung die bedauerliche, aus einer in der Tat schuldhaften Politik resultierende Flucht der Serben aus Kroatien entrüstet zur Kenntnis, wohingegen die Flucht der Kroaten aus der Vojvodina kaum Erwähnung fand.

Wann die Geschichte des Widerstandes gegen das Anderssein begann, lässt sich schwer bestimmen. Die Wurzeln reichen zurück in die Zeit, als der Staat der Versailler Weltordnung, der später Jugoslawien getauft wurde, entstand. 1918 zog ein Oberstleutnant in Zagreb ein, sagte von da bis da, und fertig. Wir zeichneten die Landkarten. Wir verzichten nicht auf Kroatien! Kroaten sind ohnehin Serben. Brüder, nicht wahr. Brüderlichkeit – Einheit! Wagte es jemand, anders zu sein, versetzte er damit der Brüderlichkeit – Einheit einen Fußtritt. Und so entstand das Jugoslawien, dem durch das Anderssein Zersetzung drohte. Es befand sich immer in einem Zustand des Zerfalls, weil man so bemüht war, es zusammenzukleben. Du konntest dich gut erinnern, was für eine Entrüstung deine Frage Mitte der achtziger Jahre auslöste, warum nicht wenigstens ein paar serbische Intellektuelle in Priština Albanisch lernten. Du wagtest gar nicht erst daran zu denken, dass unter den Intellektuellen in der Vojvodina niemand Ungarisch lernte. Denn du wärst auf den gleichen verständnislosen Gesichtsausdruck gestoßen wie damals, als du einen serbischen Intellektuellen fragtest, warum er nicht wenigstens ein bisschen Slowenisch lernte, sagen wir zehn oder zwanzig Worte, gerade so viel, dass er seinen Freund begrüßen konnte. Er nämlich wollte die Verbreitung des slowenischen Nationalismus damit belegen, dass sich die Menschen in Ljubljana weigerten, Serbisch zu sprechen. Sie könnten es, nur wollten sie nicht. Selbst in der Apotheke sprachen sie Slowenisch, protestierte er empört. So wie in Belgrad Serbisch, in Prag Tschechisch, in Bratislava Slowakisch, gabst du zurück.

Oft erlebtest du bei charakterfesten, dem Nationalismus abholden und der europäischen Werteordnung verpflichteten serbischen Intellektuellen die Angst vor dem Anderssein, meist gepaart mit Ungeduld. Du sahst die finster dreinblickenden Mienen, wenn in einer vorwiegend aus Ungarn bestehenden Gesellschaft zufällig ein ungarisches Wort fiel. In solchen Momenten spürtest du stets etwas wie Argwohn oder Misstrauen. Als richteten sich die ungarischen Worte gerade gegen sie. Aber dem war nicht so, vielmehr brach manchmal deine Muttersprache spontan aus dir heraus, oder du wolltest etwas schnell sagen, was gar nicht so wichtig war, oder dich packte die Lust, von einer Sprache in die andere zu wechseln.

Du warst bedacht, solche Situationen zu vermeiden, aber du hättest gern gewusst, was ihr Auslöser war. Warum diese frostige Stille? Wie konnte es sein, dass dieselben Menschen, die sich an französischen, deutschen oder englischen Sätzen nicht störten, selbst wenn sie sie zufällig nicht verstanden, plötzlich beleidigt Verdacht schöpften, wenn sie ein albanisches, slowenisches oder ungarisches Wort hörten? Wie konnte es sein, dass die gleiche Sprechsituation bei der einen Sprache Misstrauen hervorrief, bei der anderen nicht? Es interessierte dich schon deshalb, weil deine slowenischen Freunde von ähnlichen Erfahrungen berichteten. Nur ließen sie sich dadurch nicht stören, sie sprachen Slowenisch, manchmal auch vor dir, du spitztest deine Ohren, beobachtetest ihr Gestikulieren und warst froh, wenn du einmal einen Satz verstanden hattest.

Oft versuchtest du, deine Bekannten in Újvidék diskret darauf anzusprechen, aber immer wieder drückten sie sich vor einer Antwort. Es schien, als hüteten sie ein Geheimnis, in das du keinen Einblick haben durftest. Erst nach der Lektüre zahlloser Geschichtsbücher setzte sich das Bild vor dir zusammen, erst da fandest du die richtige Spur, erst da tat sich die Wunde vor dir auf, die Jugoslawien hieß. Es stellte sich heraus, dass über den spannenden, auf seine Art reizvollen Versailler Vertrag, dem Jugoslawien entsprungen war, nie eine allgemeine Übereinkunft erzielt worden war, sein Charakter hing letztlich von einem Gewaltmechanismus ab, davon, wer gerade seinen Finger am Abzug der mörderischen Waffen hatte. Das hatte sich 1991 endgültig gezeigt, als die jugoslawische Volksarmee Vukovar dem Erdboden gleichmachte. In den Kellern dieses Weinanbaugebiets mit jahrhundertelanger Tradition zitterten Tausende von Menschen, versteckten sich vor dem Tod und nahmen Abschied von Jugoslawien.

Jugoslawien war ein kühnes europäisches Experiment, aber es artete in balkanische Gewalttätigkeit aus. Das achtunggebietende europäische Experiment verendete zwischen Illusion und Gewalt. Du warfst ängstlich einen Klumpen Erde in sein Grab, möglich, dass du den letzten Klumpen warfst, und doch trauertest du insgeheim. Niemand sollte erfahren, dass hier ein Heimatloser einer verlorenen Illusion nachtrauerte. Es hätte ein intellektuelles Abenteuer, eine europäische Utopie, ein ehrenhafter Ausgleich, eine besonnene nationale Aussöhnung, ein aufrichtiger Handel und vor allem eine Möglichkeit zum Überleben sein können. Was hätte es nicht alles sein können, sinniertest du, während du an die feuchten Weinkeller von Vukovar dachtest. Der Begriff Jugoslawien barg also viele widersprüchliche Bedeutungen in sich. Zweifellos hatte er auch etwas von einem zeitgemäßen europäischen Entwurf, der jedoch eine traurige Niederlage erlitt. Auch dir tat das Scheitern weh, du hattest an dieser Illusion teilgehabt, die dann doch mehr als eine Illusion war, schließlich hattest du deine menschlichen Erfahrungen in dieser mosaikartigen Welt gemacht, hatte ihre Vielfarbigkeit deine Kultur geprägt, war also nicht spurlos an dir vorübergegangen. Du trugst die Vergangenheit mit dir herum. Jetzt klebte Schuldbewusstsein daran, es gab kein Entkommen, du stecktest bis zum Hals in ihr, konntest sie nicht verleugnen. Der Klumpen Erde schlug in der Grube auf, und du trabtest weiter.

In anderen Teilen Europas war das zwanzigste Jahrhundert zu Ende gegangen, hier noch nicht. Du hattest über das neue Millennium gelesen, aber du tratest nur von einem Bein auf das andere, wusstest nicht, was aus dir werden sollte. Der Beginn des Jahrhunderts hatte noch eine Rechnung offen, und die apokalyptische Flucht zurück in die Vergangenheit fing an. Wo lag der Fehler, stutzten viele, ohne zu bedenken, dass schon die Frage nicht einwandfrei war, denn es stellte sich heraus, dass beim Wandeln auf dem blutigen Weg auch jene Blutstropfen abbekommen hatten, die diesen Weg nicht hatten gehen wollen. Es gab keinen Weg zurück, dennoch wart ihr ihm gefolgt, ohne zu ahnen, wohin er führte. Aber am Ende des Weges stellte sich heraus, dass er in das entsetzlichste Unbekannte geführt hatte, in die alles verschlingende Vergangenheit. Ihr wart dort angekommen, wo ihr aufgebrochen, von wo ihr geflohen wart. Ihr hättet erkennen müssen, dass der Weg, wenn auch in bester Absicht betreten, in den Abgrund führte, denn die serbische Nation hatte Jugoslawien in der Hoffnung akzeptiert, dadurch ihren jahrhundertealten Traum zu verwirklichen, nämlich die Nation in einem einzigen Staat zu versammeln. Doch im Abgrund erwartete den unschuldigen Flüchtling die Aufschrift: Kein Weiter!

Es war leicht, von der Kanzel herab über das Geschehene zu schwadronieren, du wusstest ja, kanntest ja die in den Aktenschränken verwahrten Wahrheiten. Du gehörtest selbst einer Minderheit an, du kanntest die entsetzliche Leidenschaft, die sich der Nationen bemächtigte, wenn ein kleinerer oder größerer Teil von ihnen außerhalb der Grenzen des Nationalstaates verblieb. Es war wie ein Wahn; es dauerte vielleicht nur kurz, brach unerwartet auf, man konnte nicht wissen, weder wann noch wodurch es sich wieder legen würde. Die Diplomaten aus der großen Welt hielten besorgt Sitzungen ab, legten Akten an, erließen die notwendigen Beschlüsse, bestraften und belohnten, winkten im vollen Bewusstsein ihrer Überlegenheit ab. Ach, diese Barbaren, sagten sie, dann verstummten die Waffen, doch das Virus lebte weiter. Dann machten sie wieder eine missmutige Miene; schon wieder diese Barbaren, wiederholten sie, ergriffen Maßnahmen, schüttelten Hände, dann wuschen sie sich die Hände und hoben die Sektgläser. Die Barbaren mordeten einander, nicht wahr. Die Lüster in den europäischen Salons erstrahlten hell. Aber stets blieben finstere Ecken, in die kein Licht drang. Dort fristeten die Angehörigen der Minderheiten, die stets Vergessenen, ihr Dasein. Du wusstest, welch ein Elend es war, einer Minderheit anzugehören. Du wusstest es, weil du davor auf der

Flucht warst, weil es dich erschütterte. Du wolltest etwas anderes sein, dieses oder jenes, du starrtest auf die Lüster, wuschst dir die Hände, ja, du wolltest den Erfordernissen der Zeit entsprechen, du sterilisiertest dich einfach, doch dann erkanntest du, dass auch das nichts half, du könntest dich auf den Kopf stellen, auch das würde nichts helfen, es half höchstens die völlige Ehrlosigkeit. Aber wenn du nicht durch und durch ehrlos sein wolltest, musstest du, ob du wolltest oder nicht, einsehen, dass dich ein gewaltiger Graben von der Welt trennte, in der du lebtest, selbst dann, wenn du sie mit der Zeit liebgewonnen hattest und dich heimisch darin bewegtest.

Dieses Jahrhundert war allen Minderheiten gegenüber unermesslich niederträchtig gewesen. Systematisch und gezielt. Den Serben genügte ein Blick auf die Vojvodina, um zu wissen, was mit ihnen in Kroatien oder Bosnien passieren würde. Ein Blick auf die Vojvodina genügte, um zu sehen, welches Schicksal diejenigen erwartete, die nicht protestierten. Ein Blick auf den Kosovo genügte, um zu sehen, welches Schicksal diejenigen erwartete, die protestierten. Im Norden und im Süden zeichnete sich jene Zukunft ab, die sie jenseits der Drau erwartete. Jugoslawien war die Chance gewesen, die vorübergehend Hoffnungen genährt hatte. Es war wie Morphium, es bot vorübergehende Linderung, dennoch musste laut barbarischer Mathematik irgendwo, irgendwer in der Minderheit bleiben. Es half nichts!

Dennoch entstand die Einheit Jugoslawiens nicht nach den Vorstellungen des serbischen Nationalentwurfs. Es kam vielmehr zu einem Entweder-Oder, und zwar gerade infolge der wachsenden, politischen Freiheitsrechte. Das betäubende Ansehen des Parteienstaates war zusammengebrochen. Die ersten Chancen der Demokratie rissen die tiefsten Wunden auf: Worte entfuhren den Kehlen der Barbaren. Sie wollten nicht mehr an die Wand gedrückt leben. Die demokratischen Möglichkeiten ebneten den Weg für die Sache der Souveränität der anderen Nationen, aber auch die wirklichen, unter den neuen Gegebenheiten unlösbaren serbischen Nationalfragen kamen auf die Tagesordnung. Entweder ging die Hoffnung der Serben in Erfüllung, gerieten also die Slowenen, Kroaten, Mazedonier in eine Art semikoloniale Lage, oder sie wurden genauso zu souveränen Nationen wie die Serben, aber dann würde eine beträchtliche Zahl letzterer zu einer Minderheit werden.

Der Zerfall Jugoslawiens wurde ebenso von der eisernen Logik Versailles' bestimmt wie einst die Sprengung der Österreichisch-Ungarischen Monarchie. Zum Jahrtausendende begann das Zeitalter der Nationenbildung. Nur die Protagonisten waren andere; diejenigen, die 1918 gesprengt hatten, explodierten diesmal selbst. Das Zeitalter der Nationenbildung setzte sich fort. Das war die siegreiche Logik in diesem Teil Europas, wo die nationale Souveränität wie zu Beginn des Jahrhunderts auch jetzt viel höher im Kurs stand als die Minderheitenrechte. Die Konflikte der einstigen Monarchie hatten die Monarchie überlebt, erwachten in den jugoslawischen Konflikten von neuem, heimtückischer als je zuvor. Der Zerfall der Monarchie hatte nicht so viele Massengräber gefordert. Man hätte den magischen Kreis von Versailles schließen sollen, die große Frage war jedoch, ob ihn die Kriege geschlossen hatten, ob er überhaupt zu schließen war. Der magische Kreis war eine gemeinsam gegrabene Falle, nur ließ sich nicht im Voraus erkennen, wer und wann hineinfallen würde.

Diesen Geist, den ihre Großväter durch die Zerschlagung der Österreichisch-Ungarischen Monarchie in unverantwortlicher Weise freigelassen hatten, hätten die westlichen Politiker zum Jahrtausendende wieder in die Flasche einschließen müssen. Der Balkanismus begann mit der Sehnsucht nach Freiheit und führte schließlich im Namen der demokratischen Werte in die Hölle. Freiheit und Massengrab, diese beiden vermischten sich so miteinander wie der Duft von Rosen und Blut im Mittelalter. Vor vielen Jahrhunderten verwüstete der Sieger Dörfer, ließ das Anderssein jedoch bestehen, zerstörte es nicht, im Namen der Demokratie dagegen vernichtete er ganze Volksgruppen oder schmolz sie ein, die Demokratie wurde zum Mörder des Andersseins. Die auf dem Anderssein beruhende karnevaleske Buntheit des Feudalismus wurde in dieser Gegend vernichtet. Oft hattest du dir die Schilfdickichte und Sümpfe in der Bácska vorgestellt. Die Türken hatten an den Bräuchen der eroberten Völker nicht gerüttelt, ihre Religion nicht verboten, auf örtlicher Ebene sogar ihre Gesetze belassen. Sie waren in der Regel geduldiger, als ihre siegreichen Gegner sich erweisen sollten.

Dann kam der große Feind, das Gefängnis der Völker, der Schlendrian Kakanien, der sich Mühe gab, die Provinznationalisten nicht allzu ernst zu nehmen. Die Serben in der Vojvodina verlangten Autonomie, dann die Abspaltung, aber die serbischen Dörfer in der Bácska gingen nicht in Flammen auf, es krachten keine Salven, die verschiedenen, schnell einberufenen Nationalversammlungen gaben schrille Erklärungen ab, dann verhandelten sie miteinander. Kakanien war alles, nur nicht national, man sagt, es sei zum falschen Zeitpunkt, am falschen Ort entstanden. Das barocke Reich reagierte mit aristokratischem Hochmut auf den Wunsch nach nationaler Identität. In den Salons floss der Sekt, in Wien und Budapest war die Operette große Mode, die Kultur ließ mit postmoderner Sensibilität den bunten jüdischen Kosmopolitismus gewähren. Selbst das Weltbürgertum erfand man hier, wo die Buntheit am größten war. Der Kaiser regierte in Wien stoisch über das Babel, das ihm Gott zur Strafe anvertraut hatte. Nur der modernisierende Josef II. versuchte einen modernen Staat zu gründen, musste jedoch sofort einsehen: Modernität zertrümmerte den Staat. Denn der moderne Bürger schwenkte die Nationalfahne in der Hand. Auf seinem Sterbebett wiederrief Euer Gnaden die Modernität, nahm also im Stil eines Kaisers großzügig Abschied von der Welt.

Reumütig nahm er Abschied von der sterbenden Vergangenheit, deren Tod er so gern beschleunigt hätte. Der große Raum erstickte die kleinen Völker, der kleine Raum entfachte jedoch ihre unersättliche Phantasie. In Wien drehten sich die Herren zu den Walzern von Strauß, hoben die Sektgläser, ringsum träumten die Menschen wild und gierig von der Freiheit. Der Weltkrieg brach aus. Versailles versprach die Freiheit und gebar die Hölle.

Der Westen verscharrte befriedigt das schuldige Kakanien, die Diplomaten und Generäle wuschen sich die Hände mit duftender Seife, die Saaldiener löschten die Lüster der Friedenskonferenzen. Vielleicht haben sich die Barbaren beruhigt, dachten sie sich. Der Westen hatte die Monarchie hochmütig zerschlagen. Das patriarchalische Serbien wurde zum Fahnenträger der Modernität, nicht nur auf dem Balkan, sondern auch im Osten Europas. Serbische Soldaten zogen siegreich in Ljubljana und Zagreb, Újvidék und Split ein. Wir haben euch befreit, posaunten sie. Durch diesen Sieg wurde Serbien zum größten Nutznießer von Versailles. Zum Befreier. Der Westen hatte sich in seinen geheimnisvollen Randgebieten stets eine Glücksfee auserwählt. Ohne jede Erklärung und Begründung bestrafte und belohnte er seine östlichen Bastarde, die er im Gesindezimmer einsperrte, weil sie nicht salonfähig waren. Sie waren arm, zerlumpt und verstanden nur die Stimme der Peitsche. So wie es sich für Bastarde gehörte. Aus den Gesindezimmern führte der Weg in die Weltordnung von Jalta, die Bastarde kuschten, ertrugen die Strafe und warteten auf ihre Chance.

Es begann eine acht Jahrzehnte lang dauernde Schlammschlacht, in der auch die Kroaten, die Slowenen ihr Versailler Erbteil verlangten. Sie konnten nicht ewig Europas Stiefkinder bleiben, sagten sie. Wenn die Jaltaer Weltordnung aus den Fugen geraten war, mit welchem Recht sollte dann die Versailler fortbestehen? Sie seien genauso wie die anderen Nationen. Sie wollten einen eigenen Staat. Zumal der balkanische

Bevollmächtigte ihres bisherigen Staates alles verprasst hatte. Acht Jahrzehnte lang wand sich der auf Verschwendung, Missverständnissen und Inkonsequenzen errichtete Staat, der Jugoslawien hieß, in Agonie, das größte Paradox bestand jedoch darin, dass ein zukünftiges Europa das Missverständnis auch noch legitimiert hätte. Aber diese Zukunft kam zu spät, weil die Vergangenheit zu lange gedauert hatte.

Siebte Szene

Die Geschichte der albanischen Bäcker – Pornofilme – Die Geschichte der Romafrau – Die Belehrung des Schaffners – Tänzer und Sänger auf den Plätzen – Über die Angst, noch einmal

Die Frau mit Kind verschwand hinter dem Treppenabsatz, die Zeit schleppte sich mit dir dahin, die Flugzeuge, die im Morgengrauen noch beharrlich in der schneidend kalten Luft herumgekreist waren, flogen zurück, du riebst dir die Augen, du warst wach. Mit einer letzten Kraftanstrengung rasiertest du dich. Anikó nahm den Einkaufskorb, du trottetest mit ihr mit. Der Markt war überfüllt, am frühen Vormittag tauchten gewöhnlich keine Bomber auf, an den Ständen gab es reichlich Eier, Gemüse, Quark, Käse, Kajmak, Südfrüchte. Und Blumen.

Du bliebst an der Bushaltestelle in der Nähe des Marktes stehen und beobachtetest die Menschen. Die Fußgänger würdigten die eingeschlagenen Fensterscheiben der albanischen Läden keines Blickes, sie wollten nicht zur Kenntnis nehmen, was passiert war, da ihnen die Ereignisse der Nacht selbstverständlich erschienen. Dennoch schielten manche von ihnen hin, wandten den Kopf jedoch schnell wieder ab. Andere machten einen großen Bogen um die kleinen Läden. Am besten, man sieht es nicht, dachten sie sich. Nirgends ein Zeichen mitmenschlicher Solidarität, die Gesellschaft hüllte sich in mitschuldiges Schweigen, der Fremde war der Macht der Xenophobie ausgeliefert. In den ersten Tagen schien der Sieg zum Greifen nah. Laut Umfragen der Meinungsforscher unterstützten sechsundneunzig Prozent der Befragten die Verteidigungsbemühungen des Landes gegen die NATO-Schläge. Beinahe einhundert Prozent waren der Meinung, die jugoslawische Armee verrichte ihre Verteidigungsaufgaben in angemessener Weise. Laut Umfrage gingen fünfundsiebzig Prozent der Bevölkerung Jugoslawiens davon aus, dass Russland mit militärischer Gewalt im Interesse Jugoslawiens eingreifen würde.

In der ersten Nacht machten kleinere oder größere Gruppen in der ganzen Vojvodina einen patriotischen Sturmlauf auf die Läden albanischer Bäcker, Konditoren, Gemüsehändler. Die Behörden fanden keine Spur der Täter, was kaum verwunderlich war, da auch an den Tatorten die Polizisten wegschauten. Obwohl die Polizei in jenen Tagen erfolgreich war – wenn sie wollte –, sie machte auch die harmlosesten Schwarzhändler ausfindig. Dieser Eifer erwies sich freilich als selektiv, denn ein Teil der Devisenschieber und Schwarzhändler konnte das Gewerbe weiterhin ungestört ausüben. Devisen, Devisen, Devisen, flüsterten die Devisenschieber etwas leiser in der Umgebung des Marktes in der Futaki-Straße. Doch schon ein paar Tage später hielten sie dicke Geldbündel in ihren Händen. Die Zigarettenschieber breiteten ihre Waren auf den kleinen Kartonschachteln aus, die Videotheken hatten bis zum späten Abend geöffnet, wer wollte, konnte sich Pornofilme ausleihen. Allmählich schien das Leben wieder seinen gewohnten Gang zu gehen, nur die Menschen, ja, die Menschen veränderten sich. Oder noch mehr die Worte, ja, die Worte, die am meisten.

In der ersten Aprilhälfte entflammten die Leidenschaften mit immer größerer Heftigkeit. In einer kleinen ungarischen Siedlung im Bánát verübten Unbekannte am ersten Kriegstag einen Anschlag auf die katholische Kirche, zum größten Schrecken der Dorfbewohner. Sie zählten die Tage, wie viele blieben ihnen noch? Du warst dir sicher, die Täter würden auch diesmal spurlos verschwinden, wie jedes Mal, wenn in den vergangenen zehn Jahren ein Anschlag auf eine katholische Kirche verübt worden war. Ja, die Fahndung blieb erfolglos. Die Täter wurden nicht gefasst. Derweil jagten die

Behörden nach Spionen. Spione gab es in Hülle und Fülle. Laut staatlichen Medien lauerten überall Spione und Verräter. Diese Worte hielten endgültig und unauslöschlich Einzug in die Wörterbücher, sie würden auch dann nicht mehr zu tilgen sein, wenn Frieden eingekehrt wäre. Die Worte werden bleiben, jedes einzelne mit Pathos garnierte Wort wird zu einer erbarmungslosen Peitsche werden. Auf diesem Weg gab es kein Halten. Eines Tages würden alle Spione, alle Verräter sein, die einen Mucks von sich gäben. Es war eine Sprache entstanden, die für lange Zeit Angst und Furcht verbreiten würde, wenn es spätabends an der Wohnungstür läutete. Der Vertreter einer australischen Hilfsorganisation gestand in den ersten Tagen reumütig vor laufender Kamera, er habe gegen Serbien Spionage betrieben. Ich erschauderte beim Anblick der Szene; der Mann gestand mit monotoner Stimme, es war ihm anzusehen, dass er sich gar nicht im Klaren war, was er sagte. Er will nur sein Leben retten, davonkommen, dachtest du. Ob sie ihn geschlagen haben, fragtest du dich, und dir wurde zum ersten Mal bewusst, dass Menschen nicht nur in Filmen und Romanen verprügelt wurden. Die Anwälte gaben später zu, dass die Menschen in den Gefängnissen, in der Untersuchungshaft, bei Verhören regelmäßig geschlagen wurden, was das Zeug hielt.

Ende April beschuldigte das staatliche Fernsehen die Stiftung, für die du arbeitetest, albanische Terroristen zu unterstützen. Die Kamera führte den Zuschauer in ein unterirdisches Versteck, wo in Federmäppchen versteckte Munition gefunden wurde. Und jetzt zeigen wir euch mal was, sagte der staatliche Reporter. Auf den Federmäppchen stand der Name der Stiftung. Keiner, kein Mensch auf der Welt protestierte gegen diese Fernsehsendung. Auch jener Oberarzt nicht, der kurz vor Beginn der Luftangriffe von einem Auslandsseminar zurückgekehrt war, was ihr mit einem Stipendium unterstützt hattet. Den Ärzten einer zivilen Organisation gab er die Anweisung: Vergesst, dass ihr je in irgendeiner Verbindung zu ihnen gestanden habt. Das hat es nie gegeben, rief er verbittert. Es muss geleugnet werden! Niemand, niemals, nirgends. Du konntest dir vorstellen, was für ein Gesicht er dabei machte. Du stelltest dir die Schweißperlen auf seiner Stirn vor. Einer der angesehensten Fachärzte der Stadt fürchtete sich wie ein Kind. Die Rhetorik hatte gewirkt, sie hatte dauerhaft in die Seelen Einzug gehalten.

Das Vergessen wurde zu einem Massenphänomen, gelegentlich stießt du auf der Straße mit diesem oder jenem früheren Antragsteller zusammen. Überrascht sah er dich an: Ja, lebst du noch? Bist du nicht geflohen, du Dummkopf? Sein Blick verriet die Frage, wann ihr wohl verhaftet werden würdet, was ja schon deshalb zu erwarten war, weil die Mitglieder einer anderen Stiftung mit Sitz im Westen bereits verhaftet worden waren.

Andere waren diskreter, verschwanden spurlos aus deinem Blickfeld. Oder bestaunten gerade einen teuren Nerz in einem Schaufenster. Ein paar Kilometer weiter rauchte die Ölraffinerie, aber im Schaufenster prangte ein Nerz. Das musste man sich unbedingt ansehen. Wer geschickt war, betrat schnell einen Laden oder bog in eine Seitengasse ein, aber wenn ihnen keine Zeit dazu blieb, maßen sie dich feindselig, zweifellos machten sie im tiefsten Grund ihres Herzens dich für den störenden Fleck in ihrer Biografie verantwortlich. Und lieft ihr einander doch über den Weg, fragten sie dich nicht, wie es dir ging, sondern verurteilten übergangslos den NATO-Angriff, erläuterten ausgiebig die Korruption der westlichen Welt, auch sie redeten, als stünden sie vor einer Kamera. Die neue faschistische Weltordnung, wiederholten sie. Sie achteten vor allem darauf, dass von nichts anderem gesprochen wurde. Du mustertest ihre Gesichter, hättest gern gewusst, ob sie Angst hatten. Warum sprachen sie so schnell, so hastig? Du stelltest verärgert fest, dass du nichts über den anderen wusstest, keine Anhaltspunkte hattest. War er feige? In Ordnung. Aber das reichte dir nicht. Du wolltest auch noch etwas anderes über ihn wissen. Was war in ihm verborgen? Irgendwo verbarg sich noch etwas in den Menschen, etwas Zweifel, etwas Unsicherheit. Faschisten, Faschisten, hieß es überall. Die korrupte neue Weltordnung. Flüche. Allerorten stießt du nur darauf. Du dachtest manchmal, niemand sei dir gegenüber ehrlich, und sie dachten, du seist ihnen gegenüber nicht ehrlich. Ihr stecktet in der Scheiße. Zum Teufel mit dem Ganzen, dachtest du. Soll doch Monica Clintons Schwanz lutschen, hörtest du einen Bekannten sagen, dem du zufällig über den Weg gelaufen warst und der dich eines Gesprächs würdigte. Sei froh, dass er sich mit dir abgab, vielleicht wollte er etwas ganz anderes als das sagen. Sei dir nie einer Sache sicher. Vielleicht war er dein Freund, vielleicht dein Feind. Wichtig war, dass er dich nichts fragte, dich nicht ins Kreuzverhör nahm. Dir wurden jene sympathisch, die sich nicht für deine Meinung interessierten.

Du hattest immerhin Glück gehabt. Anders als ein paar Tage später jener Schaffner: In einem Autobus nach Becse ging ein junger bosnisch-serbischer Mann dem Schaffner an die Gurgel; wie kam ein ungarischer Schaffner dazu, ihn zum Fahrscheinkauf zwingen zu wollen? Er sprang von seinem Sitz auf und schrie herum. Er fiel über den Schaffner her. Serben fahren fortan umsonst mit, schrie er. Die Fahrgäste gaben keinen Mucks von sich, der Fahrer fuhr weiter, der Schaffner entschuldigte sich. Der Fahrgast bezahlte den Fahrschein natürlich nicht. Er plumpste auf seinen Sitz zurück, murmelte etwas, du verstandest nicht, was. Vielleicht sagte er, in Ordnung, er habe ihm verziehen. Er sei großzügig, ja, großzügig. Du spürtest, wie erleichtert die Fahrgäste waren. Schon gut, schon gut, das konnte schon mal passieren. Hauptsache, er war großzügig. Hauptsache, sie hatten nichts Schreckliches gesehen. Denn auch das konnte schon mal passieren. Alles konnte passieren, nichts war voraussagbar. Jemand war vorerst einmal davongekommen. Worte klirrten, es waren nur Worte, sie rannen nur so, Hauptsache, es war nichts passiert. Nur das Hirn wurde von Blut überströmt, nur die Nervenfasern stumpften ab. Es wurde still. Still. Wie bei einem Waffenstillstand. Du blicktest aus dem Autobusfenster und stauntest, wie bleigrau die Luft war. Natürlich, auch du hattest geschwiegen. Du warst wieder davongekommen, davongekommen, weil du geschwiegen hattest. Du warst nur kurz zusammengefahren, aber das war jetzt nicht wichtig. Erst kürzlich hatte einer deiner Freunde erläutert, dass eine Gehirnblutung in lebensgefährlichen Situationen ausgeschlossen war. Ebenso ein Herzinfarkt. Erst einmal überlebt man. Diese Worte waren dir stets präsent. Das Ende trat immer erst ein, wenn die Gefahr vorbei war. In diesen Momenten zündete man sich gewöhnlich eine Zigarette an, und hoppla, man kippte einfach um, obwohl die Gefahr schon vorbei war.

Zuweilen hörtest du ehrliche Worte, doch die wühlten dich auf. Mehrere deiner Bekannten gaben zu, dass sie auf der Straße nicht mehr Ungarisch sprachen, selbst mit ihren Frauen Serbisch sprachen. Am schwierigsten sei es, den Kindern zu erklären, worum es ging. Um sich nicht durch den Akzent zu verraten, mieden sie Situationen, in denen sie sprechen mussten. Man musste sich eine monotone Sprechweise aneignen. Man musste ganz ohne Akzent sprechen. Einfache Sätze seien am besten. Ansonsten sei es am sichersten, hinter dem Fenster zu warten. Den Vorhang zu öffnen, zu schließen. Heimlich zu beobachten, was draußen vor sich ging. Oder hinter dem Spion zu stehen. Was ging im Treppenhaus vor sich? Das Treppenhaus musste man stets im Auge behalten. Es war gefährlicher als die Straße. Man musste auf jede Kleinigkeit achten. Eine unheilvolle Stimmung hatte sich über die Vojvodina gesenkt. Die Vertreter der Macht beschwichtigten die allgemeine Stimmung, aber die Menge wartete sprungbereit, der kleine Mann war radikaler als der Minister.

Einer deiner serbischen Freunde berichtete dir sorgenvoll, immer mehr Menschen hätten schon in seiner Gegenwart gefordert, Radaranlagen in unmittelbarer Nähe der katholischen Kirchen anzubringen. Nicht in serbischen Dörfern und Städten. Sollen doch die ungarischen Faschisten ihre eigene Nation bombardieren. Das forderten Leute, die sich vor einem Monat noch darüber empört hätten, sinnierte dein Bekannter. Er kenne sie gut. Jahrelang hätten sie gemeinsam Tee getrunken, auf das System geschimpft und Pläne geschmiedet. So sei es früher gewesen. Aber seitdem die Radaranlagen in den Wohnvierteln hin und her gefahren wurden, fiel einem auch so etwas ein. Dann fragte dein Freund, ob auch die Ungarn eingezogen wurden. In immer größerer Zahl, erwidertest du. So schaurig es klingt, aber das ist ein ermutigendes Zeichen, sagte er, es bedeutet nämlich, dass es den Ungarn nicht so ergehen wird wie den Albanern. Denn wenn sie so etwas planten, würden sie ihnen keine Gewehre in die Hand geben. Die Logik der Argumentation beruhigte dich ein wenig. Manchmal sprachst du ihm Trost zu, manchmal er dir. Ihr hattet beide das Gefühl, eine schwere Prüfung bestanden zu haben.

Wenn deine Kräfte schwanden, begabst du dich still und heimlich auf den Rathausplatz von Újvidék. Meist nähertest du dich dem Platz von der Futaki-Straße. Lange standest du an der Rathausecke, sahst dich ausgiebig um, als wolltest du überprüfen, ob noch alles an seinem Platz war. Gegenüber die katholische Kirche, davor der Platz, daneben das einstige Café Dornstädter. Hinten die Katholische Pforte. Die Schauplätze deiner Romane. Aber du trautest dich nur ganz selten, auf den Platz hinauszuschleichen, in Wahrheit fehlte dir die Kraft, in deine eigene Welt einzutreten, denn das hätte dich nur überzeugt, dass dir die Wirklichkeit immer schon fremd war. Dir war klar geworden, du warst ein Minderheitenschriftsteller, aber das bedeutete nichts anderes, als dass du keine Wirklichkeit hattest. Du warst mehr oder weniger ein Schatten, mehr oder weniger in der Schattenwelt, die meiste Zeit ein Schatten der Schattenwelt. Schlemihls Bastard. Das, was als Wirklichkeit bezeichnet wurde, war nichts als eine

Minderheitenseifenoper, die in Budapest große Mode war. Die Schattenwelt und das Schattenwesen hingegen waren fremd, sowohl dort als auch hier. Auch die häufigen Wohnungswechsel bestärkten dieses überwältigende Gefühl von Fremdsein in dir. In den ersten Tagen zogst du in die Mietwohnung deiner ins Ausland geflohenen Kollegin um. Hohe Häuserblocks umgaben die Wohnung im dritten Stock, dort würden schon keine Bomben einschlagen, dachtest du dir. Nur durch einen kleinen Spalt konntest du zu den Abhängen von Fruška Gora hinübersehen. Es war ein bestürzender Anblick, wie nachts die Lichter darüber aufblitzten. Nur selten hattet Anikó und du eine Lampe angemacht, es war besser, niemand wusste, dass sich jemand in der Wohnung aufhielt. Suchte man dich nachts in deiner echten Wohnung, wärst du nicht zu Hause. An deinem neuen Wohnort liefst du keinen Bekannten über den Weg, auch das war beruhigend, du wolltest in deiner eigenen Stadt lieber unerkannt bleiben. Beunruhigend waren nur die neuen Geräusche, die klangen ganz anders als die, die du in deiner auf Kredit gekauften Wohnung an der Radialstraße gewohnt warst. Die Türen knarrten anders, die Schritte im Treppenhaus hallten anders, die Wasserleitung vibrierte anders. Der Kühlschrank brummte anders. Die Wasserhähne quietschten anders.

Du hörtest den ohrenbetäubenden Kanonendonner der diesseits der Donau stationierten schweren Flakbatterien. Orange und kreideweiße, blendende Lichter blitzten im Zimmer auf. Über dem Fenster blubberte die Luft, als koche Wasser in einem großen Kessel. Die Wände wurden grellweiß vom Licht der Raketen. Zu deinem größten Entsetzen rannte Anikó auf die Terrasse hinaus, um das himmlische Feuerwerk zu bestaunen, du flehtest sie an hereinzukommen, du hattest ständig Angst, im nächsten Moment könnte in der Nähe eine Bombe detonieren.

Deine Stimme wurde vom Gesang der Stammgäste eines nahegelegenen kleinen Restaurants übertönt, betrunken besangen sie den Ruhm Serbiens, mit jeder Explosion immer lauter. Manchmal amüsierten sie sich fluchend bis zum Morgengrauen. Drohten dem Himmel mit den Fäusten. Dann klammerten sie sich torkelnd aneinander und tanzten Kolo zwischen den Häuserblöcken. Sie hatten keine Angst, zu Recht nicht, denn die NATO-Flugzeuge zielten relativ genau und irrten sich nur ab und zu. Darüber waren sich die Massen, die auf den Plätzen tanzten und die Brücken bewachten, im Klaren. Ihr Mut erhielt in der Presse Höchstnoten in Sachen Patriotismus. Sie wussten, dass die Gefahr gering war, auch du wusstest es, aber warum warst du dann so voller Angst? Warst du wirklich so feige, fragtest du dich.

Du wolltest dir nur ungern eingestehen, dass du nicht vor den Bomben Angst hattest. Du konntest nicht so tun, als wüsstest du nicht, worum es ging. Während die Bomben rund um die Stadt einschlugen, wälztest du dich im Bett und fragtest dich, was das Morgen bringen würde. Du wusstest von den albanischen Massengräbern, hattest aus den ausländischen Radiosendern vom Verschwinden oder von der geglückten Flucht zahlreicher mit dir befreundeter albanischer Intellektueller erfahren. Sie erschienen dir im Traum, du sahst, wie sie sich in den Wäldern versteckten oder strauchelnd über verlassene Straßen gingen voller Hoffnung, in ein paar Stunden die mazedonische oder albanische Grenze zu passieren. Es schien dir unvorstellbar, dass sie körperlich in der Lage wären, die Strapazen des Fußmarsches zu bewältigen. Aber wie sollte man sonst unauffällig die Flucht ergreifen?

Solche Zweifel verstärkten sich besonders nach deinem Erlebnis in einer Kellerwohnung im Stadtzentrum von Újvidék. In diesen Kellerwohnungen lebten Roma, es wäre dir nie in den Sinn gekommen, dass im Stadtzentrum, gleichsam eingezwängt unter der Erde, eine Romasiedlung existierte, roma underground.

Die Hauswirtin sah insgeheim das als oppositionell geltende montenegrinische Fernsehprogramm, statt eines Kommentars nickte sie nur wissend mit dem Kopf, doch sobald sie aus ihrer Kellerwohnung hervorschlüpfte, pries sie lauthals die Serben. Die Roma werden den Kosovo nicht hergeben, schrie sie vor der Tür, als unterhielte sie sich gerade mit der Nachbarin. Sollen sie es nur hören, sagte sie listig. Sie könnte ja jederzeit aus diesem Keller hinausgeworfen werden, beklagte sie sich, denn die hohen Herren wollten private Schutzräume einrichten, nicht wahr. Hier hätten sie es gut, sie könnten sich im Stadtzentrum verstecken, es gebe Wasser, Toiletten, hier lasse es sich schön einrichten; sie würden die armen Roma sogar aus dem Keller vertreiben, um ihre Haut zu retten.

In einer Ecke der riesigen Küche standen einige alte Waschmaschinen, elektrische Öfen, auf einem von ihnen eine große Waschschüssel. Darin wusch sich die Romafrau allmorgendlich, obwohl es auch ein Badezimmer gab, nur funktionierte der Boiler nicht. In die Schüssel goss man am Tag den Kaffeesatz, die Essensreste, das Spülwasser. Täglich erschienen ihre Freundinnen in der Kellerwohnung, setzten sich an den Tisch, tranken Kaffee und machten sich ans Kaffeesatzlesen. Natürlich versuchten sie den Ausgang des Krieges vorherzusagen, doch seltsamerweise traute sich keine von ihnen, etwas gegen die Machthaber zu sagen, sie versicherten einander, die Serben könnten auf den Kosovo nicht verzichten, schließlich sei er ihre Wiege. Aber aus dem Kaffeesatz prophezeiten sie etwas ganz anderes, schadenfroh, mit gespieltem Erstaunen wiederholten sie, dass sich die Bösen nicht aufhalten ließen, dass die NATO alles vernichten würde, was lebte und sich rührte. Bald würde sie neue Wunderwaffen einsetzen und den Krieg folglich souverän gewinnen. Bald würden siebenköpfige Drachen über unseren Köpfen kreisen, die Piloten lächelnd winken, dem Volk amerikanische Schokoriegel und amerikanisches Zeug hinabwerfen. Aus allen Kaffeesätzen lasen sie den alles niederwalzenden Vernichtungssturm der NATO heraus. Darüber empörten sie sich dann im Chor, aber was konnte man schon tun, man musste sich damit abfinden, wir waren mit den Serben ausgekommen, wir werden auch mit den Amerikanern auskommen, seufzten sie.

Du lagst auf dem Bett, du hattest Zeit zum Grübeln. Deine Hauswirtin belästigte dich nicht mit unangenehmen Fragen, ihren Freundinnen stellte sie dich als einen Beamten aus Szerémség vor, der infolge der Zerstörung der Brücken in Újvidék gezwungen war, hier ein Zimmer zu mieten, um zur Arbeit zu kommen. Sie fragte nicht einmal nach deinem Namen, bemerkte aber nebenbei, dass die Ungarn jetzt schlechter dran seien als die Roma, da die Roma nicht Mitglied der NATO seien. Welch Glück, dass die Roma kein Land hatten! Das völlige Ausgeliefertsein bescherte ihnen diesmal eine Art diskrete Anonymität, Bedeutungslosigkeit, Schutz, erlaubte ihnen, sich ohne moralische Bedenken ihrer Umgebung anzupassen. Es war möglich, dass in dieser aggressiven Welt – auf lange Sicht – genau das die Roma retten würde: Sie würden überleben, weil sie nichts zu verlieren hatten.

Du horchtest im Zimmer nebenan, versuchtest diese Doppelsprache zu verstehen, da kam dir der Gedanke, dass vielleicht ganz Serbien so redete wie diese Romafrauen. Untereinander bekannte man sich zu den offiziellen Reden, aber insgeheim, beim Kaffeesatzlesen, sehnte man sich nach einer anderen Zukunft. Also war doch alles nur Schein gewesen, was du bis dahin gesehen hattest. Wenn es also wirklich ein anderes Serbien gab, mit anderen Menschen, dann war alles, was du sahst und hörtest, was du erlebtest, alles, was geschah, nur Schein, dachtest du.

Du bliebst nur ein paar Tage in der unterirdischen Romasiedlung, während du das Gefühl hattest, allmählich in Anonymität zu versinken. Hier würden sie nie jemanden finden, dachtest du. Doch eines Morgens bekamst du heftiges Herzklopfen, während du aus dem Kellerfenster den Himmel beobachtetest. Der Modergeruch der Schutz gewährenden Kellerwohnung, der säuerliche Geruch des schmutzigen Bettes lösten Unwohlsein aus. Du machtest mit Anikó einen Spaziergang in einem nahegelegenen Park an der Donau und stelltest verblüfft fest, dass du einige Nächte im Herzen der Stadt verbracht hattest. Die frische Luft tat gut, ließ dich jedoch den moderigen Kellergeruch auf deiner Haut als noch stärker empfinden. Das Würgen erinnerte dich daran, dass die Jahre über dich hinweggegangen waren. Wenn alles, was du um dich herum erlebtest, nur Schein war, für dich undurchschaubar, dann würdest du in Zukunft nicht mehr genügend Zeit oder eine passende Gelegenheit finden, dich von alldem Schein zu befreien. Du hattest etwas über die Wahrheit erfahren wollen, aber du hattest es nur bis zum Würgen geschafft, dein Körper erschlaffte, dein Haar begann zu ergrauen, und du dachtest nur noch an einen Gartenstuhl, in dem du gleichmütig sitzen konntest, während dich eine fürsorgliche Hand sanft zudeckte.

Du hieltest den Kellergeruch nicht mehr aus. Also zogst du mit Anikó zurück in die Eineinhalbzimmerwohnung in Liman, von wo ihr die nächtlichen Raketenabschüsse der am Donauufer und im Stadtteil Liman stationierten schweren Flakbatterien gut sehen konntet. Anikó ging von dort wieder zur Arbeit, manchmal im Morgengrauen, während die Bomber über der Stadt kreisten, meist jedoch nachts, während in der Umgebung die Bomben fielen und Splitter sich auch aus einer Entfernung von einigen Kilometern in die Stadt verirrten.

Achte Szene

Immer wieder Luftalarm – Bácska, oh Bácska – Schutzräume – Erinnerungen an die Brücke von Pétervárad – Die Tänzer und Sänger, noch einmal – Das sterbende Újvidék

Bliebst du allein in der Wohnung zurück, fandest du nicht einmal die Kraft zum Aufstehen. Du starrtest an die Decke und dachtest ans Niemandsland. Wenigstens empfandest du diese Art von Heimweh. Vielleicht gab es kein besseres. Im Niemandsland verlangte niemand deinen Pass. Wer warst du überhaupt, fragtest du dich. Was suchtest du dort? Was suchtest du in jenem fremden Zimmer?

Eines Nachts kehrte Anikó am ganzen Körper zitternd vom Nachtdienst zurück. Sie war schon fast zu Hause, als das Bombardement begann, sie wollte heimlaufen, aber aus einer Toreinfahrt streckte jemand die Hand nach ihr aus und riss sie hinein. Sicherlich wollte er sie darauf aufmerksam machen, dass es gefährlich war, sich auf den Bürgersteigen zu bewegen. Die fremde Hand erschreckte sie mehr als die Flugzeuge über ihrem Kopf. Sie riss sich los und lief heim und vergaß alles andere, vor allem den Luftalarm. Ihr saßt auf dem Bett, die Flugzeuge kreisten noch immer über der Stadt. Anikó kochte einen Kaffee. Draußen hörte man das Brummen der Flugzeuge, in solchen Momenten hatte die Wohnung eine seltsame Akustik, irgendwie verstärkte sie die Luftgeräusche draußen. Während sie in der Küche von ihrem Erlebnis berichtete, machte sie ein Rührei, dann nahm sie einen Joghurt aus ihrer Tasche. Du hast mit deinem Heimweh zu kämpfen, sagtest du, während du ein Ei pelltest. Sie sah dich überrascht an, ihr sei beim Laufen dasselbe durch den Kopf gegangen.

Du standest auf, setztest dich zum Frühstück an den Tisch. Wenn Anikó nicht zu Hause war, hattest du keine Lust, zu Abend oder zu Mittag zu essen, du mampftest höchstens etwas Leberwurst. Aber auch die ging allmählich aus. Wenn du allein warst, rasiertest du dich nicht einmal. Das Gefühl von Einsamkeit machte im Krieg die Abwehrkräfte zunichte. Das Beste war daher, dich abzulenken, darin bestand die wahre Kunst. Anikó wehrte sich, indem sie – ob es nötig war oder nicht – die Wohnung putzte, das Badezimmer schrubbte und dadurch ihre Aufmerksamkeit von der Außenwelt ablenkte; sie schrubbte, scheuerte gerade während der heftigsten Luftangriffe. Einmal nahmt ihr euch vor, Schach zu spielen, aber es wurde nichts daraus, dir fehlte die Willenskraft. Schach hattest du zuletzt vor etwa vierzig Jahren gespielt, nachdem du in Újvidék angekommen und dein erstes Zimmer gemietet hattest. Anikó ermunterte dich: Dann schreibe, notiere alles, was du denkst und was du siehst. Sie dachte wohl, das Schreiben würde deine Aufmerksamkeit mehr fesseln als eine Partie Schach. Tag für Tag, etwa eine Woche lang, machtest du dir Notizen, dann pausiertest du ein paar Tage und fingst von Neuem an, aber als du diese Aufzeichnungen im Nachhinein überflogst, musstest du erstaunt zur Kenntnis nehmen, wie nichtssagend sie waren. Du kamst zu der Einsicht, dass es beim Tagebuchschreiben nicht auf die äußeren Ereignisse ankam, ja, dass diese nicht einmal wichtig waren. Für ein Tagebuch war die Außenwelt nur störend, betrachtetest du die Welt genau, konntest du daran nichts Substanzielles finden. Es kam darauf an, sich über seine eigene Welt klar zu werden und eine Phantasiewelt zu finden, die man so durchdachte, als sei sie nicht imaginär. Du musstest dabei einsehen, dass deine Phantasiewelt zusammengeschrumpft war, dass du keine andere fandest und somit dir über nichts klar werden konntest. Während der Luftalarme dachtest du oft an Márai, den Urvater aller Minderheitenschriftsteller, und hattest zuweilen das Gefühl, sein

Geheimnis, das zu lösen noch keinem gelungen war, gelöst zu haben: man musste mit der Phantasie vernünftig wirtschaften.

Angesichts deiner sich auflösenden, schrumpfenden Welt erkanntest du auf einmal, dass Márai gut gewirtschaftet hatte, denn er hatte irgendwann in seiner Jugend mit dem Irrglauben abgerechnet, jemals eine Heimat zu finden. Er war in Budapest ebenso fremd, wie er in Košice fremd blieb, wenn er für ein paar Tage dorthin zurückkehrte. Bis an sein Lebensende – überall fremd. Es war nicht möglich, ihn irgendwohin zurückzutransportieren. Du hingegen akzeptiertest das Fremdsein nicht, es war zwar unwiderrufbar in dir, aber du wolltest es neutralisieren, indem du ihm ständig widersprachst. Dabei machtest du gewiss auch Zugeständnisse, denn einen Minderheitenschriftsteller stampfte man immer in den Boden seines Geburtslandes. Jetzt hattest du endlich begriffen, was für ein unerträglicher Widerspruch das war; es versetzte dich in eine schizophrene Lage, diese Rolle wurde dir von jenen aufgezwungen, die dich in den Boden stampfen wollten, weil das ihrer Vorstellung der Rolle entsprach. Liebe dein Geburtsland, bleibe ihm treu, die Treue, das will schon was heißen, ermutigten sie dich gekünstelt und falsch. Dann machten sie sich aus dem Staub, ihre Herzen bluteten vor Treue, affektiert schrieben sie aufs Papier, Bácska, Bácska, Geburtsdorf, Geburtsland, meine Straße, dieser Onkel, jene Tante und dergleichen. Du mochtest es nicht, aber du musstest so tun, als ob du es mochtest, du tatest so, als hättest du ein Geburtsland. Und du bliebst in deinem Geburtsland, bliebst wie ein Fremder, der sich irgendwohin verirrt hatte.

Die Wirklichkeit dämmerte dir erst, als ihr auf die grüne Grenze zu sprechen kamt. Ihr zogt alle eure Bekannten in Betracht, von denen ihr Hilfe erwarten konntet. Du konntest dich noch genau an die Akazien entlang der Grenze erinnern, du hattest aus dem Zugfenster immer nach dem Grenzstreifen von Kelebia Ausschau gehalten. Der Grenzstreifen hatte dich in seinen Bann gezogen. Er ging dir nicht aus dem Kopf. Und du konntest dir den Gedanken nicht aus dem Kopf schlagen, dass dein Platz im Niemandsland war, dass das deine wirkliche Heimat war, und du warst dir ganz sicher, dass sich auch Márai immer und überall wie im Niemandsland gefühlt hatte, in Budapest genauso wie in Amerika. Auch du gehörtest dorthin, das war deine Heimat, weil du ein Niemand warst, weil dich die Welt zu einem Niemand gemacht hatte. Bedanke dich bei diesem Krieg, bedanke dich bei diesen Bomben und Raketen, bedanke dich bei den unbemannten Maschinen, den F16-ern und all den anderen, dass sie dich im letzten, im allerletzten Augenblick daran erinnert hatten, dass du ein Bürger des Niemandslandes, ja, ausschließlich dieses schmalen, von Akazien gesäumten Streifens warst.

Du zogst den Vorhang auf, die Straßen bevölkerten sich. Es war kurz vor Mittag, um diese Zeit begaben sich die Menschen auf den zentralen Platz der Stadt, um zu musizieren, gegen die NATO zu singen; ein paar Stunden lang wimmelte es in den Straßen der Stadt vor Menschen, dann veränderte sich alles wieder, denn am Nachmittag, inmitten des größten Übermutes setzte eine seltsame Völkerwanderung ein. Tag und Nacht unterschieden sie sich klar voneinander, selbst die, die tagsüber übermütig waren, hatten nachts Angst, suchten einen Schutzraum auf. Man sagte, die politischen Würdenträger, die die Brücken bewachen sollten, hätten sich vor dem Luftalarm davongemacht, und gleich darauf habe sich auch die Menge aufgelöst. Sie seien nur geblieben, solange sie von den Fernsehkameras gefilmt wurden. Am belebtesten waren die Straßen zwischen zehn Uhr vormittags und vier Uhr nachmittags. Noch vor Einbruch der Dunkelheit brach eine andere Welt über euch ein, mit Bündeln bepackt eilten die Menschen irgendwohin. Die unterschiedlichsten Nachrichten, wo in der kommenden Nacht gebombt würde, machten die Runde. Viele glaubten, die Hauptpost sei das nächste Ziel, andere, dass es der neue Naftagas-Palast in Liman sein würde. Wieder andere sprachen von den Polizei- und Armeekasernen. Viele waren auch überzeugt, dass die Brücken bombardiert würden, so dass es gefährlich wäre, in nahegelegenen Wohnungen zu übernachten. Jeder hatte irgendeine Ahnung. In den Schutzräumen führten pensionierte Offiziere das Wort, die Bürger hörten ihnen begierig zu, und sie brüsteten sich mit ihrem Wissen. Es gab also genauso viele Voraussagen, wie es pensionierte Offiziere in der Nähe gab. Alle beriefen sich auf ihre Autorität, und Chaos machte sich breit: Gegen Abend brachen alle auf, machten sich auf die Suche nach einem sicheren Ort, wo sie die Nacht überdauern konnten. Dann erklärte ein anderer Offizier, dass auch das kein sicherer Ort sei, und so begann die Wanderschaft am nächsten Tag von neuem.

Hinzu kam noch, dass auch die Schutzräume unterschiedlich waren, manche entdeckten einen mit allem Komfort ausgestatteten und brachen schon um zwei Uhr nachmittags auf, um den besten Platz für sich zu ergattern. Dann tauchten in den Schutzräumen Aufseher auf, die Ausweiskontrollen durchführten und gegen etwas Bakschisch die besten Plätze reservierten. Wenn eine Mutter für die Entbindung in einem Geburtshaus in harter Währung bezahlte, musste man eben auch für das Überleben in den Schutzräumen etwas hinblättern. Was im Alltag Gewohnheit war, hielt auch unter der Erde Einzug. Viele nahmen Karten, Schemel, Gesellschaftsspiele, eine üppige Verpflegung mit, sie suchten schon um vier Uhr nachmittags ihre angestammten Plätze auf, an denen sie erbittert festhielten. Hierin zeichneten sich vor allem die Rentner aus, die sich damit brüsteten, zu Recht bei sämtlichen Wahlen für den Führer gestimmt zu haben. Sie hätten schon lange gewusst, wem man die Stimme geben musste. Die Oppositionellen hätten die Heimat verraten, sie seien gespannt, was die Janitscharen jetzt wohl sagen würden. Auch sie seien Patrioten. Wo waren sie damals, als es darum ging,

Slobo zu feiern? Jetzt sei es zu spät, jetzt hätten sie kein Recht mehr, Slobo zu feiern. In den Schutzräumen gab es regelrechte Freudenfeste, wenn das Radio den Abschuss eines feindlichen Bombers durch die Luftabwehr meldete. Jetzt würden diese Faschisten endlich den Schwanz einziehen.

Andere blieben stoisch und beschlossen, keinen Schutzraum aufzusuchen. Viele von ihnen rannten nachts auf die Dächer der Häuserblocks und berichteten, mit ihren Mobiltelefonen zwischen den Schornsteinen hin und her rennend, direkt vor Ort, informierten ihre Bekannten über die Ereignisse: Die Flugzeuge sind gesichtet worden, sie kreisen, sind gesichtet worden, aber weitergeflogen, haben die Ölraffinerie getroffen, haben eine Brücke ins Visier genommen, bombardieren Fruška Gora, in den ergrünenden Wäldern schlagen rote Flammen empor. Ein Maschinenbauingenieur prahlte damit, dass er einen Liegestuhl und eine Decke auf das Dach mitgenommen habe, vom Liegestuhl aus habe er den Himmel beobachtet und sei friedlich eingenickt, als es da oben stiller geworden war; wahrlich, er hätte die Nächte noch nie so gut durchgeschlafen wie zur Zeit der Bombardierungen. Seit dreißig Jahren, seitdem er von einer Kleinstadt in Bosnien nach Újvidék gezogen war und sich an der Universität eingeschrieben hatte, habe er von so etwas geträumt. Es gebe nichts Besseres, als unter freiem Himmel, an der frischen Luft zu dösen, pflegte er zu sagen. Auf dem Dach habe er eine Sekretärin kennengelernt, mit der habe er sich während der Bombenangriffe geliebt. Er wisse nicht einmal ihren Namen, die Sekretärin habe ihn nicht verraten wollen, sie habe gesagt, sie hätte schon mit besseren Männern zu tun gehabt. Sie habe es ohnehin satt, Männern guten Sex beizubringen.

Oft packtest du deine Decke, warst neugierig auf das Leben im Schutzraum und konntest dich doch nicht dazu durchringen. Du bliebst in der Wohnung. Die Entscheidung war schwieriger als das, was darauf folgte. Allmählich hattet ihr beide euch den Ablauf gemerkt: Erst wurde man auf das ferne Geraune aufmerksam, dann folgte das Feuerwerk der Luftabwehr, dann detonierte die Bombe, und dann entfernte sich das Geraune wieder. Manchmal wart ihr infolge des angespannten Wartens sogar eingeschlafen. Doch eines Nachts sprang Anikó auf und zitterte am ganzen Körper. Ihr hattet dem Geraune der über euren Köpfen kreisenden Bomber gelauscht, beobachtetet das Aufblitzen der Lichter, plötzlich knallte es ein, zwei Mal laut. Die Explosionen schienen sich in unmittelbarer Nähe ereignet zu haben. Ihr konntet bis zum Morgengrauen kein Auge zutun. Aus den frühmorgendlichen Nachrichten hattet ihr dann erfahren, dass sie die Eisenbrücke von Pétervárad gesprengt hatten. Du gingst im Zimmer auf und ab, überprüftest den Riegel, drücktest deinen Kopf gegen den Türflügel, dir wurde in dem Moment bewusst, dass nach dem, was jetzt passiert war, alles passieren konnte.

Deine Entscheidung war gefallen. Um fünf Uhr früh packtest du das Nötigste zusammen. Am Abend zuvor hattest du nämlich eine Einladung nach Szabadka erhalten. Bekannte hatten dir, da bei ihnen nicht bombardiert wurde, angeboten, bei ihnen Unterschlupf zu finden, sie würden dich mit dem Wagen abholen. Der Wagen würde ganz sicher kommen, er transportiere Waren für einen Bioladen. Gesunde Nahrung lasse sich absetzen wie nie zuvor, sie gehe weg wie warme Semmeln. Man kaufe Soja, braunen Reis, Müslimischungen, diverse Vitamine ohne Ende. Anikó ermunterte dich, die Einladung anzunehmen, auch sie käme bald nach. Vielleicht dachte sie daran, dass Szabadka der grünen Grenze näher war.

Am Vormittag gingst du hinaus auf die Straße, du hattest nur wenig Gepäck dabei. Anikó brach zum Parkplatz auf, du machtest ein paar Schritte auf das Donauufer zu, um persönlich von den Überresten der Brücke von Pétervárad Abschied zu nehmen. Wie ein Schlafwandler brachst du auf, doch dann hieltst du inne. Abschied? Was für ein Abschied?

Du hattest keine Kraft mehr weiterzugehen, auf einmal wurde dir klar, dass die alte Brücke schon lange eingestürzt war. Du konntest dich nicht mehr erinnern, wann du sie zuletzt zu Fuß überquert hattest, um in der Burg von Pétervárad lustzuwandeln.

Deine Jugend, deine Schulzeit waren für dich mit dieser Brücke verbunden. Wenn du sie überquertest, hattest du stets das Gefühl, zwischen dem Balkan und Mitteleuropa zu pendeln. Die Brücke war eine Art Symbol geworden, weil sie in den fünfziger, sechziger Jahren für den Bahnverkehr genutzt wurde; wenn du ans Meer fuhrst, überquerte sie der Zug früh am Morgen oder am späten Abend. Die Brücke von Pétervárad, eingebettet im Herzen der Stadt, öffnete die Tür zum Balkan und zum Mittelmeer; von beiden Welten fühltest du dich angezogen.

Du hattest in den mediterranen Landschaften einen geheimen Schlupfwinkel, eine Art Versteck gefunden. Kaum kamst du zu etwas Geld, flohst du auch schon ans Meer; am liebsten brachst du spontan auf. Erst beim Anblick des Meeres warst du frei, sonst trugst du immer zu viele Traumata und Verspannungen mit dir herum. Manchmal schämtest du dich, dass du dein Geld für so etwas ausgabst, aber lieber verzichtetest du auf alles andere, um nur wieder an der Linie entlanggehen zu können, an der sich Meer und Festland trafen. Noch heute spürtest du die Kieselsteine, den Sand, die Wellen an deinen Füßen. Anfangs machtest du dich nur im Sommer auf den Weg, doch mit der Zeit wurde dir die windige, launenhafte, spätherbstliche Meeresküste immer lieber. Sie wurde dir gerade deshalb immer lieber, weil das Leben dort karg und grau war, karger und eintöniger als in deinem Heimatdorf.

Während dieser herbstlichen Wanderungen hattest du zum ersten Mal die Stimmung der griechischen Tragödien nachempfunden, die Winde brachten die Leere, die Stummheit mit sich. Das ist es, riefst du aus, du hast deine Welt entdeckt. Die außergewöhnlich salzige Luft, der üppige, vertraute Duft der dalmatinischen Gewürzkräuter stimulierten deine Sinnesorgane, selbst die Luft sogst du anders ein, in allen Poren spürtest du, dass alles anders war als sonst. Unter diesem Eindruck wurde dir klar, dass auch du anders warst. Die mediterrane Landschaft hatte dieses Bewusstsein des Andersseins in dich hineingeschmuggelt. In den engen Gassen der Kleinstädte hielten sich nur wenige Menschen auf, und auch sie verschwanden wie Schatten in den Toreingängen.

Vom späten Herbst an verwandelten sich die pittoresken Städtchen am Meer in Geisterstädte; in den Gärten waren die Orangenbäume verblüht, die Einwohner saßen gleichmütig in den im Sommer lärmenden und gut besuchten Cafés und starrten mit ausdrucksloser Miene vor sich hin. Sie vermissten die Farbenpracht der Orangenbäume nicht. Sie hatten keinen Blick für die Landschaft. Sie interessierte weder das Meer noch das quecksilberfarbene Firmament, sie sprachen nur von den Winden, den Winden, die die Einwohner oft zum Selbstmord trieben. Vor allem die Inselbewohner. Der eine Wind betäubte dich, der andere trieb dich in den Selbstmord. Gegen Ersteren half gemütliches Weintrinken, gegen Letzteren gab es kein Heilmittel.

Das Mediterrane konfrontierte dich mit deinen eigenen Vorurteilen. Auf den Inseln überkam dich oft ein schamhaftes religiöses Empfinden, wegen der Windstöße hattest du oft das Gefühl, als würde sich unter dir auch die Erde rühren, als existierte Gott wirklich. Vielleicht deshalb, weil du dir in solchen Momenten inmitten der dir unbekannten Menschen die Frage stellen musstest: Wer bist du? In der pannonischen Tiefebene wäre dir diese Frage nie eingefallen, weil du in jener Welt heimisch warst, wusstest, wer du warst, auch wenn du dir mit deinen Antworten etwas vormachtest. Zu Hause war es leicht, dich selbst zu definieren, das interessierte dich auch nicht wirklich, gerade deshalb, weil es so selbstverständlich war. Im Angesicht der Meeresküste musstest du jedoch um deine Identität kämpfen, deine Vorstellungskraft versagte ständig den Dienst, es gelang dir einfach nicht, dich zu erfinden. Auf der Straße grüßtest du niemanden, auch dich grüßte niemand. Du beobachtetest dich wie einen Fremden, der alles wieder von vorn beginnen musste. Oft kamst du ins Grübeln, vielleicht wäre es das Beste, in dieser Gegend alt zu werden, das würde das Vergehen der Zeit erträglicher machen, da du hier keinen Namen und keine Persönlichkeit mehr hättest. Dich erregte besonders das Fremdsein, das Gefühl von Anonymität, und gerade deshalb packte dich als Antwort darauf zuweilen das Heimweh, der egoistische Wunsch, einen Namen zu haben. Vor dem Meer wurde dir schlagartig klar, dass es doch etwas Bestimmendes gab, besser: eine Heimat, die dir ihren Stempel aufdrückte, gegen die du ein Leben lang vergeblich ankämpftest. Du brauchtest dieses Anderssein, in dem du schmerzhaft mit deinem eigenen Anderssein konfrontiert wurdest. Nur kam es infolgedessen gewöhnlich zu Meinungsverschiedenheiten mit deiner Umgebung, in der gerade das Anderssein ausgejätet wurde. Ihr seid Sozialisten, ihr seid gleich, ihr seid uniform, sagten sie. Und ein paar Jahrzehnte später sagten sie, oft dieselben Leute, ihr seid Bürger, ihr habt die gleichen Rechte, ihr seid gleich. Aber ihr hattet nie die gleichen Rechte, weil ihr nie gleich wart. Das wurde dir durch deine Erlebnisse am Meer schlagartig klar. Nachdem du gelernt hattest, die pannonische Tiefebene mit denselben Augen zu sehen wie das Meer, erkanntest du, dass es Gleichheit dort nie geben konnte, wo Anderssein als Schande galt.

Die in den Balkan führende Abzweigung der alten Brücke von Pétervárad verhieß ganz andere Erlebnisse. Du hattest schon viel über den düsteren, nach Schießpulver riechenden Balkan gelesen, deine eigene, von der serbischen Umgebung geprägte Kultur legte davon reichlich Zeugnis ab, aber du dachtest, das alles gehört der Vergangenheit an. Wie in den meisten deiner Generation lebte auch in dir das Bewusstsein der Vergangenheit nur schwach, eigentlich nahmst du es gar nicht wahr. Du dachtest nicht, dass die Vergangenheit eines schönen Tages erwachen und alles andere niederwalzen würde. In Wirklichkeit lag die Vergangenheit auf der Lauer, du ahntest nicht, aus welchem Stoff sie gemacht war. Nur die Lehrbücher verherrlichten sie, aber so falsch, dass du es nicht ernst nehmen konntest. Deine Jugend stand ständig unter dem Eindruck, dass in deiner Umgebung etwas Neues im Entstehen war. Und tatsächlich, es wurden ungeheuere Energien freigesetzt, die serbische Landschaft wirkte lange so, als würde sie von eisernen Fäusten umgeknetet. Vielleicht wurden selbst die Berge umgeformt.

Und Belgrad mit seinen ihm eigenen, ergreifenden Verrücktheiten und geistigen Improvisationen spielte in deinem Leben die zentrale Rolle bei dieser Umgestaltung. Nie war dir eine schmutzigere Stadt begegnet, aber das hatte dich nie wirklich gestört. Du mochtest die lockere, ungezwungene Atmosphäre, dort konntest du leben wie ein Bohemien. Du warst per Du mit dem Kellner. Du konntest mit einem Schaffner ebenso vertraut sein wie mit einem Schriftstellerkollegen, den du eben erst kennengelernt hattest. Wenn du deinen letzten Groschen ausgegeben hattest, gab es immer jemanden, der dich tröstete, keine Sorge, er habe noch etwas übrig. Du fandest in Belgrad viele Freunde, meist wurdet ihr Kumpel, ohne irgendeinen Zweck damit zu verbinden, der Zufall brachte euch zusammen, der Zufall trennte euch. Dort stahlst du zum ersten Mal ein Buch aus einer Buchhandlung und Milch am Markt. Du benahmst dich freier als in Újvidék. Im gesellschaftlichen Leben Belgrads gab es kaum Regeln und Normen. Das lockere Lebensgefühl machte es offen und anziehend. Wer dorthin kam, fand leicht eine Heimat. Die Stadt glich einem bunten, leicht formbaren Knetgummi, das machte sie so sympathisch. Du merktest nicht, dass das daher rührte, dass sie infolge der großangelegten Umwandlung ihre Vergangenheit verloren hatte.

Das Jaltaer Abkommen verschaffte Jugoslawien eine privilegierte Position in der bipolaren Welt, entfachte eine chaotische und ungehemmte Entwicklung in der Gesellschaft, die sich nicht mehr um ihre zivilisatorischen Grundlagen kümmerte, sondern lieber den Hochmut, das einzigartige Sendungsbewusstsein stärkte. Von den Polen, Ungarn, Slowaken, Tschechen spracht ihr nur mit der größten Verachtung, um von den Rumänen und Bulgaren gar nicht erst zu reden. Ihr zähltet euch fast schon zum Westen, es wäre euch nie eingefallen, dass ihr euch immer weiter von ihm entferntet.

Jugoslawien, vor allem Serbien, produzierte zu viele Illusionen über sich selbst, beschönigte zu schnell sein Bild von sich. In allem eine Ausnahme, in der Geschichte stets der Sieger, stets auf der Seite der Wahrheit! Das fanden alle glaubwürdig, niemand dachte darüber nach, ob das alles auch wahr sei, und wenn ja, welche Gefahren es in sich barg. Jugoslawien hatte das Osmanische Reich besiegt, die Österreichisch-Ungarische Monarchie erniedrigt, war aus zwei Weltkriegen als Sieger hervorgegangen, hatte Stalin ausgespielt, sich aber auch an den Westen nicht verkauft, sondern die Bewegung der Blockfreien erfunden und sich damit auf der Weltbühne Respekt verschafft. Und mit der Autonomie hatte es einer Idee den Boden bereitet, die die Perspektive eines *tertium datur* eröffnete. Wer sowohl den Realsozialismus als auch den Kapitalismus ablehnte, deutete auf Jugoslawien, es gab auch einen dritten Weg. Das stand nicht nur in den Lehrbüchern, das leuchtete auch dem einfachen Mann ein. Wie alles andere durfte man natürlich auch das nicht zu ernst nehmen, das zeigte sich am Ende, es genügte, so zu tun, als ob es selbstverständlich wäre. Also hatten alle nur simuliert. Das ganze Land war wie ein riesiges Café, in dem alle mit Falschgeld zahlten. Drinnen konnte man sich amüsieren, vergessen, sich verstellen, sich begeistern und rebellieren. Der Oppositionelle bezahlte beim Anhänger des Systems mit falschen Scheinen, dieser nahm es ihm nicht übel, bei der nächsten Gelegenheit tat er dasselbe. Ihr wart Komplizen geworden, ja, Komplizen, die Mitwisserschaft relativierte alles. Niemand nahm jemandem etwas übel, dachtest du, während sich auch die Veränderung selbst relativierte, es also auch möglich war, dass es gar keine Veränderung gab und das fröhliche Café sich dadurch unmerklich in eine Hölle verwandelte.

Die Brücke der Abzweigungen lag schon lange in Trümmern, so wie Újvidék schon lange in Trümmern lag. Die Bomben hatten die inneren Trümmer freigelegt. Die Luftangriffe waren steril und mechanisch, die Romantik des Zweiten Weltkriegs gehörte ein für alle Mal der Vergangenheit an. Eigentlich hatten sich eher die Luft, die Stimmung in der Stadt und das Firmament darüber verändert. Und die Menschen. Du dachtest, was in Zukunft auch geschähe, nichts würde mehr so sein wie früher. Eine Stadt war notwendigerweise verschwunden, eine andere würde entstehen. Du hättest es schon früher erkennen müssen, denn es hatte sich alles vor deinen Augen abgespielt, aber du wolltest es nicht zur Kenntnis nehmen. Du wolltest dir einreden, Städte veränderten sich viel langsamer als Staatsgrenzen, sie seien zäh und eigensinnig und würden folglich auch den Ansturm des Balkans überstehen, aber am Ende musstest du einsehen, dass sie sich doch ergaben.

Fast achtzig Jahre hegte Újvidék seine sterbende Vergangenheit und genoss seine trickreiche Gegenwart. Auch du warst ein Teil dieser Zirkusnummer. Die Vergangenheit und die Gegenwart begegneten sich darin nicht, die Stadt blieb ein narbiger Grenzposten der Zivilisation, von einer stets ungewissen Identität, dank deren sie den Balkan lange Zeit in sich auflösen konnte. Aber die Stadt löste und löste ihn so lange auf, bis sie auch selbst völlig verwandelt wurde, weil ihr kein Lösungsmittel mehr geblieben war. Staatsgrenzen duldeten ohnehin keine Zwitterwesen, sie vernichteten den Kentauren oder zwangen ihn unter die Erde. Der Grenzposten der Zivilisation wurde allmählich zu einer altjüngferlich beleidigten serbischen Provinz. Er hatte gedacht, er sei anders, obwohl er gar nicht anders sein wollte, sich mit dem Anderssein nur schmückte, sich eine bürgerliche Vergangenheit nur überstülpte, mit der er gar nichts am Hut hatte, weil er zwar herausragende Bürger, nicht jedoch eine bürgerliche Schicht hatte.

Die Einwohner von Újvidék hatten gehofft, dass die Vojvodina – mit Újvidék an der Spitze – Serbien europäisieren würde, aber sie mussten sich dem Nationalstaat fügen und wohl oder übel zur Kenntnis nehmen, dass Serbien Újvidék balkanisiert hatte. Auf den Straßen wogte der Balkan, während die kleinlaut gewordenen Einwohner von Újvidék in diesem oder jenem Salon mit geheimnisvollen Geschichten argumentierten und in alten, vergilbten Familienalben blätterten. Das balkanische Element obsiegte jedoch, ohne auf großen Widerstand zu stoßen, denn ein Bürgertum war in Újvidék nie entstanden, sondern stets nur ein schönes Versprechen geblieben. Ein, zwei Generationen hatten den Grundriss gezeichnet, aber es blieb keine Zeit, etwas darauf zu errichten. Früher hatten seine Wirtschaft, seine Industrie selbst die von Slowenien überholt, doch nach 1918 geriet Újvidék ins Hintertreffen. Dasselbe Schicksal wurde ihm auch auf geistigem Gebiet zuteil. Alles hatte seinen Preis, der Nationalstaat forderte seine Opfer. Deshalb musste sich Újvidék fast widerstandslos fügen. Und es ging unter, ja, es ging unter. Babylon war untergegangen. Auch Atlantis war untergegangen.

Das große nationale Durcheinander vom Jahrtausendende und die damit verbundenen Marschkolonnen, Panzer, gepanzerten Wagen, paramilitärischen Einheiten des Armeekorps von Újvidék und dann die Luftangriffe der NATO waren das I-Tüpfelchen in dieser Entwicklung, zerbombten jeden Schein, beendeten eine Geschichte, die viele, auch dich, in ihren Bann gezogen hatte. Aber es galt, vom Schein Abschied zu nehmen.

Du hättest erwachen sollen, aber selbst im Traum hieltst du dich noch zurück: Wozu solltest du schon erwachen? Irgendetwas lag in den letzten Zügen, aber du konntest nicht genau sagen, was. Durch das Fenster drangen die Schreie des trunkseligen nationalen Durcheinanders herein. Das hier ist Serbien, schrie man ins Telefon. Du spieltest den Anrufbeantworter ab, spieltest ihn einmal ab, ein zweites Mal, im Hintergrund war ein Summen zu hören, dann klickte es, der Unbekannte legte den Hörer auf, dann folgte Stille. Ein andermal hörtest du so etwas wie Löffelgeklirr ... Es klickte wieder. So ähnlich verstummten auch die Illusionen, es klickte, dann folgte Stille.

Du beneidetest Márai, der den Tod des Bürgers gebührend beweint hatte, so wie sich das gehörte. So wie es sich gehörte, in einem Hotelzimmer. Er hatte den freien Bürger wenigstens noch gekannt, konnte sich wenigstens noch an etwas erinnern, wenn an nichts anderes, so wenigstens an die kurze, einen Triumph des Verstandes verheißende Zeit. An die Sirenenstimme der Aufklärung, die sich wie eine melancholische Fuge ins Gedächtnis der Generationen eingeprägt hatte. Schon das reichte aus, um in einem beliebigen Hotelzimmer reinen Gewissens an Europa zu denken. Er setzte sich an den Schreibtisch und schrieb auf das leere Blatt: Bürger. Dieser Bürger hatte tatsächlich existiert. Der Bürger betrat eine Bank. Das war tatsächlich passiert. Tatsächlich passiert! Der Bürger hatte tatsächlich existiert. Dein Gewissen war nicht rein, weil es nichts gegeben hatte, nichts passiert war, du hattest dir nur etwas vorgemacht. Worum du trauertest, hatte nie existiert. Es hatte es nicht gegeben. Es war nichts passiert.

Der Bürger war in dieser Gegend immer schon eine Erfindung gewesen, eine Einbildung vor allem jener, die nie zu Bürgern werden konnten, also der Randerscheinungen. Mit anderen Worten jener Künstler, Schriftsteller, Bohemiens, die den Staatsbeamten, Parteiführern, reichen Mäzenen ausgeliefert waren, deren Aufgabe es gewesen wäre, gegen den Bürger zu rebellieren. Auch du gehörtest zu ihnen, rebelliertest gegen das, was du erfunden hattest, gerietest also in einen hoffnungslosen Widerspruch zu dir selbst. Die Schöngeister machten einen Spaß aus alledem, sie waren erfindungsreich, wussten sich zu helfen, schufen Wortspiele, dekorierten das Vakuum. Die ganze Welt ist ein Wortspiel, behaupteten sie, gewiss zu Recht. Ahnungen und Wunder, flüsterten sie und machten es sich auf dem wortzentrierten Diwan bequem. Sie packten die Worte beim Schopf. Lieber wollten sie die Worte beim Schopfe packen, als selbst von den Worten beim Schopfe gepackt zu werden. Was für eine Wirklichkeit? Was für ein Drama? Die Tiefenschicht des Dramas sei banal, es sei unter ihrer Würde, sich mit Banalitäten abzugeben.

Sorgenfreie Zeiten! So sahen die albernen Abenteuer der Modernität aus, ohne die es ein Überleben nicht gab. Du könntest auch sagen, du hattest kein Recht, Einspruch zu erheben, Beschwerde einzulegen angesichts der sich auflösenden, zerfallenden, untergehenden Welt, denn in Wirklichkeit war nicht die Welt eingestürzt, sondern deine Illusionen zerronnen; du musstest einsehen, dass am Ende jede Illusion ihren eigenen Mörder gebar. Dir blieb nicht einmal der Trost der Erkenntnis, dass keine einzige Illusion unter ihrer eigenen Fahne zugrunde ging.

Neunte Szene

Szabadka – Der albanische Bäcker, noch einmal – Baburins Abenteuer – Szegediner Putensalami – Osterschinken – Die Ungarn tanzen

Du wartetest an der Straßenecke auf den Wagen mit dem Szabadkaer Kennzeichen, in der Hand dein kleines Gepäck: Zahnbürste, Zahnpasta, Handtuch, Rasierschaum, Rasierklingen, Pyjama. Du hattest keine Ahnung, wie lange es dauern würde, du triebst dich herum, die Situation zwang dich, dich herumzutreiben. Wer wollte nach alledem noch behaupten, die Herumtreiberei sei unanständig? Du hast dich viel herumgetrieben, hatte man dir oft vorgehalten, nicht wahr?! Du hattest dich lange damit getröstet, dass du zwar keine Heimat mehr hattest, nie eine gehabt hattest oder haben würdest, aber wenigstens eine Stadt in dir trugst, an der du hingst. Die Heimatlosen sollten eine Stadt für sich entdecken, oder wenn das nicht möglich war, eine erfinden. Sie sollten einen sicheren Halt finden, an den sie sich klammern konnten, für dich war das eine echte Errungenschaft. Darin bestand deine Zugehörigkeit zu Újvidék. Doch seit einigen Jahren hattest du das Gefühl, dass auch das nicht mehr möglich war, die Stadt wurde immer mehr zu einer platonischen Schattenwelt. Aber selbst daran konntest du dich noch klammern wie ein Ertrinkender an einen Strohhalm. Du warst stolz darauf, dass dir noch ein paar Straßen blieben, dass du noch deine Lieblingsplätze hattest, deine kleinen Cafés mit den vertrauten Stühlen, Gläsern, Düften. Das genügte dir. Du reihtest deine Bücher aneinander und musstest gut gelaunt einräumen, du hattest in deinen Romanen Újvidék erfunden. Die aus der Wirklichkeit verstoßene Welt war deine Wirklichkeit geworden. Du hattest die Wirklichkeit erfunden, damit es etwas gab, wofür du leben konntest, denn an ihr hieltest du beharrlich fest. Um kein Geld der Welt wolltest du dich von ihr lossagen, eher löste sie sich von dir ab. Immer mehr entfernte sich die Stadt von dem Bild, das du dir von ihr gemacht hattest.

Du bist nicht in Richtung Donau gegangen, denn du wolltest dir nicht die zerstörte alte Brücke ansehen. Du spürtest eine leichte Übelkeit in der Magengrube, du stelltest dir vor, wie die Menge die Ereignisse kommentieren würde. Selbst die, die keine Erinnerung mit der Brücke verbanden, würden die martialischen politischen Ansprachen nachplappern. Bei denen hattest du nichts zu suchen, dachtest du und wandtest dich ab, denn lange bevor die Bomben sie zerstörten, hatten die Menschen sie dir schon weggenommen.

Später fielen dir Farbfotos der zerstörten Brücke von Pétervárad in die Hände, es tat weh, dass sie nun der krudesten Staatspropaganda dienten, denn zu der zerstörten Brücke gehörten auch die verwüsteten albanischen Läden und Werkstätten, die eingeschlagenen Fenster, die aggressiven Wandschmierereien. Und auch jene Menschen, die nicht wahrhaben wollten, was um sie herum geschah. Aber die Propagandisten hatten all das aus dem Bild eliminiert, die Urteile der Patrioten waren mit moralischem Schwulst unterfüttert. Als es besonders darauf ankam, die Menschen zu beobachten, machten auch sie die Augen zu.

Der Mann deiner Bekannten lud die Ware ein, Sojaprotein, und schon fuhrt ihr los in Richtung Szabadka. Die neue Schnellstraße war wie ausgestorben, erst vor Szabadka nahm der Verkehr ein wenig zu. Ihr traft unterwegs keinen Polizisten oder Soldaten, das hob deine Stimmung. Am Nachmittag zogst du in die Wohnung deiner Freunde ein. Du sahst dich in dem schönen, sauberen Zimmer um, in deinem Kopf spukte die Frage: Wie lange wirst du bleiben? Einen Monat? Ein Jahr? Du packtest deine Sachen aus, knipstest das Radio an. Am Abend bliebst du im Haus, am Morgen brachst du ein wenig widerwillig, missmutig ins Zentrum von Szabadka auf.

Du wolltest deinen Augen nicht trauen. Die Straßen waren belebt, die Menschen schlenderten sorglos umher, kauften ein, die Stimmung war eine ganz andere als in Újvidék. Man sprach Ungarisch, du empfandest nicht jene Angst, spürtest nicht die misstrauischen Blicke, die dich in Újvidék verfolgten. In den Gartenlokalen der Fußgängerzone vor dem Volkstheater wimmelte es von Jugendlichen. In den Boutiquen konnte man Zigaretten kaufen. Leberwurst gab es in den Auslagen aller Läden, du betratest gleich den ersten und fragtest zögerlich, ob du ein Dutzend haben könntest. Die Verkäuferin nickte gleichmütig. Auch im zweiten kauftest du zehn Konserven Leberwurst, bis zum heutigen Tag hast du sie noch nicht verbraucht. Auch Kaffee konnte man problemlos kaufen.

Die Stimmung in den Straßen von Szabadka war entspannt, aber nach einigen Tagen bemerktest du doch eine traurige Gekünsteltheit. Jeden Tag trafst du alte Bekannte, Freunde, sie waren alle überzeugt, dass Szabadka von den Bombardements verschont bliebe. Serben wie Ungarn wie Kroaten, alle munkelten, Szabadka bliebe wegen der Ungarn verschont. In den Hotels von Palics warteten die Familien der Funktionäre auf das Kriegsende. Sie gingen den ganzen Tag am Ufer des Sees spazieren, an den Wochenenden erwarteten sie ihre Gatten, hieß es aus vertraulicher Quelle. Die Bürger scherten sich nicht um die Sirenen, nach den Abendnachrichten im Fernsehen gingen sie auf die Balkone oder in die Gärten hinaus, horchten in familiärer Atmosphäre, wie die Flugzeuge über die Stadt hinwegdröhnten. Die Bomber schlugen den Weg nach Süden ein.

Du warst noch untätiger als ohnehin schon. Noch nie warst du tagelang durch die Straßen einer Stadt geschlendert, die Zeit verstrich langsamer, dir wurde plötzlich bewusst, dass du Zeit hattest, ziellos herumzusitzen und die Möglichkeiten auszuloten, was dich vollkommen erschöpfte. Deine Bekannten machten dir Mut, es sei nur eine Frage von Tagen bis es infolge irgendeines Wunders Frieden gäbe. Primakov reiste hin und her, er würde es schon irgendwie richten. Aber die ausländischen Nachrichten suggerierten etwas anderes: Die Angriffe würden sich noch verstärken. Panzerzüge führen durch die Slowakei und Tschechien; nahezu eine Million Albaner seien bereits aus dem Kosovo geflohen. Tony Blair habe für den Einsatz von Bodentruppen plädiert.

Das Belgrader Radio dagegen berichtete von der bedrängten Lage der westlichen Regierungen, da ausgewanderte Serben in den Hauptstädten Europas und Nordamerikas gewaltige Massenkundgebungen organisierten. Es stellte sich zum Beispiel heraus, dass in Paris Anhänger der winzigen Nachfolgeparteien der Kommunisten, Le Pens Rassisten und serbische Patrioten einträchtig Seite an Seite marschierten. Etwas Ähnliches hatte es kurz zuvor auch in Budapest gegeben: Vor der jugoslawischen Botschaft trugen Serben, die sich heimlich in Budapest aufhielten oder als Minderheit in Ungarn lebten, flankiert von Rechts- und Linksextremisten, ihre Transparente. Auf diese Weise offenbarte das serbische Staatsfernsehen ungewollt, dass es anderswo doch Demokratien gab, denn es wäre schwer, sich auch nur vorzustellen, dass Ungarn aus der Vojvodina vor der ungarischen Botschaft in Belgrad gegen die jugoslawische Staatspolitik demonstrierten. Aber Budapest war noch nie so weit weg von euch wie in diesen Tagen, und Paris oder Berlin hatten sich noch mehr entfernt. Die Militärbehörden ließen dich nicht aus dem Land. Dein größter Wunsch in jenen Wochen war, auf der Terrasse eines Cafés in jeder beliebigen europäischen Hauptstadt ein Glas Bier zu trinken. Du dachtest vor allem an Berlin. Wie gut wäre es, noch einmal über den Kurfürstendamm zu schlendern, in die Metro einzusteigen, an einer unbekannten Haltestelle auszusteigen und in der Berliner Menge zu verschwinden.

In ruhigeren Stunden hattest du Zeit, die Nuancen zu studieren: Du konntest beobachten, wie sich die Menschen veränderten. Dir fiel auf, dass man in Szabadka – im Gegensatz zu Újvidék – peinlich genau darauf achtete, Veränderungen zu verschleiern. In Újvidék trug man es fast zur Schau, dass man sich verändert hatte, in Szabadka tat man so, als habe man sich gar nicht verändert. Die meisten sagten es offen heraus: Lasst uns so tun, als lebten wir unser gewohntes Leben. Nur der banale Alltag ist schön. Freunde und Familien besuchten sich abends gegenseitig, vereinbarten durch wissende Blicke, den ganzen Abend kein Sterbenswort über den Krieg zu verlieren, die Sirenen zu ignorieren. Nicht fernzusehen, keine Zeitung zu lesen. Auch du gabst dir Mühe. Du plaudertest über Zierpflanzen, Weine, Computer. Allerdings durftest du nicht über den Stadtverkehr reden, denn man wusste ja, warum es keinen Treibstoff gab, durftest die Arbeit, das Reisen, den Urlaub nicht erwähnen, doch bald spürtest du, dass du dir ins eigene Fleisch schnittest. Dennoch kam gerade infolgedessen manchmal auch in dir etwas Optimismus hoch, du dachtest, der Krieg könnte in ein, zwei Wochen beendet und irgendeine Einheit entstanden sein, die die Serben nicht erniedrigte und auch für die Albaner die Rettung bedeutete. Für einen kurzen Augenblick machtest du dir vor, dass du diese Zeit vielleicht vergessen könntest. Vielleicht war es noch nicht zu spät. Nach einigen Tagen beruhigten sich deine Nerven, du hattest dir die Technik des Schauspielens angeeignet, du machtest dir etwas vor, um dich nicht moralischen Entscheidungen stellen zu müssen.

Du ertapptest dich dabei, dass dir nach Lügen zumute war, dass es dir davor graute, Stellung zu beziehen. Es tobte der Kult der Orthodoxie, du hattest nichts dagegen, sollte doch das Land zu einem orthodoxen Musterstaat werden, dachtest du. Fühlten sich die meisten mit ihrem Herzen nach Osten hingezogen, umso besser. Huntingtons Pfeil war ein Volltreffer. Die Diplomaten waren eifrig: Primakov kam, aber er schien mit leeren Händen wieder abzureisen, die serbische Führung blieb unnachgiebig. Lukaschenko kam, nahm in der Villa von Dedinje die Parade ab, schritt unter den schattigen Bäumen die serbische Ehrengarde ab und versprach eine wirksame Unterstützung, danach flog er wieder heim. Dann kam Baburin, erzählte man in Szabadka, im Hotel von Palics habe ein großes Gelage stattgefunden, und Baburin sei betrunken in den See von Palics gesprungen. Nur mit Mühe und Not hätten ihn die Sicherheitsleute gerettet. Baburin habe triefend nass ein Raketensystem versprochen. Der Kapitalismus müsse mitsamt Wurzel ausgerottet werden, verkündete er. Dem Kommunismus könne man nicht das Rückgrat brechen. Hoch der heilige Bund der Orthodoxen! Hoch die neue Weltordnung der orthodoxen Kommunisten! Die Sicherheitsleute schenkten Genossen Baburin einen neuen Anzug, ein neues Hemd und eine neue Krawatte. Raketensystem, murmelte Baburin. Die Gastgeber klatschten euphorisch.

Die russischen Kommunisten trafen einer nach dem anderen ein, versprachen Raketen und schworen auf den orthodoxen Glauben. Ein französischer Intellektueller bekundete in verklärtem Ton, er schäme sich, Franzose zu sein, fortan sei er Serbe. Handke ließ sich taufen, er wolle nicht länger katholisch sein, er gelobte, zum orthodoxen Glauben überzutreten. Das serbische Parlament bekundete unter Freudengeschrei seine Absicht, sich der russisch-weißrussischen Union anzuschließen. Es begann der große ideelle Gegenangriff. Die serbischen Radikalen machten einen Diener vor den russischen Kommunisten, die orthodoxen Ideologen in Moskau segneten die Belgrader Kommunisten. Die Gesichter der Abgeordneten strahlten vor Glück, endlich hatten sie einheitlich abgestimmt. Die Einheit schien unverbrüchlich, nur eine Handvoll der zweihundertfünfzig Parlamentarier kratzte sich ohnmächtig den Kopf. Handke setzte glücklich seine Signatur unter die Einheit, er tat, als gäbe es den Kosovo nicht; so nicht, Herr Jelzin, denn über ihn senkte sich der Schatten des

Verdachts. Die Menge wurde ungeduldig, warum verschoben die Russen ständig die Aufnahme, warum zerbrachen sie sich über alle möglichen Formeln und Paragraphen den Kopf. Sie kalkulierten, rechneten schon wieder. Das linke Bündnis lag in Weihrauchduft, schürte die Massenleidenschaften, im Gegensatz dazu riefen die serbischen Kirchenväter in der Karwoche vor dem orthodoxen Osterfest zum stillen Gebet auf, dennoch sangen auf den Plätzen weiterhin leicht bekleidete Sängerinnen die neu komponierten patriotischen Lieder. Die Straßen waren belebt, die Menschen strömten am Mittag zu den Konzerten auf den öffentlichen Plätzen, um der NATO die Stirn zu bieten. Der Patriarch war hilflos, psalmodierte mit versagender Stimme Friede, Friede, Friede, aber man nahm keine Notiz davon, was allerdings nicht nur den unheilstiftenden Politikern zuzuschreiben war.

Der Patriarch von Moskau reiste ab wie ein begossener Pudel. In Moskau erklärte er, Belgrad sei aus Gründen der Humanität bereit nachzugeben, aber Belgrad ließ ihn gleich abblitzen, human seien sie schon, aber nachgeben – nachgeben werden sie nicht. Die Patriarchen trauten ihren Ohren nicht, aber ein klassischer Schriftsteller der serbischen Literatur wies ihnen den Weg. Er erklärte die tiefe Verbundenheit von orthodoxem Glauben und kommunistischer Ideologie zu einem nationalen Wert. Damit hatten nicht einmal die Patriarchen gerechnet.

Dennoch führten alle Wege zum Patriarchen. Jene Oppositionspolitiker, die später das andere Serbien auf ihre Fahnen schrieben und um Einlass in die europäischen Salons baten, hatten ihre politische Parteiurkunde im Amtssitz des orthodoxen Bischofs unterzeichnet. Bei den Massenkundgebungen spielte das Stigma der Orthodoxie ohnehin eine bestimmende Rolle. Das war schon Jahre zuvor aufgefallen, hatte es doch schon bei den arg mythisierten Belgrader Kundgebungen von 1996-97 eine wichtige Rolle gespielt. Vorne gingen die Popen, hinter ihnen die Studenten. Doch eines Morgens verschwand die Polizeikette. Das bürgerliche Happening war zu Ende. Schon vor den Kundgebungen hatten die Machthaber an die 400.000 Stimmen mehr eingeheimst als 1992 und souveräner als je zuvor gewonnen. Aber Zahlen spielten keine Rolle, wenn sie ausgepfiffen wurden. Dann hängte man die Trillerpfeifen an den Nagel. Ach, welch reizender, verspielter Widerstand das war, erinnerten sich die politischen Aktivisten verträumt! Es war ein bisschen kalt, man musste sich warm anziehen, warme Mütze, Hose und Unterhose anziehen, der Kosava fegte durch die Stadt, manchmal wurden die Polizisten wild und schwangen den Schlagstock. Die Nächte waren kalt, aber es war wichtig, dass all das stattgefunden hatte. Die Hochschullehrer würden einst Bücher darüber schreiben, seht her, wie mächtig und erhaben das bürgerliche Belgrad ist.

Diese Ikonografie überwog die ganze Zeit. Sie hatte seit 1987 unterschiedliche Nuancen bekommen, auch die Akzente hatten sich verschoben, dennoch brachte sie, obwohl sie sich bürgerlich gab, von Anfang an ein tiefes Nationalgefühl hervor. Ihr wohnte irgendeine sphinxartige, das Alltagsleben ablehnende rituelle Energie inne. Im Vergleich dazu wirkte die obligatorische morgendliche Einkaufstour der Frauen von Szabadka nach Szeged, in den NATO-Faschismus, geradezu erfrischend. Am Abend trugen sie Würste, Putensalamis, Buttercreme in prallen Einkaufstüten heim. Du beobachtetest, wie sie sich bepackt mit ihrer Beute nach Hause schleppten. Die Wände des Bahnhofs waren vollgeschmiert. Dies ist Serbien, stand an den Wänden. Clinton ist ein Faschist! Monica soll seinen Schwanz lutschen!

An der Bushaltestelle informierte man dich, dass regelmäßig Busse nach Szeged fuhren, wenn nötig, fahren auch noch zusätzliche. Auf der Strecke Szabadka – Horgos – Szeged verkehrte auch der Schienenbus regelmäßig. Mit achtundfünfzig Jahren bedauertest du zum ersten Mal in deinem Leben, dass du nicht älter als sechzig warst. Du hättest Lust gehabt, auf der Terrasse eines Cafés in Szeged einen Kaffee zu trinken, ein gutes Buch in die Hand zu nehmen, nachzudenken und auf einem runden Tischchen Notizen zu machen. Zu beobachten, wie dieselben Menschen die Schaufenster bestaunten, einkauften und sich in die Autobusse setzten, um wieder heimzufahren. Was ihnen wohl durch den Kopf ging?

Du warst viel und gern in der Nähe der Busse, die nach Szeged fuhren. Gib deinem Bruder die fünfhundert Mark, er muss die Miete bezahlen, mahnte eine Frau ihre Tochter. Der Vermieter in Szeged hat wegen des Krieges die Miete erhöht, sie nehmen keine Rücksicht auf uns. Die Leute im Mutterland melken uns, aber in Ordnung, sie haben die Aufenthaltserlaubnis des Kindes verlängert, sie schieben es wenigstens nicht ab. Denn ohne Wohnung bekommt es keine Aufenthaltserlaubnis, sondern wird in ein Flüchtlingslager gesteckt, zu den Chinesen, Ukrainern und Afghanen. Der Vermieter weiß, dass ihm das Kind ausgeliefert ist. Denk an den Haarlack, fuhr die Mutter fort, kauf meine Lieblingsfarbe, den blauen Taft, nicht irgendeinen. Auch die Nivea Gesichtscreme geht allmählich aus, vergiss das Öl und den Zucker nicht, sei vorsichtig mit dem Zöllner! Lächle ihn nicht zu sehr an, lächle traurig, unterwürfig und beantworte seine Fragen mit gleichgültiger Stimme! Die Mutter redete so, als schicke sie ihre Tochter zum Supermarkt nebenan, damit sie hundert Gramm Wurst kauft. Sie versuchte den Schein zu wahren, indem sie sich in das Unabänderliche fügte; so benahmen sich selbst die, die mit einem katastrophalen Ausgang der Dinge rechneten.

Am Stammtisch trafst du auf einen albanischen Bäcker, der für das beste Brot in Szabadka bekannt war. Seine Kunden, die das gute, echte Brot der Bácska zu schätzen wussten, kamen sogar vom anderen Ende der Stadt zu ihm. In der ersten Nacht zerschlug man ihm den Laden, er lebte tagelang in Furcht und Schrecken. Dann musste er sich entscheiden, was er tun, an wen er sich wenden wollte. Er saß an einem

Stammtisch von serbischen Oppositionellen, wiederholte beharrlich, wie unendlich menschlich ihn der Polizeichef von Szabadka behandelt habe. Er sei ein wirklich anständiger Mann, unterstrich der albanische Bäcker. Er habe ihm sogar auf die Schulter geklopft, die Täter jedoch habe er nicht gefunden. Er habe Vertrauen zum Polizeichef, backe wieder sein Brot, er habe seinen Laden in Ordnung gebracht, das feine Weißbrot von Bácska lächele wieder von den Regalen. Er politisiere nicht, rechtfertigte er sich ständig.

Die Tischgesellschaft nickte verständnisvoll, hielt es für selbstverständlich, dass es für einen Albaner am besten sei, nicht zu politisieren. Er solle nur die lächelnden Wecken von Bácska backen. Und er war sichtlich glücklich, dass es jemanden gab, der ihm zuhörte. Stolz wiederholte er, dass nicht nur Ungarn und Kroaten, sondern auch Serben ihr Brot bei ihm kauften. Er achte wirklich nicht darauf, welcher Nationalität man sei, darauf sei er sehr stolz. Die Tischgesellschaft nickte weise, natürlich, natürlich, pflichtete sie ihm heftig bei, so gehörte es sich, sie, die sie bürgerlicher Gesinnung waren, schauten nicht darauf, welcher Nationalität man war. Wahrlich nicht. Vermutlich hatten die dort Sitzenden im Stillen längst begriffen, wie absurd diese oft bekundete Aussage geworden war, dennoch blieb es dabei. Sie konnten nichts tun, und wie sollten sie nach alldem noch ihrem eigenen Motto, dass die Nationalität unwichtig sei, Glauben schenken, hatte doch der Bäcker deshalb den Kürzeren gezogen, weil er Albaner war und nicht etwa weil er ein Bürger war. Aber sie wollten nicht aussprechen, dass es sich um einen Bürger albanischer Nationalität handelte.

Ostern stand vor der Tür. Deine Freunde brachten Schinken, Eier, Meerrettich, frisches Brot. Du legtest alles vorsichtig ins Kühlfach, am Abend sollte Anikó aus Újvidék eintreffen. Der Zug bummelte, verspätete sich um Stunden. Aber niemand regte sich darüber auf. Auch du nicht! Du warst froh, als er schließlich ankam. Ihr hattet euch in der Fußgängerzone von Szabadka verabredet, wie Teenager; die Straße wimmelte von Jugendlichen, sie lachten, schäkerten, du ließt deine Augen umherschweifen und vergaßt einen Moment, dass Krieg war.

Für Anikó war diese Reise höchste Zeit. Ihr Gesicht war blass. Das Leben in Újvidék wird immer unerträglicher, erzählte sie. Der nächtliche Bombenangriff sei schrecklich gewesen, die Erde habe gebebt, das Hochhaus gezittert, sie habe es im siebten Stock nicht mehr ausgehalten. Sie habe sich ihren Mantel umgehängt und sei im Pyjama auf die Straße gerannt. Bis zum Morgen habe sie sich nicht getraut, in die Wohnung zurückzukehren. Auch andere hätten so herumgestanden und seien erst im Morgengrauen heimgegangen.

Du zeigtest ihr dein Versteck in Szabadka, dann serviertest du den Osterschinken. Du sahst, dass sie gerührt war. Es war das erste Osterfest deines Lebens, bei dem dich eine Art religiöse Empfindung überkam. Hin und wieder blicktest du aus dem Fenster, es schien, als würde der Himmel nachts mit Scheinwerfern abgesucht werden. Lichtbündel verschwanden und tauchten wieder auf. Du starrtest zum Himmel, aber du erblicktest das Meer. Ja, infolge der Lichtbündel wogte der Himmel. Wie die Adria.

Nach dem Abendessen hattet ihr keine Lust spazierenzugehen, ihr hattet euch im Zimmer eingesperrt und reflexartig das Licht gelöscht. Ihr wartetet im Dunkeln auf die Sirene, elf Uhr war vorbei, als sie losheulte. Szabadka hüllte sich längst in Dunkelheit, die Menschen hatten früh die Lichter ausgemacht. In diesen Tagen erst recht. Aber sie schliefen nicht, nachts harrten sie der Gefahr, ihre Tagesmasken fielen ab, in der völligen Finsternis betrachteten sie ihr wahres Gesicht. Auch du lauschtest eine Weile, alles war still, nicht einmal das Raunen der Flugzeuge war zu hören. Nach Mitternacht erwachtest du mit Magenkrämpfen, du musstest gequält auflachen, das an Friedenszeiten erinnernde Ostermahl hatte dir den Magen verdorben.

Am nächsten Tag wart ihr eingeladen, die Gastgeber gaben sich Mühe, so zu tun, als gäbe es den Krieg nicht. Sie hatten den Tisch mit peinlicher Sorgfalt gedeckt und versuchten ständig über etwas anderes zu reden. Kristallgläser glitzerten auf dem Tisch. Das Besteck klirrte, die Kristallgläser stießen zusammen. Alles war an seinem Platz. Nur der Krieg durfte nicht zur Sprache kommen. Doch trotz aller Bemühung ließ sich das Thema nicht umgehen. Gastgeber und Gäste beharrten im Chor darauf, dass Szabadka nicht bombardiert würde, man schlug spontan vor: Zieht doch nach Szabadka. Die Gastgeber spürten die nahende Katastrophe, hofften jedoch, dass sie an der Stadtgrenze haltmachte.

Im ersten Moment klang die Idee verlockend, dein Auge blitzte auf, du ließt dir den Gedanken durch den Kopf gehen, denn nach Újvidék sehntest du dich nicht zurück. Beim Schlendern durch Szabadkas Straßen dachtest du daran, wie gut es wäre, dein Leben noch einmal von vorn zu beginnen. Dir blieb kein Ausweg, du musstest etwas tun. Aber letztlich zogst du aus deiner Notlage den Schluss, dass du nicht nur deine Stadt verloren hattest, sondern auch nie wieder eine neue finden würdest. Du würdest in Szabadka nur dort weitermachen, wo du in Újvidék aufgehört hattest. Denn bei deinen Spaziergängen in der Stadt überkam dich ständig ein Gefühl von Abnutzung, Verfall, die Spuren der Zeit vor der Balkanisierung waren noch sichtbar, für die Gegenwart jedoch längst unkenntlich und unbegreiflich geworden, der historische Abgrund ließ sich nicht überbrücken. Versailles ließ sich nicht überbrücken. Mit dieser Vergangenheit könntest auch du nichts anfangen, könntest dich höchstens einem hoffnungslosen Trost hingeben, vielleicht der Wirklichkeit beleidigt widersprechen. In dieser verzagten Hoffnungslosigkeit wurzelte der sonst sympathische, aber doch fruchtlose nostalgische Lokalpatriotismus von Szabadka. Welchen Sinn hatte es, noch ein paar Jahre lang der Außenwelt zu widersprechen? Hier machte man einen Kult aus dem, was nicht war, das, was sie umgab, vermochten sie jedoch nicht zu ändern. Sie beobachteten die Fata Morgana in der Hoffnung, die Vergangenheit vor Augen zu haben.

Davon konntest du dich aufs Beste überzeugen, während du zusahst, wie sich die Menge nach der Anti-NATO-Demonstration in Szabadka auflöste. Der ungarische Bürgermeister der Stadt hatte die Rede gehalten, du hattest seine Stimme durch die Lautsprecher gehört und dir vorgestellt, welch große Überwindung ihn das kostete. Es mussten sich sogar diejenigen einreihen, die von Anfang an für eine Einigung waren. Er sagte, was er zu sagen hatte, aber die Demonstranten verzogen das Gesicht. Viele werden nach seiner Rede behaupten, er habe mit den Machthabern gemeinsame Sache gemacht, vor allem die, die selbst kein Risiko eingingen, sondern die Ereignisse aus dem Parterre in Budapest verfolgten. Oder jene Journalisten, die sich als Kriegsberichterstatter bis nach Szabadka vorwagten, vielleicht bis nach Topolya, um sich schon in der ersten Kriegsnacht wieder nach Budapest abzuseilen. Die Vertreter der anderen NATO-Staaten wurden später ausgewiesen, kamen jedoch wieder zurück. Nur die aus Budapest nicht. Gott behüte einen vor solch pflichteifrigen, übermütigen Menschen! Du batest nur inständig, das Schicksal möge dich nicht vor einen solchen Scheideweg stellen wie den Bürgermeister, dass dir weiterhin gegeben war zu schweigen, wenn du schon nicht das sagen durftest, was du dachtest. Das Recht zu schweigen war für dich Gnade und Privileg, also urteiltest du nicht über die, die Kompromisse eingehen mussten, obwohl sie eben erst auf ihr ach so ehrenvolles Identitätsbewusstsein geschworen hatten. Wenn es riskant wurde, kam alles ans Tageslicht, auch dass es zwei Arten von Identitätsbewusstsein gab: Manche riskierten dafür ihre eigene Existenz, manche die der anderen. Letztere hatten auch das in Misskredit gebracht, jetzt warteten sie nur noch auf ihre Belohnung. Es gab nichts Widerwärtigeres, als mit dem Elend der Minderheiten Geschäfte zu machen. Die Zeitungen in Ungarn waren voller anonymer oder unter falschem Namen veröffentlichter Stellungnahmen, deren Verfasser forderten, die echten Ungarn sollten sich der Öffentlichkeit stellen und das auf sich nehmen, was sie selbst nicht auf sich genommen hatten. Du hattest keinen Respekt vor dem »Mut« der Opportunisten, sondern vor denjenigen, die ihr Wohl aufs Spiel setzten, um andere vor Gefahren zu schützen.

Die Menge hatte sich schon aufgelöst, als du den Schauplatz der Demonstration erreichtest, die Jugendlichen mit dem Target-Abzeichen hatten die Bürgersteige gewaltsam erobert und die Fußgänger auf die Fahrbahn gedrängt. Auch du betratest die Straße und beobachtetest die neue Generation, von der Welt isoliert, erzogen unter dem Einfluss der Lehrbücher, die das Bewusstsein der nationalen Überlegenheit bestärken. Die Jugendlichen machten eine saure Miene zu den Worten des Redners, denn er feuerte nicht an, schürte nicht die Emotionen, sondern beschwichtigte. Solche Redner brauchten sie nicht! Sie hatten schon bewiesen, dass man auch anders reden konnte, so wie es die echten Patrioten in Belgrad taten. Dort hatte man wenigstens die Scheiben von McDonald's eingeschlagen, die Geschäfte der Albaner zertrümmert, um zu zeigen, wer die wahren Patrioten waren. Wie lange wollen wir noch unter der Fuchtel des ungarischen Bürgermeisters stehen, hörtest du auf der Straße. Er laviert hin und her, das Problem ist, dass er sich nicht begeistern kann. Basta.

Die Massenversammlung war natürlich auf Belgrader Anweisung hin organisiert worden, die Stadtväter von Szabadka ließen sich auf das Spiel ein, um nicht den Zorn der Hauptstadt auf sich zu ziehen. Kam der Befehl von dort, konnte man keine Berufung einlegen. Du beobachtetest die begeisterte Menge aus der Entfernung. Ein großer Teil der Bürger von Szabadka hatte nicht aus Zwang, sondern aus aufrichtiger Genugtuung an der Massenversammlung teilgenommen, siehe da, es war möglich, den Stadtvätern das Rückgrat zu brechen, sagten sie. Sie stotterten und stammelten, redeten aber doch. Man muss ihr Rückgrat noch mehr zum Knacksen bringen. Bis es bricht. Nur noch ein einziger, größerer Knacks, und schon haben wir eine Sorge weniger. Aber das ist nur mit der Hilfe Belgrads möglich! Alle Entscheidungen müssen in der Hauptstadt gefällt werden! Alle Macht muss in die Hände der Belgrader Minister übergehen, die Stadtväter von Szabadka sollen lieber den städtischen Müll auf die Müllhalde tragen, wenn sie schon gewählt wurden. Sollen sie lieber die Straßen kehren, den Unrat wegtragen. Auch die Bewohner von Újvidék sind verdächtig, sie nützen uns nichts, erst wenn ein Belgrader Ordnung schafft oder das Geld verteilt, wird hier echte Gerechtigkeit herrschen.

Auch in anderen Städten der Vojvodina kam es zu ähnlich peinlichen Situationen, jedenfalls in denen mit ungarischer Mehrheit. Die ungarischen Bürgermeister drohten der NATO und bekannten sich zum Patriotismus. Auf den öffentlichen Plätzen der Kleinstädte sangen ungarische Chöre mit gesenktem Blick, anschließend gab es den obligatorischen Csárdás. Kinder, Volksschüler schwangen das Tanzbein auf improvisierten Bühnen. Aber erst als die Sängerin aus der Hauptstadt das Mikrofon an sich riss und das Lied aus vollem Hals erschallte, fing die Menge an zu jubeln. Die Staatsbeamten aus der Hauptstadt, die den Veranstaltungen beiwohnten, lobten heuchlerisch das einzigartige nationale Zusammenleben. Siehe da, es zeigte sich wieder einmal, wie groß die Eintracht war, nirgendwo in Europa gab es eine solch beispielhafte Eintracht wie in der Vojvodina; und doch bombardierten euch die Faschisten, erklärten sie. Die Kinder standen mit gesenktem Kopf vor dem Podium, ihr Lehrer beobachtete sie mit besorgtem Gesicht. Vielleicht dachte er darüber nach, was diese Kinder einst dazu sagen würden. Aber hätten sie anders handeln können? Zweifellos würden viele versuchen, das NATO-Trauma zu heilen, Hilfsdienste einrichten, die Frage gleichsam voller Empathie studieren, aber an diese Kinder wird niemand denken.

Das Eigenlob der Politiker entbehrte nicht einer gewissen Wahrheit. Zu massenhaften physischen Vergeltungsaktionen kam es in der Tat nicht, aber nur deshalb nicht, weil der Staat etwas vorsichtiger als die Gesellschaft war. In den Herzen reifte allmählich Wut, Zorn, sogar Rachgier heran, mehrmals fiel der Satz, man müsse mit den Ungarn genauso verfahren wie mit den Albanern; diesem oder jenem Ungarn wurde auch nahegelegt, dass irgendein Flüchtling sein Haus für sich auserkoren habe. Dass es besser sei, er mache sich auf den Weg. Und tatsächlich brachen in den vergangenen Jahren viele auf; was man ihnen angetan hatte, verrieten sie erst, als sie die Grenze überquert hatten und sich sicher waren, dass sie nie wieder zurückkehren würden. Die selbstgefälligen Politiker wussten, dass sich die ethnische Landkarte der Vojvodina so stark verändert hatte wie noch nie seit der Türkenherrschaft. Und davor auch nicht.

Die Machthaber hielten großmütig die immer wieder aufflammenden Emotionen im Zaum, ein Teil der alteingesessenen Serben spielte dabei eine sympathische Rolle. Viele von ihnen taten ihren Nachbarn und Bekannten kleinere oder größere Gefallen. Auch sie waren sich der Gefahr bewusst, rangen mit ihrem Gewissen, sie wussten, wenn sich die Lawine einmal in Bewegung setzte, wären sie ohnmächtig. Aber gegen die subtileren Formen der Repression hatten sie auch früher schon nichts tun können. Die Minderheiten waren längst an den Rand der Gesellschaft abgedrängt worden, Statistiken aus Szabadka legten davon beredtes Zeugnis ab. Von 260 Direktoren waren lediglich zehn Ungarn, obwohl die Ungarn etwa sechsundvierzig Prozent der Stadtbevölkerung stellten, die Kroaten zwanzig und die Serben zweiundzwanzig. Du hattest dich mehrmals erkundigt, warum das so sei, stets schwang in der Antwort ein Überlegenheitsgefühl mit. Allein die persönliche Eignung sei ausschlaggebend, hörtest du ständig und dachtest hin und wieder darüber nach, warum die bloße Tatsache der nationalen Zugehörigkeit vielen Leuten größeres Wissen und höhere Begabung bescherte. Die Antwort zeugte von einem ruhigen Gewissen: Allein die Begabung, ausschließlich das fachliche Wissen seien ausschlaggebend, die nationale Zugehörigkeit zähle nicht. Wir wollten doch eine bürgerliche Gesellschaft, oder etwa nicht? Fehlende Wertschätzung komme leider Gottes überall vor, sie betreffe nicht nur die Bürger der Minderheiten.

Du saßst in einem Wohnzimmer in Szabadka vor den Kristallgläsern und nipptest an einem Obstsaft. Du hattest über eine Woche dort verbracht, fühltest dich wie in Musils letztem Salon. Aber der alte Glanz war verblasst, die Luft war abgestanden, die Tapeten lösten sich ab, niemand hatte mehr Lust auf eine anspruchsvolle Konversation. So sehr du dich auch bemühtest, du konntest dich mit dieser Stadt nicht identifizieren, dir fehlte die Kraft, die Geschichte, die du in Újvidék schon einmal durchlebt hattest, noch einmal mitzumachen. Kosztolányi und Csáth hatten Szabadka auch nicht gemocht, obwohl sie nur den Anfang des Weges gesehen hatten. Du triebst dich an seinem Ende herum. Du fühltest dich wie ein Ausgestoßener, du konntest dich nirgendhin zurückziehen und hattest nicht einmal das Recht, jemanden für dein Los zur Rechenschaft zu ziehen. Und nicht einmal auf Zwang konntest du dich berufen. Du hättest also auch sagen können, du seist freiwillig zu einem Ausgestoßenen geworden, hättest endlich eingesehen, dass das Exil unvermeidlich war, deshalb hieltest du es nicht mehr für eine Krankheit oder eine außergewöhnliche Situation. Es war einfach so, dass dir die Kraft, aber auch die Lust zur Selbsttäuschung fehlte. Das Wunder war ausgeblieben. Du sprachst eine Sprache, die in dieser Gegend allmählich ausstarb, du fristetest dein Dasein in einer Kultur, die in absehbarer Zeit spurlos verschwunden wäre. Das Ende stand dir klar vor Augen, du würdest ab und zu unzufrieden sein, murren und zürnen, vielleicht eine Erklärung abgeben, während du mit geheimnisvollem Lächeln zur Kenntnis nahmst, dass du wie ein Kind der Zukunft trotztest, stänkertest, Streit suchtest, und doch wusstest, dass es vergeblich war. Ein bisschen Komödie schadete natürlich nicht, sagtest du dir, nur so viel, dass du alldem nicht zuviel Wichtigkeit beimaßt. Denn nähmst du dich ernst, würdest du zu einem gewöhnlichen Provinzclown werden.

Die Luftangriffe hatten dich ernüchtert.

Zehnte Szene

Straße in Szenttamás – Massengräber, noch einmal – Eine Geschichte über die Nachbarin – Reise nach Újvidék

Trotz deines zweiwöchigen, ruhigen Aufenthaltes in Szabadka hatte sich dein Befinden verschlechtert, du hingst zappelnd im luftleeren Raum wie jemand, den die Mächte von Gut und Böse vergessen hatten. Das Soros-Büro teilte dir mit, dass die tägliche Arbeit demnächst wiederaufgenommen würde, du würdest also einen Teil deiner Tage an deinem Arbeitsplatz verbringen müssen. Deine Bekannten in Szabadka wollten dich zum Bleiben bewegen, sie machten sich Sorgen um dich, du könntest in Újvidék zu einer lebenden Zielscheibe werden. Das verdrängtest du besser, lieber überließt du dich dem betäubenden Fatalismus, was dir nicht schwer fiel, da dich die Untätigkeit, die fehlende geistige Arbeit immer gleichgültiger werden ließen. Schon seit Wochen hattest du kein Buch mehr in die Hand genommen, du warst unfähig zu schreiben, wurdest innerlich träge, weil du nur angespannt die Außenwelt beobachtetest.

Du hattest beschlossen, als erstes nach Szenttamás zu fahren, zumal du deine Mutter – du standest täglich in Telefonkontakt mit ihr – demnächst zu einer ärztlichen Untersuchung bringen musstest. Du würdest vorher ein paar Tage bei ihr verbringen, zumindest solange, bis du wieder täglich zur Arbeit gehen musstest. Dir war bange vor der Untersuchung, du dachtest auch daran, sie zu verschieben, denn die Reise nach Újvidék bedeutete ein großes Risiko. Ihr könntet unterwegs in einen Luftalarm geraten, Bomben könnten in eurer Nähe fallen. Einen solchen Schock würde das sich rasant verschlechternde Herz deiner Mutter nicht überstehen, davon warst du überzeugt. Du wärst an allem schuld, du allein.

Du hattest schon unzählige Male, meistens vor der Veröffentlichung eines Artikels, vor einem ähnlichen Dilemma gestanden, hattest dich gefragt, ob du das Risiko auf dich nehmen durftest, denn die Folgen würdest du vermutlich nicht allein tragen müssen, sondern auch deine Kinder. Doch diesmal riskiertest du das Leben deiner Mutter, welche Entscheidung du auch trafst, es ließ sich nur schwer mit deinem Gewissen vereinbaren. Auch wenn du deine guten Absichten beteuertest, eine beruhigende Begründung fändest du nicht. Sich mit guten Absichten zu brüsten hatte in diesen Tagen endgültig ausgedient. Wer sich auf die Umstände berief, rechtfertigte sich durch die Notwendigkeit, entzog sich also schlau der persönlichen moralischen Verantwortung. Es musste sein, ich konnte nicht anders, sagten die Ritter der Notwendigkeit. Wer alles auf die Zwänge abwälzte, gab nichts auf die eigene Ehre.

Eine Verschiebung sei riskant, beteuerte der Arzt, in Kriegszeiten sei eine häufigere Kontrolle lebensnotwendig. Aus fachlicher Sicht hatte er zweifellos recht. Aber du erinnertest dich, dass es auch eine überfachliche Wahrheit gab, denn die Reise drohte derart abenteuerlich zu werden, dass sie womöglich mehr Schaden anrichtete, als die ärztliche Hilfe Vorteile versprach. Aber wie so oft beugtest du dich der Autorität des Faches, besorgtest dir Benzin, einer deiner Bekannten bot euch an, euch mit seinem Wagen nach Újvidék zu fahren. Du musstest deine Mutter also auf die Reise vorbereiten.

Du trafst mit Anikó am Nachmittag ein, in der Dorfstraße verabschiedete sich gerade das bronzene Sonnenlicht von den Dachziegeln, der Rasen vor dem Haus war dicht und grün, nichts konnte ihm etwas anhaben. Ängstlich drücktest du die Klinke herunter, wie immer wenn du nach Hause kamst, aber beim Anblick des Hofes verschwand dein Lampenfieber. Deine Mutter fing sofort an, mit dem Gemüsegarten, den Hühnern zu prahlen. Du bemerktest nebenbei, dass ihr nächste Woche wegen der Untersuchung nach Újvidék fahren müsstet. Sie führte dich in die Küche, als habe sie nichts gehört, sprach von anderen Dingen, briet, kochte, war ganz emsig. Du tadeltest sie, mahntest sie, sie solle sich lieber ausruhen. Aber sie wollte gerade das vermeiden, sie war so emsig, um an nichts denken zu müssen. Sie nahm junge, einwöchige Küken aus dem Inkubator, sie müsse sie füttern, das Fleisch werde noch nötig sein, bemerkte sie bestimmt. Sie zeigte dir stolz, dass sie in der Speisekammer ausreichend Zucker, Öl, Mehl gehortet, sich also gewissenhaft auf den Krieg vorbereitet habe. Sie sei viel umsichtiger als du. Am wichtigsten ist das Salz, sagte sie, sie würde auch dir etwas davon geben, fügte sie bedeutungsvoll hinzu. Sie habe schon einmal einen Krieg miterlebt, sie wisse, was Salz wert sei.

Erst gegen Abend öffnete sie dir ihr Herz, aber sie klagte nicht über den Krieg, sie erzählte fröhlich, dass sie beim Brummen der Flugzeuge oder beim Explodieren der Bomben sofort in den Garten lief, von dort verfolgte sie, was sich am Himmel abspielte. Sie erzählte mit glänzenden Augen, sie habe manchmal sogar die Flugzeuge gesehen. Nachts schreckte sie auf, lief in den Garten und beobachtete den Himmel. War der Himmel bewölkt, fürchtete sie sich, war er voll Sterne, war sie erleichtert. Der Himmel in deiner ersten Nacht in Szenttamás war voller Sterne; sobald die Sirenen aufheulten, liefst du mit deiner Mutter und Anikó in den Garten. Mit kindlicher Freude zeigte dir deine Mutter den Abendstern, den Kleinen Wagen und den Großen Wagen. Anikó suchte einen mal rot, mal grün strahlenden Himmelskörper, der einem leuchtenden Luftballon ähnelt – den Satelliten, der die Flugzeuge lenkte. Dir war, als dröhnten an irgendeinem fernen Punkt des Firmaments Flugzeuge, aber du warst dir nicht sicher, das weite Firmament verschluckte die Gefahr. Unter freiem Himmel kamst du dir, kamen dir die Bomben winzig vor.

Deine Mutter suchte neugierig nach dem Satelliten, erblickte ihn endlich hinter der Krone des Nussbaums, sie freute sich wie ein Kind. Anikó und du, ihr wart schon müde, aber sie stand noch immer mitten auf dem Rasen, wie verzaubert durch die Unendlichkeit, die durch die mörderischen Waffen ihre ursprüngliche, betörende Natur wiedererlangt hatte. Du betrachtetest sie von der Küchentür aus, du wagest gar nicht, dich zu rühren, um ihre Ruhe unter dem Sternenhimmel nicht zu stören.

An jenem Abend wurde dir klar, warum sie sich im Garten am wohlsten fühlte, Auge in Auge mit dem Firmament und der Gefahr. Seit dem Krieg setzte sie nur ungern einen Fuß auf die Straße, die Nachbarn beäugten sie misstrauisch. Erst kürzlich hatte einer der serbischen Flüchtlinge aus Bosnien sie angeschrien: Freuen sie sich nicht zu früh, die Ungarn kommen sowieso nicht zurück. Sie warten wohl auf Horthy, nicht wahr? Aber umsonst! Die Russen marschieren wieder-ein, so wie 1945. Das Problem ist nur, dass Tito, der Serbenfresser, die Russen vertrieben hat. Aber sie werden wiederkommen, mit leuchtenden Raketen und der Atombombe. Sie werden kommen, so wie 1945, um dem Faschismus den Gnadenstoß zu versetzen. Aber deine Mutter berichtete dir auch von einer Ausnahme, ein junger Mann, der schräg gegenüber wohnte; schon der Großvater hatte in dem gleichen Haus gewohnt, in dem der Enkel jetzt eine Kaffeerösterei betrieb. Wenn deine Mutter den Laden betrat, um frisches Brot zu kaufen, grüßte er laut, und einmal in der Woche brachte er ihr frisch gerösteten Kaffee, nahm dafür nicht einmal Geld an, obwohl Kaffee – neben Zigaretten – als die größte Mangelware galt.

In Wahrheit habe sie auch schon früher nur ungern einen Fuß auf die Straße gesetzt, erklärte sie, schließlich habe sie kaum mehr Bekannte, viele seien gestorben, viele nach Ungarn umgezogen. Sie zählte die Namen auf, alle seien sie in Ungarn. Erst zählte sie die früheren Anwohner eurer Straße und der Umgebung auf, dann die Bekannten im Dorf. Alle seien sie umgesiedelt, hätten ihre Häuser an serbische Flüchtlinge aus Bosnien verkauft, es machte ihnen auch nichts aus, wenn es unter Wert wegging, wenn sie nur ihre Familien retten konnten. Verdutzt hörtest du die Namen, du hörtest die Namensliste nicht zum ersten Mal, deine Mutter legte stets Wert darauf, die Namen der Aussiedler und Verstorbenen aufzuzählen, und du stauntest jedesmal, denn die Liste wurde länger und länger, immer mehr deiner ehemaligen Klassenkameraden und Freunde verließen das Land. Du überlegtest im Stillen, dass schon viel mehr Landsleute aus deinem Bekanntenkreis in Ungarn lebten als in deinem Geburtsdorf. Wenn das so weiterging, würdet ihr beim nächsten Klassentreffen, falls es je dazu kam, zu zweit oder zu dritt am langen Tisch sitzen.

Deine Mutter blickte dich fragend an, wartete auf deine Antwort, drehte die Kaffeetasse in ihrer Hand. Am Ende der langen, qualvollen Stille richtete sie die Frage an dich: Warum bist du hier geblieben, mein Sohn, warum hast du dich nicht rechtzeitig aus dem Staub gemacht, dann wäre es jetzt auch für mich einfacher. Worauf wartest du noch? Als Kind warst du doch auch so ein Springinsfeld. Die tadelnde Stimme war dir noch aus der Kindheit vertraut. Mit dieser Stimme hatte sie dich ermahnt, wenn du etwas angestellt hattest. Du beteuertest, die Gefahr sei nicht groß, der Krieg sei bald vorbei, aber sie schüttelte skeptisch den Kopf. Sie wisse es besser. Sie erinnerte dich an den Einmarsch der Partisanen, sie hätten im Herbst 1945 mit den Ungarn dasselbe gemacht wie jetzt mit den Albanern.

Die Erinnerung an die Vergangenheit war vor etwa zehn Jahren in ihr aufgebrochen, abrupt, mit einem Mal. Sie beschrieb damals in allen Einzelheiten die Lage der Massengräber in Szenttamás, wer aus der Straße unschuldig ermordet worden war. In aller Seelenruhe zählte sie die Namen auf, in erster Linie von Jugendlichen, Arbeitern, Tagelöhnern, Knechten. Das einfache Volk sei das erste Opfer des Kommunismus gewesen, die Reichen und die Schuldigen hätten sich wie immer rechtzeitig davongemacht. Eine Hälfte der neuen Kapelle sei ebenfalls auf einem Massengrab errichtet worden, sagte sie, dort befänden sich auch Verwandte von euch. Aber auch in Turja gäbe es eines und eines im Grenzgebiet nahe Verbász. In die habe man die Anwohner dieser Straße hineingeworfen.

Sie konnte sich noch ganz genau an den Tag erinnern. Sie war am frühen Morgen mit ihrer Freundin aufgebrochen, um sich den Bostan anzusehen, so nannte man jenes Stückchen Erde, in das man Kartoffeln, grüne Bohnen, Kürbis säte, nur soviel, dass es für die eigene Küche reichte. Der Krieg sei vorbei, hatten sie gedacht und waren auf die Felder hinausspaziert, um sich umzusehen; denn für den Bostan waren die Mädchen beziehungsweise Frauen verantwortlich. Unterwegs stießen sie auf zerstreut umherliegende Hemden, dann hörten sie Schüsse. Sie flüchteten Hals über Kopf nach Hause. Anfangs wollte sie nicht einmal deinem Vater gegenüber zugeben, was sie gesehen hatte; sie konnte nicht begreifen, was da vor sich ging, sie ahnte nicht, dass der Krieg noch nicht zu Ende war.

Niemand hatte sie gewarnt, was auf den Feldern, in der Nähe der verlassenen Friedhöfe geschah, aber es fiel ihr auf, dass mit jedem Tag mehr und mehr Männer aus der Straße verschwunden waren. Sie haben sie mitgenommen, flüsterten die nahen Verwandten und breiteten ohnmächtig die Arme aus; sie trauten sich nicht, laut auszusprechen, dass man sie ermordet hatte. Jahrzehntelang benahm sich das einfache Volk so: Es breitete die Arme aus und wartete mit gesenktem Kopf, was das Morgen brächte. Jahrzehntelang schwieg es. Es sprach nichts an, breitete nur die Arme aus und fraß alles in sich hinein. Und dann verzieh es alles.

Den Deutschen war es noch schlimmer ergangen; sie wurden alle vertrieben, in Arbeitslager verschleppt. Diejenigen, die es überlebten, wurden eines Tages aufgefordert, ihre Sachen zu packen, dann wurden sie in Viehwaggons geschoben. Ab nach Deutschland! Sie sollten nur soviel mitnehmen, wie sie in ihren Händen tragen konnten. Später gingen sie von selbst, sie waren froh, wenn man sie ließ. Während dir deine Mutter davon erzählte, schoss dir ein anderes Bild durch den Kopf. Auch den Ungarn in Baranya, in Kórógy hatte man nur das mitzunehmen erlaubt, was in einer Tüte Platz hatte. Vor vielen Jahrhunderten waren türkische Truppen in der Umgebung von Kórógy auf Streifzug gewesen, aber sie hatten das kleine, reformierte Dorf verschont, die serbischen Freischärler kannten keine Gnade, sie sagten: Ihr könnt nur so viel mitnehmen, wie in einer Tüte Platz hat.

Dann erzählte sie von dem Radio, das sie Hundehütte getauft hatte, weil es wirklich so aussah wie eine Hundehütte mit einer winzig kleinen, beleuchteten Empfangsskala. Ein Deutscher habe es deinem Vater geschenkt, habe es heimlich durch die Gärten getragen und deinem Vater geraten, es tief zu vergraben, es gebe in Kriegszeiten keinen größeren Schatz als ein Radio. Ja, sie habe 1945 die Lektion gelernt, der Krieg sei nicht zu Ende. Sie hatte recht, die Sieger setzten den Krieg hemmungslos fort. Sie steckten die Deutschen in Viehwaggons und schoben sie ins Mutterland ab. Etliche Jahre später grub dein Vater das Radio wieder aus, die Familie umringte es glücklich. Ein Radio war ein großer Schatz in jenen Tagen, in deiner Straße hatten nur ein paar wohlhabendere Wirte so etwas vorzuzeigen. Du hocktest dich auf den Tisch, um auf der Kurzwelle Sender Freies Europa einzustellen. Deine Eltern hatten nicht einmal erwähnt, dass das Radio das Geschenk eines Deutschen gewesen war. Man vermied es, über die Deutschen zu reden. Sie waren einfach verschwunden. Vom Erdboden verschluckt?! 300.000 Deutsche verschwunden? Oder 500.000? Niemand wusste es mehr. Es war zu einem Tabuthema geworden, genauso wie die ungarischen Massengräber. Sie waren von jenen kollektiv bestraft worden, die jetzt empört gegen die kollektive Bestrafung protestierten.

Deine Mutter eröffnete dir ihre schmerzhaften Verletzungen erst in den neunziger Jahren. Sie hatte sie jahrzehntelang verdrängt, genauso wie dein Vater. Die Hemden waren weiß gewesen, hatte er beharrlich wiederholt, er schien diesem Punkt besonders große Bedeutung beizumessen. Warum hatten sich die Opfer weiße Hemden angezogen, überlegtest du. Ihr Einziges, Festliches. In dem sie geheiratet hatten oder heiraten wollten. Ob sie gewusst hatten, wohin man sie brachte? Du lerntest deine Mutter von einer neuen Seite kennen, dir wurde klar, dass früher oder später auch du eine Rechnung zu begleichen hattest. Irgendwann wird die Welt verstummen, nur die ausgebreiteten Arme der Menschen werden nach oben gehen, als wollten sie davonfliegen. Sie waren längst verstummt, aber du musstest sprechen, so wie es deine Mutter getan hatte. Wenigstens im allerletzten Augenblick musstest du sprechen.

Du fragtest sie einmal, warum sie dir das so lange verschwiegen, warum sie damit bis zum letzten Moment gewartet habe. Sie erwiderte nur, sie habe dich nicht belasten wollen, aber du glaubtest, dass es sich um viel mehr handelte, denn auch wenn sie unter sich waren, hatten sie die Vergangenheit nie heraufbeschworen; auch unter den Verwandten kam sie nicht zur Sprache, sie schwiegen wie ein Grab. Du ahntest, dass sie es aus Angst taten, und dennoch waren diese Menschen mit den ausgebreiteten Armen Helden, sie hatten das Unmögliche versucht, nämlich die Geschichte zu vergessen. Du hattest es leichter, du hattest nichts zu vergessen, auf dir lastete keine Bürde. Du warst naiv und unschuldig in die Welt hinausgegangen, hattest das Elternhaus verlassen und warst nach Újvidék aufgebrochen, ohne etwas zu wissen; ohne zu ahnen, dass deine Generation das dankbarste Subjekt des Jaltaer Reagenzglases werden würde. Dann brach auch diese Weltordnung zusammen, du wurdest Zeuge, wie man sich jetzt nach der letzten zurücksehnte. Du suchtest ein paar Kenntnisse über die Vergangenheit zusammen und schlittertest dabei von einer Enttäuschung in die nächste. Aus schwer zusammensetzbaren Geschichtsfragmenten entstand ein Bild, mit dem du nichts anfangen konntest.

Die Zeit der Unschuld war zu Ende, aber als ein Schlusspunkt darunter gesetzt wurde, stellte sich heraus, dass sie zu lange gedauert hatte und unverzeihlich unfruchtbar gewesen war. Nach dem Fall der Berliner Mauer stellte sich auch heraus, dass deine Sisyphusanstrengungen eher komisch als heldenhaft waren. Du schlepptest den Sand in Schubkarren den Sandberg hinauf, aber bis du dich hochgekämpft hattest, war der Sand längst verschüttet. Sogar das Gefühl der Vergeblichkeit wurde komisch. Und dann wehten die plötzlich aufkommenden Orkane den Sandberg weg. Entlang verschütteter, verwaschener, vergessener Spuren taumeltest du in eine Vergangenheit zurück, von der du anfangs keine Ahnung hattest, die dir später zuwider war und der du schließlich fassungslos ins Auge blicktest. Du lerntest die Vergangenheit kennen, die dich bis dahin in Anonymität gehüllt, erniedrigt und gequält hatte. Fortan gab es kein Entrinnen, sie würde auch deine Schulden eintreiben. Wo du dich auch verstecken mochtest, das Dröhnen der Panzer oder – schlimmer noch – die Kriegsreden verfolgten dich überallhin. Die Massengräber im Kosovo, in Kroatien, in Bosnien waren ein Widerhall jener in der Bácska, und du dachtest voll Sorge daran, dass sich der in peinliches Schweigen gehüllte magische Kreis mit dieser verdammten Karte noch nicht geschlossen hatte. Warum hatten deine serbischen Freunde jahrzehntelang über die Massengräber in der Bácska geschwiegen, warum hatten jene Intellektuellen, die von gleichen Rechten und Bürgerrechten redeten, geschwiegen? Warum schweigen sie mit Ausnahme einiger weniger, deren Stimme schnell verhallte, zu Sarajewo, zu Srebrenica, zu Vukovar und zu den über hundert Massengräbern im Kosovo? Warum beteuerten sie, dass ihre Nation noch nie eine andere Nation beleidigt oder verletzt habe? Auch das war ein Teil deiner Vergangenheit: das Schweigen der anderen.

Warum schwiegen dazu all jene, die heute als Gegner des Systems ihre Stimme gegen die kollektive Bestrafung der serbischen Nation erhoben? Haben darauf schließlich nur jene ein moralisches Recht, die das Schuldbewusstsein kennen? Vielleicht gab es keine Kollektivschuld, aber wenn zur eigenen Schuld alle schwiegen, wurden sie nicht nur persönlich zu Mittätern, dann nahm auch die Schuld kollektive Ausmaße an.

Es war zu hoffen, dass neue Generationen kämen, die das Schweigen brechen würden. Aber kamen sie wirklich?, fragtest du dich, denn du sahst nur, dass sie gingen. Die Crème de la crème der Jugend floh aus Serbien. Sie pilgerten in jene Länder, die hier als faschistisch bezeichnet wurden, womöglich flohen sie vor eben diesem Hass. Sie werden in diesem Prozess nie zu Wort kommen, sie werden die Katharsis mit dem Wanderstab in der Hand in ihre persönliche Familiengeschichte einprägen. Sie waren also gerettet. Sie werden ein Auto kaufen und auf Nostalgie machen, ihr Schmerz wird allmählich abstumpfen. Sie werden ab und zu an die Heimat denken und mit ihr Frieden schließen. Und die, die bleiben, werden nach einem Alibi suchen. Am schwersten werden es jene haben, die keines finden und dennoch zum Schweigen verurteilt sein werden. Vielleicht bereitete es vor ein paar Jahren noch Gewissensbisse zu gehen, heute bereitete es Gewissensbisse zu bleiben.

Ihr einziger Trost sei, dass du die Enkel gerettet habest, setzte deine Mutter ihre Erzählung von 1945 fort. Sonst hätten sie den Enkel längst zu den Soldaten verschleppt, und er täte, was alle taten: Massengräber graben. Sie wollte darauf hinaus, dass dein Sohn ein Mörder geworden wäre. Dort im Süden, ja dort. Wie viele Eltern rangen mit diesem Wissen und waren dennoch froh, wenn ihr Kind lebendig heimkehrte. Von dort. Wenn sie bei gesundem Verstand bleiben wollten, mussten sie den Gedanken daran verdrängen, was ihr Sohn auf den Schlachtfeldern getrieben hatte. Gelang ihnen das nicht, begannen die gegenseitigen Beschuldigungen, denn die Schuld der Söhne fiel auf die Väter zurück.

Gut, dass du zur Besinnung gekommen bist, fuhr sie kopfschüttelnd fort. Sie steckte Maiskolben in den Herd, die Sonntagssuppe sei bald fertig. Man schrieb zwar nicht Sonntag, aber sie hatte schon lange die Gewohnheit, dir, wenn es dich nach Hause verschlug, als erstes das Sonntagsmahl deiner Kindheit zu servieren. Vielleicht weil sie nie wusste, wie lange du bliebst. Sie bereitete eine Hühnersuppe, Tomaten- oder Sauerkirschsoße, Brathuhn, Hefezopf oder französische Cremetorte vor. Sie hatte nie verstanden, warum dein Sohn dem Brathuhn Zwetschgenknödel oder Maultaschen vorzog.

Beim Kochen pflegte sie zu politisieren, sie tadelte dich, wies dich zurecht; diesmal schilderte sie ausführlich, was im Kosovo vor sich ging. Dir wurde schnell klar, dass sie genau wusste, dass dort die ermordeten Albaner in Massengräbern verscharrt wurden. Massenweise in Bosnien, nach und nach, schubweise im Kosovo, erläuterte sie. Obwohl du dir so sehr wünschtest, dass zwischen euch wenigstens das nicht zur Sprache kam. Verheimlicht es doch auch, genau wie ihr jahrzehntelang die ungarischen Massengräber verheimlicht hattet.

Deine im Garten hackende, jätende Mutter wusste, wovon die Gesellschaft angeblich keine Ahnung hatte. Sie hätten nichts davon gewusst, die Machthaber hätten es verheimlicht, beteuerten die oppositionellen Patrioten. Deine Mutter erzählte von dem Polizisten aus eurer Straße, der einen Monat lang dort unten Dienst gemacht hatte und dann mit fünf Kilo Gold und Unmengen von D-Mark heimgekehrt war, seine Frau brüstete sich damit, die Albaner hätten die Serben jahrzehntelang ausgeplündert, ihr Mann habe sich das nur zurückgeholt. Was ja wohl rechtens sei. Sie wollten davon ein neues Haus bauen. Eines mit Stockwerken. Mit mindestens zehn Zimmern, einfach so. Einem großen Wohnzimmer, einem Gästezimmer, drei Kinderzimmern, drei Schlafzimmern, einer Küche, einem Bad, einfach so. Und einem großen Keller. Koste es, was es wolle, jetzt hatten sie es ja.

Deine Mutter tischte auf, du nahmst dir gemächlich von der Suppe. Anikó schnitt das Brot auf. Und zum Arzt gehe ich auch nicht, stieß deine Mutter mit frischem Mut hervor. Du löffeltest die Suppe in kleinen Portionen, tatest, als hättest du sie nicht gehört. Du konntest ihr nichts darauf erwidern, du konntest nicht klipp und klar sagen, dass es dir um ihr Wohl ging. Es sei besser, zu schweigen und sich die Gefahren nicht auszumalen, dachtest du, gewiss war sie sich ihrer genauso bewusst wie du; am Besten war, Eltern und Kinder erzählten einander nicht alles. Mochte in deiner Familie lieber alles so bleiben wie bis dahin.

Auch sie beharrte nicht auf dem Thema, vielleicht erschrak sie, dass sie über das Ziel hinausgeschossen war, darum lenkte sie die Unterhaltung auf den Garten. Es schmerzte sie, dass sie den halben Garten hatte verpachten müssen. Es käme nichts Gutes dabei heraus, wenn ihn Fremde bebauten. Aber die andere Hälfte würde sie schön in Ordnung halten, trumpfte sie auf, viel besser, als es seinerzeit dein Vater getan hatte. Du könntest das Unkraut mit der Lupe suchen, du würdest keinen Halm finden, sagte sie immer wieder. Natürlich fand sich immer Unkraut, aber das durfte man nie bemerken, denn seit dem Tod deines Vaters war sie stets bemüht, ihn zu übertreffen. Sie bildete sich ein, den Garten sorgfältiger zu pflegen. Stolz verschönerte sie das Haus, ließ ein neues Tor anbringen, den Zaun ausbessern. Es ist besser gelungen, als es dein Vater ausgetüftelt hätte, pflegte sie zu sagen, wenn sie nur einen Ziegel umstellte. Aber sie gab auch acht, dass sich im Hof, am Haus nicht viel veränderte. Mochte doch alles beim Alten bleiben, sie veränderte nur so viel, dass die Nachbarn ihre Handschrift bemerkten.

Nach dem Tod deines Vaters politisierte sie ganz selbständig – obwohl sie beteuerte, nur das zu sagen, was dein Vater schon vorausgeahnt habe –, endlich konnte sie das Wort führen, natürlich belehrte sie ausschließlich dich, es gab ja keinen anderen, mit dem sie hätte aufrichtig sprechen können. Wenn du einmal widersprachst, berief sie sich sofort auf die Autorität deines Vaters; ihm habest du aber nicht widersprochen, schmollte sie beleidigt. Lassen wir die Politik, batest du sie wiederholt, nur damit sie sich nicht aufregte. Ich habe es von deinem Großvater geerbt; als junges Mädchen horchte ich immer unter dem Fenster, bei ihm kamen die Kommunisten zusammen; sie schickten mich auf die Straße hinaus, um aufzupassen, dass niemand am Fenster horchte, sagte sie in bedeutungsvollem Ton. Sie wusste, dass du deinem Großvater nie widersprechen würdest, denn er hatte dir das erste Buch in die Hand gedrückt, dir die erste Geschichtslektion gehalten, im Sommer hattet ihr auf Schafspelzen im Garten geschlafen, du hattest den Himmel genauso aufmerksam beobachtet wie jetzt während des Krieges.

Du hattest sie oft gebeten, nach Újvidék umzuziehen, deine Wohnung sei geräumiger, ihr wärt öfter zusammen, hier sei sie einsamer. Sie weigerte sich, wollte Szenttamás nicht verlassen, obwohl sie sich dort immer fremder fühlte. Sie wollte nichts davon hören. Lieber zog sie sich in ihren Garten zurück. Sie freute sich sehr, wenn du ihr veredeltes Saatgut aus Budapest mitbrachtest, sie experimentierte damit, baute Tomaten, Paprika, Zwiebeln an und hatte so viel Überschuss, dass sie gar nicht wusste, an wen sie ihn verteilen sollte. Sie baute für ihre Kinder, Enkelkinder an, aber die Enkelkinder hatte es in die Ferne verschlagen, und du konntest das viele Gemüse, die vielen Tomaten, Karotten, Kartoffeln nicht nach Újvidék schleppen …

Während des Krieges hatte sie ihre Freude am Gemüsegarten, sie flüchtete sich dorthin, wo sie sich ganz winzig fühlte, wo sie vielleicht der Gedanke tröstete, dass nicht die Menschen sie straften, sondern die Natur, was viel leichter zu ertragen war. Vielleicht dachte sie, auch die bösartigste Natur sei gerechter, als es die Menschen waren, denn in Wahrheit beunruhigten sie nicht die Luftangriffe, sondern die ihnen vorausgegangenen Ereignisse, vor denen sie sich in ihren Garten flüchtete, weg aus der Straße, in der sie geboren war. Schon als die Nachbarin das Foto des Führers an die Wand des Empfangszimmers gehängt hatte und sich darüber empörte, dass deine Mutter die Wand noch immer nur mit Familienfotos schmückte, hatte sie angefangen, sich Sorgen zu machen. Er werde die Serben schon beschützen, deutete die Nachbarin andächtig auf das Foto. An den Festtagen überschütteten sie einander nach wie vor mit Kuchen, besprachen den Tratsch von der Straße, aber die Nachbarin redete immer häufiger davon, dass die Minderheiten Serbien noch an den Rand des Abgrunds brächten. Deine Mutter stutzte, sie verstand nicht, was sie damit meinte. Die Nachbarin geriet plötzlich in Verlegenheit, schluckte, denn auch sie selbst verstand nicht genau, was sie da gesagt hatte. Denn einer ihrer Schwiegersöhne war Kroate und außerdem vertraute sie, wenn sie ihre Tochter in Szerémség besuchte, ihren Hausschlüssel deiner Mutter an, was als Zeichen größten Vertrauens galt. Ich meinte nicht dich, unterbrach die Nachbarin die Stille und trank ihren Kaffee, als sei nichts geschehen. Sie sagte nur das, was alle sagten, oder was sie in der Zeitung gelesen, im Fernsehen gehört hatte. Allmählich blieb auch sie weg, vielleicht weil sie fürchtete, bei den Nachbarn ins Gerede zu kommen. Sie geriet auch mit ihrem Schwiegersohn aneinander, das zeigte sich daran, dass auch ihre Enkel sie nicht mehr besuchen kamen. Fortan trank sie den morgendlichen Kaffee einsam in ihrer Küche, und deine Mutter merzte eifrig das Unkraut aus, was ein absurdes Unterfangen war, denn die Nachbargärten waren so vernachlässigt, dass es einfach nicht möglich war, den Wildwuchs einzudämmen. Manchmal warf sie einen Blick in den Nachbargarten, dort kauerte die Nachbarin und rupfte das Unkraut mit dem gleichen Eifer aus. Wenn der Hund bellte, richtete sich deine Mutter auf, blickte mit strengem Blick zum Eingangstor, als wollte sie sich aus der sicheren Deckung des Gartens gegen den unbekannten Eindringling wehren. Aber niemand trat ein, es ging nur jemand vor dem Haus spazieren.

Nach dem Mittagessen begabst du dich in den Vorgarten. Du ließt den Blick über den Rasen vor dem Haus schweifen, deine Mutter musste ihn nicht pflegen und mähen wie du, sie brauchte keinen Rasenmäher, sie trieb nur die Hühner herein. Du sahst dir den Garten, die Werkstatt deines Vaters an, alles stand genauso an seinem Platz, wie es dein Vater zurückgelassen hatte. In den vier Jahrzehnten seit deinem Umzug nach Újvidék hatten sich nur ein paar Kleinigkeiten auf dem Grundstück verändert. Deine Eltern hatten den artesischen Brunnen zugeschüttet, sich ebenfalls an das Netz der Stadtwerke anschließen lassen und einen der Nebenräume in ein Badezimmer mit Badewanne umgewandelt. Streit hatte es nur über das Telefon gegeben. Dein Vater wollte um keinen Preis ein Telefon anschließen lassen, er hielt es für einen zu großen Luxus. Deine Mutter beharrte darauf, versicherte, dass sie dank des Telefons in ständigem Kontakt mit dir stehen konnten, aber dein Vater gab keinen Millimeter nach. Es kommt nicht in Frage! Nach seinem Tod ließ sie als erstes ein Telefon anschließen, aber da war es schon schwierig, einen Anschluss zu bekommen. Sie lag dem Chef der örtlichen Post in den Ohren, berief sich auf ihre Krankheit, lief zu den Ärzten, um die entsprechenden Bescheinigungen zu bekommen. Sie bekam sie auch, aber vergeblich. Jemand klärte sie auf, man brauche Protektion, dann laufe alles wie am Schnürchen. Vergeblich überhäufte sie den Chef der örtlichen Post mit geschenkten Hühnern, ihre Sache machte keinerlei Fortschritte, also griff sie auf dich zurück. Du solltest ihr Protektion beschaffen. Nach langen Bemühungen wurde das Telefon angeschlossen, deine Mutter berichtete dir glücklich über das große Ereignis. Sein Klingelton klang wie die Stimme eines Kindes. Sie hatte das Gefühl, eine große Ungerechtigkeit behoben zu haben. Sie freute sich über das Telefon, dir tat es um den artesischen Brunnen leid. Warum hatten sie ihn zugeschüttet, murrtest du. Du musstest vom Frühling bis zum Spätherbst jeden gesegneten Morgen drei Fässer Wasser aus dem Brunnen schöpfen, mit dem Wasser, das bis zum Abend lauwarm wurde, hattest du abends den Gemüsegarten gegossen. Das war deine Arbeit, dafür bekamst du von deinem Vater zweimal in der Woche Geld für Kinokarten sowie für Eis oder Gebäck in der albanischen Konditorei neben dem Kino.

In der Werkstatt verstaubte das Fahrrad deines Sohnes, deine Mutter hatte es ihm gekauft, damit er, wenn er zu Besuch kam, im Dorf herumfahren konnte. Aber er hatte – als Wehrpflichtiger – schon seit fünf Jahren nicht mehr darauf gesessen und auch seine Großmutter seitdem nicht gesehen. Euch war klar, dass er dieses Haus nicht mehr betreten würde, das Fahrrad durfte dennoch niemand benutzen; es gehört dem Enkel, mahnte deine Mutter, wenn du zufällig gerade jenes herausgriffst, um ins Stadtzentrum zu radeln. In der Werkstatt rostiges Werkzeug, Nägel, in der Ecke von Spinnweben überzogene Blech- und Drahtrollen. In der anderen Ecke ein Kessel, der früher ein bis zwei Mal im Jahr beim Schweineschlachten benutzt wurde. Ein Schubkarren, daneben sein abmontiertes Rad. Ein bedrückender Anblick, der alles verriet, was euch bevorstand. Empfangszimmer, Küchen, Traktoren, Mörser, Scheunen, Kammern, Hoftore, Schubkarren, früher oder später fiele alles diesem Schicksal anheim. Die ganze Welt, in der du lebtest, würde zu Gerümpel werden.

Du standest mitten auf dem Hof herum, nach zwei Uhr heulten die Sirenen auf, du beobachtetest aufmerksam den Himmel, aber es erschien kein einziger Bomber. Deine Mutter stellte sich neben dich, legte ihre Hände an ihre Taille, als wolle sie helfen. Die Sonne beschien euch mit ihren Strahlen, die Luft rührte sich nicht, eine vereinzelte Schäfchenwolke irrte über den Himmel. Manchmal erschienen die Flugzeuge erst Stunden nach dem Alarm, doch manchmal durchschnitten sie das Firmament der pannonischen Tiefebene in ungeheurer Höhe. Schnitten das Firmament einfach durch, nicht einmal eine Wunde war am Himmel zu sehen. Vielleicht war sie so, wie wenn ein Kristallglas zersprang. An der Grenze von Szenttamás ragte einer der Übertragungstürme des Serbischen Radios und Fernsehens in die Höhe, er war bereits mehrmals bombardiert worden. Aber die Bomben fielen auch aus anderen Gründen. Die Dörfer in der Bácska waren nämlich voller Radaranlagen. Die Soldaten versteckten sich in Schulen und Kindergärten, sie stellten die Radaranlagen in den Straßen, am Fuß der Wohnhäuser auf. In Straßen nahe Schulen und Kulturzentren stellten sie gewöhnlich bewegliche Radaranlagen auf, und die Soldateneinheiten zogen ständig weiter. In mehreren Dörfern und Städten führten die Bewohner Daueraufsicht, um wenigstens rechtzeitig zu erfahren, wenn Gefahr drohte. Dann gerieten die Zivilisten in Streit mit den Soldaten, sie murrten, waren unzufrieden, dass gerade sie in Lebensgefahr gebracht wurden. Warum nicht ein anderes Dorf, eine andere Straße? Zum Glück gab es an jenem Ende des Dorfes, an dem das Haus deiner Eltern stand, keine wichtige Einrichtung, die Kaserne und der Kindergarten waren weiter weg, und bis zur Schule musste man etwa anderthalb Kilometer gehen.

Draußen auf der Straße herrschte Stille, deine Mutter erzählte, dass sich die Anwohner nach Ertönen der Sirenen mit ihren Stühlen, Schemeln auf die Straße begaben und bis zum späten Abend stumm den Himmel beobachteten. Sie fühlten sich dann am sichersten, wenn sie in der Gruppe zusammensaßen. Du tratest aus dem Tor, zum ersten Mal in diesen Tagen. Es war wirklich so, die Menschen saßen auf Bänken und beobachteten das sich allmählich verdunkelnde Firmament. Du wolltest den Kaffeeröster von schräg gegenüber besuchen, spürtest die neugierigen Blicke. In solchen Momenten beobachtete jeder jeden. Du betratest den Raum – ein kleines Zimmer, in einen Laden verwandelt – er sprang auf, empfing dich mit überbordender Freude. Er hatte noch deinen Vater gekannt, du auch seinen, ihr hattet als Kinder oft auf der Straße Schach gespielt. Du konntest dich auch noch an seinen Großvater erinnern. Er angelte in seiner Freizeit, vom Fang fiel auch für euch etwas ab. Dein Vater züchtete damals Kaninchen, den gehäuteten Hasen brachtest du dem Nachbarn. Im Tausch für den Fisch. Du bekamst dann sogar Trinkgeld. Verrate es nicht deinem Vater, hatte der Großvater blinzelnd gesagt. Er war gestorben, kurz darauf nahm die Leukämie auch seinen Sohn mit, es blieb nur der Enkel. Du warst fünf, sechs Jahre jünger als er.

Er klagte über das Geschäft, es gebe keinen Kaffee, er habe nichts zu rösten, zu verkaufen, die Steuer müsse er dennoch zahlen. Von solchen Zeiten profitierten nur die Hochstapler und Taugenichtse. Ihr spracht miteinander, als hättet ihr euch erst gestern getrennt. Aber du brachst ungewollt das ungeschriebene Gesetz, danktest ihm dafür, deine Mutter so zuvorkommend zu behandeln, er winkte nur ab. Nicht der Rede wert, sagte er. Ihr wurdet beide verlegen, starrtet einander wortlos an. Er bot dir Bier an, du wolltest keines. Auch er schenkte sich nicht ein, verwaist standen die Bierflasche und die beiden Gläser auf dem Pult. Was ich sagen will, entfuhr es ihm, ist, dass nicht nur das Geschäft schlecht geht, sondern auch die Menschen verdorben sind. Zum Glück nicht alle, tröstetest du ihn.

Ein paar Tage später erschien frühmorgens das Auto vor dem Haus, du blicktest besorgt zum Himmel, ob es am Vormittag einen Luftalarm gebe. Am nordwestlichen Zipfel des Himmels türmten sich die Wolken, doch auch das besagte nichts. Das Auftauchen der Bomber war in jenen Wochen völlig unberechenbar geworden, anfangs zogen sie nur in der Nacht vorbei, später in der Nacht und am Nachmittag, jetzt tauchten sie zu jeder Tageszeit auf. Auch die Bewölkung besagte nichts mehr. Sie kreisten über der Stadt, manchmal auch wenn kein Luftalarm ihre Ankunft gemeldet hatte. Du lerntest, mit ihnen zu leben.

Auf der Straße wurdet ihr von Polizisten kontrolliert, du musstest den leeren Kofferraum öffnen. Du zeigtest ihnen die Einweisung ins Krankenhaus. Sie winkten gleichmütig, ihr könnt weiterfahren. Sie duzten dich immer, vor allem während des Krieges. Vor Újvidék erwartete euch eine noch intensivere Kontrolle, ein Polizist patrouillierte neben dem anderen. Du warst angespannt, hofftest, möglichst bald im Krankenhaus anzukommen, es war wichtig, möglichst schnell die Gegend der Ölraffinerien zu verlassen, denn die wurden in letzter Zeit heftig bombardiert. Die Flugzeuge ließen große Rauchsäulen zurück, und es hing von der Windrichtung und der Luftströmung ab, in welchem Stadtteil sie niedergingen. Die Ergebnisse der Blutkontrolle waren gut, am 30. Juni solltet ihr wieder kommen, teilte euch der Facharzt mit. Du überlegtest, ob der Krieg bis dahin wohl zu Ende wäre. Du sehntest das Ende herbei, aber du hattest inzwischen keine Vorstellung, wie lange er noch dauern könnte. Bis Juni? Bis Juli? Oder zöge er sich bis zum Winter hin? Du ertapptest dich dabei, dass du allmählich dem Einfluss der Propaganda erlagst, du wiederholtest nur immerfort, man müsse durchhalten. Ihr fuhrt zurück, deine Mutter atmete schwer, klammerte sich an dich, schnell heim, sagte sie. Du hörtest zum ersten Mal seit langem das Wort heim aus ihrem Mund. Anikó verabschiedete sich, stieg aus, sie würde dich zu Hause erwarten. Du stutztest, wo zu Hause? Na, in der Untermiete, antwortete sie. Nicht in eurer eigenen Wohnung. Aber sie würde hin und wieder nachsehen, ob dort alles in Ordnung sei.

Deine Mutter sagte im Wagen kein Wort, eine Hand legte sie auf deinen Arm, mit der anderen drückte sie ihr Täschchen an sich. Du batest sie um das Rezept des Augenarztes, er hatte ihr eine neue Brille verschrieben, aber das Rezept ließ sich nur in Újvidék einlösen. Dann könne sie auch wieder mehr fernsehen, tröstetest du sie. Aber sie schüttelte nur den Kopf. Sie las in letzter Zeit keine Zeitung mehr, und auch den Fernseher machte sie nur selten an.

Der Luftalarm erreichte euch vor Szenttamás, kurz darauf war auch das Raunen der Bomber zu hören. Ihr wart in der Nähe des Übertragungsturmes, du zähltest die Sekunden. Schlüge eine Bombe in eurer Nähe ein, würde das Herz deiner Mutter den Dienst sicher versagen, und du würdest dir diese Reise nie verzeihen können. Ihr hörtet nur ferne Explosionen aus der Richtung von Újvidék, du nahmst an, dass sie wieder die Ölraffinerie oder die Šešelj genannte Eisenbahnbrücke ins Visier genommen hatten. Betrübt überlegtest du, wo der Luftangriff Anikó wohl erwischt haben könnte. Du blicktest verstohlen deine Mutter an, sahst, dass auch sie dich heimlich beobachtete.

Ihr kamt zu Hause an, du führtest deine Mutter ins Zimmer, sie setzte sich aufs Bett, blickte müde vor sich hin. Sie spürte, dass du dich unterwegs gefürchtet hattest. Ich habe keine Angst, sprach sie vor sich hin, wegen mir hättest du nicht bleiben müssen. Waren diese zehn Jahre noch nicht genug, fragte sie. Dein Vater zerbrach sich schon 1954 den Kopf über das Auswandern, er sagte immerfort, er habe hier nichts mehr verloren. Wir wollten nach Australien oder Kanada übersiedeln, dann wäre unser Leben sicher anders verlaufen.

Du nicktest. Australien, Kanada. Du wusstest, was sie sagen wollte. Du riefst dir die Geschichten aus deiner Kindheit in Erinnerung, stets ging es darum, dass viele aus deinem Dorf dorthin übersiedeln wollten: nach Australien oder Kanada, mit einem Wort: möglichst weit weg. Es bildeten sich Legenden über steinreiche Landsleute, die es geschafft hatten. Davon träumten vor dem Zweiten Weltkrieg die Armen, wer Glück hatte, kämpfte sich über den Ozean, schickte den Verwandten Päckchen mit Altkleidern nach Hause; diese machten sich neidisch über die Sachen her. Sie gerieten sich immer in die Haare, wer was bekommen sollte, was oft einen mehrjährigen Groll nach sich zog. Diese Erinnerungen standen nicht im Einklang mit jenen Geschichten, die die Schriftsteller aus der Bácska jahrzehntelang über die Treue zum Heimatland von sich gegeben hatten.

Elfte Szene

Reflexionen über die Landschaft und das Heimatland – Geschichten über den Kommunismus – Die Abenteuer eines Polizisten – Reflexion über die Heimatlosigkeit

Die Besitzlosen zerbrachen sich nicht über die Treue den Kopf, einzig der Zwang kettete sie an das Heimatland. Wäre es ihnen möglich gewesen, wären sie sofort aufgebrochen. Warum hätten sie die wogenden Ährenfelder, die sanfte Landschaft genießen sollen? Für sie war diese Landschaft nicht sanft, sondern verflucht. Sie hielten Ausschau nach Neuigkeiten aus der Stadt, kauften fabrikgefertigte Süßigkeiten und neue Industrieartikel im Supermarkt an der Ecke, sie dachten gar nicht daran, die Traditionen hochzuhalten. Sie wollten sich vom Heimatland losreißen, zerbrachen sich über die Flucht den Kopf, nicht über die Treue. Allerdings verschlechterten sich ihre Chancen mit der Zeit rapide. Während in den dreißiger Jahren auch noch die Tagelöhner ihr Glück fanden, konnten heute nur noch jene fliehen, die über genügend Geld oder womöglich über die entsprechenden Kontakte in Ungarn verfügten, wie die Liste deiner Mutter belegte. Der Auszug der ungarischen Ärzte, Ingenieure, Lehrer, wohlhabenden Gewerbetreibenden, Beamten, Krankenschwestern, Schriftsteller, Journalisten, Händler beschleunigte sich zusehends. Die Budapester Demografen kalkulierten: Mögen sie nur kommen, aber nur wenn sie jung und gut ausgebildet sind. Mögen die Frauen aus der Bácska viele Kinder gebären, wenn sie in der Bácska schon zu wenige geboren hatten. Das demografische ungarische Gleichgewicht muss wiederhergestellt werden! Und sie sollen reich sein, murmelten die Beamten. Lieber Angehörige der Minderheit als Chinesen oder Vietnamesen. Manche bezahlten 10.000 D-Mark für einen ungarischen Pass. Andere taten sich durch nationalistische Reden hervor, schnüffelten nach Landesverrätern, um nur möglichst schnell an die entsprechenden staatsbürgerlichen Papiere zu kommen. Sie achteten sogar darauf, ob sie die Region Délvidék oder Vojvodina nannten, was für jemand, der sich schnell aus dem Staub machen wollte, geradezu lächerlich war, denn ihr Beispiel sprach für sich und warf die Frage auf: Was ist Délvidék? Und dennoch pochten sie auf das Gegenteil. Korrupte Fäden verwoben sich mit dem großen Exodus der Minderheiten am Ende des Jahrtausends. Es siedelten vor allem die Vermögenden nach Ungarn um, die schönsten Häuser im Umkreis deiner Straße gingen zu Spottpreisen an die hereinströmenden Flüchtlinge. Nirgendwo in Serbien waren die Häuser so billig wie in den von Ungarn bewohnten Gemeinden der Vojvodina. Die Erben verkauften ihr Ackerland zu Spottpreisen, sie verzichteten leichten Herzens auf das Familienerbe, um nur möglichst schnell wegzukommen. Wenn das so weiterging, würden bald nur noch die Tagelöhner, die Arbeiter, die älteren Generationen zurückbleiben, die nicht einmal mehr Lust hatten, von Australien oder Kanada zu träumen. Sie flüchteten sich in ihre Gärten oder schlossen sich, wenn das nicht möglich war, in die Hochhäuser ein und glaubten keinem mehr irgendetwas.

Die Träume von Australien, Kanada schliefen allmählich ein. Nach einigen Jahren sprach auch dein Vater nicht mehr von Australien, Kanada. Irgendwann um 1980, also kurz vor seinem Tod, bemerkte er zum letzten Mal, dass Tito nicht Wort gehalten habe. Nie würde er sich verzeihen, dass ihr nicht nach Australien ausgewandert seid.

1945 marschierten die Partisanen ein, verschleppten deinen Vater mit einer weißen Armbinde zur Zwangsarbeit, er musste auf den Feldern serbischer Großbauern Mais brechen. In der Zwischenzeit trafen russische Soldaten ein, rissen fluchend die Armbinden herunter, so etwas gebe es im Kommunismus nicht, schrien sie. In deinem Vater erwachte die Hoffnung, der Kommunismus würde ihm schon helfen, alles sich doch noch zum Guten wenden. Aber auch der Kommunismus führte zu nichts, stöhnte er ein Jahrzehnt später. Du warst schon fünfzehn, lagst neben ihm im Bett und fragtest ihn verwundert, warum. Dein Großvater, den die Ungarn ins Csillag-Gefängnis in Szeged gebracht hatten, weil sie geahnt hatten, dass er ein Kommunist war, hatte recht gehabt, erwiderte er. Anderthalb Jahre hatte er als Gefangener dahinvegetiert, dann wurde er entlassen, bald darauf kamen die Partisanen, pochten eines Nachts an sein Fenster. Arglos ging er hinaus, um die Tür zu öffnen, aber kaum trat er hinaus, schlug man ihn in der entlegenen, kleinen Straße von Bégluk blutig zusammen. Er konnte sich gar nicht mehr rühren, deine Großmutter konnte ihn kaum ins Bett tragen. Sie hatten nicht gesagt, warum, nur ständig wiederholt, die Ungarn seien Faschisten. Damals erkannte er, dass auch der Kommunismus zu nichts führte. Als er im Gemeindehaus eine Auszeichnung erhalten sollte, ging er nicht hin, er wollte nicht den gleichen Leuten, die ihn damals verprügelt hatten, gegenübertreten. Ein Bote überbrachte das bordeauxrote Gedenkbuch und die Ehrenurkunde und drückte sie deiner Großmutter in die Hand. Deine Großmutter trug sie ins Empfangszimmer, versteckte sie am Boden einer Schublade in der Kredenz. Dort, wo sie alle Geburtsurkunden, die Todesurkunden ihrer Mutter, ihres Vaters, ihres Schwagers und ihrer Schwägerin, die Geburtsurkunde ihrer Tochter aufbewahrte.

Der einstige Gefangene des Csillag-Gefängnisses in Szeged schloss die Tür seines Hauses in Bégluk hinter sich. Er zog sich in seinen Garten zurück, baute Wein an, hielt Weinlese, schuf einen farbenprächtigen Blumengarten. Von Blumen verstand er allerhand, er hatte das Fach in Frankreich erlernt, wo er während der großen Inflation sechs Jahre lang als Gastarbeiter gearbeitet hatte, um den Kredit auf das Haus abzahlen zu können, bevor das Haus versteigert wurde. Dort, in jener Großgärtnerei, in der er arbeitete, war er zum Kommunisten geworden. Er erlernte alle Kniffe der Blumenzüchtung. Als er nach Hause zurückkehrte, pflanzte er Maiglöckchen neben das Tor. Er entwarf alles minutiös genau. Im Frühling bis in den Mai hinein blühten die Stiefmütterchen unter der Regenrinne, damit sie möglichst viel Wasser bekamen, mitten im Garten bogen sich die vielen Lilienarten, auf sie galt es besonders achtzugeben, denn sie wurden auf dem Markt am häufigsten gekauft. Die Levkojen bereiteten ihm viel Mühe, aber es lohnte sich, sagte er oft. Rund um den großen Birnbaum wogten die weißen Margeriten, um sie musste man sich nicht soviel kümmern, von ihnen gab es viele, ärmere Leute kamen ins Haus, um sie für diverse Anlässe zu kaufen. Meistens wurden sie für Gräber gebraucht. Vor der Küche wuchsen die Petunien, die Lieblinge deiner Großmutter. Vor ihnen prunkten die Begonien, die viel Hingabe forderten, und die Pfingstrosen, die auf dem Markt von Szenttamás stets gut weggingen. Es war gar nicht möglich, sie alle aufzuzählen. Die einen besprühte dein Großvater regelmäßig, bei anderen entnahm er im Herbst die Knolle, um sie im Frühjahr wieder einzupflanzen. Vielleicht entschädigte ihn dieser Blumengarten für alles.

Auch dein Vater verzieh der Welt nie, dass aus dem Kommunismus nichts geworden war, und deine Mutter nickte zu alldem nur mitfühlend. Ihr blieb nichts anderes übrig, als wieder ihren lang gehegten Traum von Australien und Kanada zu träumen. Auch daraus wurde nichts, aber wenigstens ihr Sohn würde es zu etwas bringen, dachten sie wohl 1956, als sie ihn unter großen Opfern in das ungarische Gymnasium von Újvidék einschulten. Aber irgendein seltsamer elterlicher Instinkt ließ sie argwöhnen, dass auch daraus nichts werden und auch dein Leben nicht viel anders als das deines Großvaters verlaufen würde. Du schließt die Tür hinter dir und schreibst deine Bücher, so wie dein Großvater seinen Blumengarten gepflegt hatte. Was soll das für einen Sinn haben?

Zieh lieber nach Budapest, wiederholte deine Mutter mit dem Hintergedanken, dass sie dann vor den Bekannten, Verwandten anders dastünde. Mein Sohn lebt auch in Budapest, könnte sie dann stolz verkünden.

Du hättest längst nach Újvidék zurückfahren müssen, doch ohne darauf Rücksicht zu nehmen, servierte deine Mutter das Mittagessen. Du setztest dich an den Tisch, wo früher dein Vater saß; dort pflegte dir deine Mutter die Suppe zu servieren, wenn du nach Hause kamst, und dort auf dem Stuhl deines Vaters sitzend, grübeltest du, warum du nicht doch abgehauen warst. Warum war dein Großvater aus Frankreich heimgekehrt, wenn es ihm dort angeblich so gut ergangen war? Um den mickrigen Bankkredit zurückzuzahlen? Warum war dein Vater nicht ins ferne Australien ausgewandert? Hatte ihm die Entschlossenheit gefehlt? Oder war er feige gewesen, hatte er Angst gehabt, ein Risiko einzugehen, hatte ihn die endgültige Einsamkeit erschreckt, war er nur deshalb geblieben? Oder wollte er lieber nur davon träumen, einmal aufzubrechen? Ach, zerbrich dir nicht weiter den Kopf, zum Glück erzählten sich Väter und Söhne nicht alles, das Wichtigste verschwiegen sie. Das, wovon dein Großvater, dein Vater nicht geredet hatten, hattest auch du nicht anzusprechen gewagt. Endlich trat deine Mutter aus dem magischen Kreis heraus und richtete die Frage an dich, die du deinem Großvater und Vater nie zu stellen gewagt hattest. Dein Kopf knickte nach hinten wie bei einem Vogel, der sich, die Augen weit aufgerissen, mit letzter Kraft noch höher emporschwang. Mit großen Augen starrtest du deine Mutter an. Ja, warum, warum nur? Warum zogst du von dort nicht fort, um zu dir zu finden, um endlich das Niemandsland zu finden und die Tür hinter dir zuzuziehen? Du konntest nichts darauf erwidern, du unglückseliger Heimatloser, der du an einen verrottenden Pfahl gekettet warst. Wer würde es länger aushalten, du oder der Pfahl? Das war alles, nur das, mehr nicht. Du wolltest keinen Heiligenschein um dein Haupt. Du warst deinem Heimatland nicht treu! Hör also auf zu lügen. Du stachst durch nichts heraus, von Treue, Standhaftigkeit oder Heldenmut konnte nicht die Rede sein, von gar nichts, nichts auf der ganzen Welt. Du hattest keine Mission. Manchmal rasselte die Kette, gerade genug, um dich daran zu erinnern, dass du nicht zu fest am Pfahl rütteln durftest, denn wenn du ihn rausreißen würdest, würde alles noch schlimmer werden, du müsstest ihn ein Leben lang hinter dir her schleppen.

Du gabst deiner Mutter keine Antwort. Der Löffel erzitterte in deiner Hand. Du führtest ihn an deinen Mund, verschüttetest die Suppe. Die Suppennudeln klebten an deinem Hemd. Deine Mutter bemerkte es, holte ein Geschirrtuch. Sie rieb dein Hemd sauber, du hattest zumindest ihre Aufmerksamkeit in eine andere Richtung gelenkt. Was für schöne gelbe Suppennudeln, sagtest du. Goldnudeln. Deine Mutter hatte inzwischen ihre Tränen getrocknet. Na ja, es ging nur darum, dass du den verwirrenden Begriffen, in deren Netz du gefangen warst, viele Namen geben konntest. Schweig! Am meisten sagtest du ohnehin, wenn du nicht sprachst, dich der verstreichenden Zeit gegenüber diskret benahmst. Dir fiel auf, dass etwas aus dem Lot geraten war. Es war das gleiche Gefühl, wie wenn Nudeln auf dein Hemd fielen, du starrtest sie lange an, dann wischtest du sie mit einem Tuch ab. Das war alles. Du sammeltest nervös deine Sachen zusammen, griffst mehrmals nach deiner Reisetasche und stelltest sie wieder hin. Du schobst die Abreise immer weiter hinaus, bis dir klar wurde, dass du den letzten Bus versäumtest, wenn du nicht aufbrachst.

Schnell, hektisch verabschiedetest du dich von deiner Mutter, sie sah dir vom Tor aus lange nach, was dich schon immer sehr gestört hatte. Sie sollte nicht sehen, dass du leicht humpeltest, in gebückter Haltung gingst. Als du aus einiger Entfernung zurückblicktest und dir sicher warst, dass sie das Tor hinter sich geschlossen hatte, beschleunigtest du deine Schritte. Du ranntest zum anderen Ende der Stadt, zur Bushaltestelle. Du blicktest auf deine Armbanduhr. Du solltest besser nicht rennen, schoss dir durch den Kopf, du würdest dich noch verdächtig machen. Das Wichtigste war immer, sich unauffällig zu verhalten. Die Polizei konnte dich wegen allem kontrollieren und aufs Polizeirevier zitieren. Das Kriegsrecht war streng: Die Polizei konnte sogar ohne Gerichtsbeschluss in deine Wohnung eindringen, dich auf der Straße durchsuchen, selbst bedeutungslose Kleinigkeiten konnten überaus verdächtig sein. Etwa wenn sie sich nach deinem Arbeitsplatz erkundigten. Auch ein Handy konnte verdächtig sein, du hattest gehört, dass Fußgänger Handys oft für Ortungsgeräte hielten und sich stets jemand fand, der es dem nächstbesten diensthabenden Polizisten meldete.

Einmal hattest du Anikó angerufen, dass der Bus nach Temerin zwei Stunden Verspätung habe, du hattest das Gespräch noch nicht beendet, da stand schon ein Polizist vor dir und stellte dich streng zur Rede. Was hast du in der Hand, fragte er. Ein Handy, erklärtest du, du habest deiner Familie gemeldet, dass sich der Bus verspäte. Der Polizist murmelte etwas, nahm es dir weg, wendete es misstrauisch in seiner Hand, man sah ihm an, dass er ratlos war. Du ermuntertest ihn, es auszuprobieren, bei sich zu Hause anzurufen. Das geht nicht, sagte er, das ist zu weit weg.

Dein Vorschlag beruhigte ihn. Du bist Journalist, nicht wahr, fragte er freundlich. Du nicktest. Das löste seine Zunge. Es stellte sich heraus, dass er mit seiner Familie vor den Kroaten geflohen war, die alle Faschisten seien, wie er sagte. Die schachbrettartig gemusterte Fahne widerte ihn an. Schreib darüber, wie viel wir Flüchtlinge gelitten haben. Erst wollten uns die Kroaten ausrotten, jetzt die Amerikaner. Damit auch ihr erfahrt, wie das ist, wenn man ausgerottet werden soll. Ich habe mein Haus zurückgelassen, und hier habe ich nichts dafür bekommen. Deshalb kann ich nicht nach Hause telefonieren. Man versprach mir, ich bekäme sofort eine Wohnung, wenn ich in den Polizeidienst einträte.

Man versprach es mir vor den Bombardierungen, jetzt hält man mich damit hin, dass ich sie nach den Bombardierungen bekäme. Obwohl es in dieser Stadt genügend leere Wohnungen gibt, es gibt auch für die Flüchtlinge genug. Erst vor kurzem war ich in einem Gebäude, suchte einen jungen Fixer. In dem Gebäude gab es nur Sechszimmerwohnungen, das Badezimmer war wie ein kleineres Bassin. Ich habe es mit eigenen Augen gesehen! Die Mutter des Jungen, das Schandweib, öffnete die Tür am Nachmittag im Negligé, selbst im Krieg wiegte sie ihre Hüften im Negligé. Ich sagte ihr, ich suchte ihren Sohn, nicht sie, daraufhin rief sie ihren Mann an. Eben hatte ich den Jungen in der großen Luxuswohnung erwischt, da brüllte mein Chef ins Motorola: Hau dort sofort ab, spute dich, melde dich zum Rapport, du Bauer. Aber entschuldige dich erst bei der Dame. Er befahl mir, nie wieder einen Fuß in jenes Gebäude zu setzen. Dort sei niemand verdächtig. Und basta! Wo ist da die Gerechtigkeit? Ich nage am Hungertuch, verteidige das Vaterland, während andere im Negligé herumlaufen. Ich würde meine Frau grün und blau schlagen, wenn sie so etwas täte. Bevor er weiterging, ermahnte er dich wohlwollend, auf der Straße lieber nicht zu telefonieren, in der Nähe des Bahnhofs trieben sich alle möglichen Gestalten herum.

Du hättest nicht zu rennen brauchen, der Bus verspätete sich, am Bahnhof standen sich die Menschen geduldig die Füße platt. Du griffst nicht zu deinem Mobiltelefon, wolltest lieber aus dem Bus anrufen. Bog ein Bus um die Ecke, wurde er von der bis dahin mit Schafsgeduld wartenden Menge gestürmt. Die Polizisten beobachteten gleichmütig den wilden Tumult. Wie viele gab es wohl unter ihnen, die sich genauso betrogen, überlistet fühlten wie der geflohene Polizist? Die wütend und verbittert waren. Im Bus konntest du dich nicht einmal mehr rühren. Durch die Fenster beobachtetest du die Polizisten, musstest noch immer an jenen geflohenen Polizisten denken. Sicher trugen auch sie irgendwelche Wunden in sich, sicher waren sie schon alle im Kosovo gewesen. Welche Geschichten werden sie ihren Kindern vererben? Und was werden die Kinder sagen, wenn sie erfahren, dass ihre Väter im Kosovo waren? Wird je die Zeit anbrechen, in der die Kinder Fragen stellen werden?

Der Bus näherte sich Újvidék, an den Fensterscheiben blinkte hin und wieder das Sonnenlicht, du wusstest nicht, ob in der Stadt Luftalarm war oder nicht. Misstrauisch stiegst du aus dem Bus aus, schlugst nicht gleich den Weg zu deiner Wohnung ein, sondern drehtest noch ein paar Runden. Manche Geschäfte waren geschlossen, andere nicht, es schien, als erginge es den meisten mit dem Luftalarm nicht anders als dir, der du eben erst eingetroffen warst: Auch sie wussten nicht, ob er schon vorbei war oder nicht. Du warst nach über drei Wochen heimgekehrt, schlendertest müßig durch die Straßen, gingst den ganzen Weg nach Liman zu Fuß. Du fühltest dich fast wie auf der Durchreise. Wenn du noch ein bisschen weiter darauf hinarbeitetest, wärst du irgendwann soweit, dass dich nichts mehr von einem Durchreisenden unterschied. Du musstest nur begreifen, dass du kein Verlierer warst, was verloren war, war verloren, diese paar Jahrzehnte waren wie ein Vabanquespiel. Du hattest verloren, in Ordnung, du stiegst aus dem Spiel aus, die Leidenschaft erlosch in dir, ja, sie hatte gelodert, aber nur solange du mitgespielt hattest. Jetzt warst du nur noch ein Fußgänger, ein gleichgültiger Beobachter, der das Spiel noch eine Weile verfolgte.

Was die persönlichen Dinge betraf, so war der Krieg für dich zu Ende. Die Ölraffinerie rauchte, die Brücken waren zerbombt, auf der einstigen Jugendtribüne trieben die Intellektuellen von Újvidék Schindluder mit ihrem Beruf, beendeten grob die Geschichte, die sich schon seit einem Jahrzehnt ihrem Ende näherte. Niemand konnte mehr genau sagen, wann sie angefangen hatte. Eine schöne neue Welt war entstanden! Huxley war gerade auf der Durchreise, machte einen kurzen Spaziergang durch die Stadt, blieb auf dem großen Platz stehen und blinzelte dir zu wie einem Komplizen. Schöne neue Welt! Lasst uns weitergehen! Auf dem großen Platz der Stadt wurde noch immer gesungen, wehten die Fahnen, prangten die Target-Abzeichen. Verblüfft nahmst du zur Kenntnis, wie kurz der Weg zur Seligkeit war, ganz kurz, fast nur ein Schritt, ein Satz, bei dem keine Zeit zum Nachdenken blieb, Jubelgeschrei und ein paar einfache, martialische Sätze genügten. In den Straßen schimpfte man auf Europa. Es wäre genauso dumm gewesen zu verzweifeln wie den Verstand zu verlieren. Du drücktest die Klinke herunter, Anikó öffnete die Tür, du tratest in eine fremde Wohnung ein, starrtest zur Decke, standest untätig herum, auch das war eine Art Aufgabe, was sollte ein heimatloser Europäer auch sonst tun. Du packtest nur das Notwendigste aus deiner Reisetasche aus, den Pyjama, den Rasierschaum, die Rasierklingen, die Zahnbürste, die Zahnpasta. Der Rest konnte bleiben, du wusstest nicht, wo du am nächsten Tag landen würdest.

Die Tage verstrichen. Unbeholfen lungertest du in dem Städtchen herum. Die meisten deiner Bekannten erzählten empört, sie würden bombardiert, beteuerten, die neue Weltordnung wolle die Serben ausrotten, und gaben dir damit zu verstehen, dass ihr Leiden echt war, es konnte sich nicht auflösen, es war mit Gold gedeckt. Der Einsatz sei persönlich, jawohl, persönlich. Auch du wurdest bombardiert, bemerktest du bescheiden, aber aus fast jeder Antwort war herauszuhören, das habe, so leid es ihnen täte, objektiv keine Bedeutung. Vielleicht hatten sie recht, objektiv hatte es keine Bedeutung. Andere klopften dir freundlich auf die Schulter, lobten dich, es sei ein schöner Zug von dir, in der schweren Stunde bei ihnen zu bleiben. Sie behandelten dich genauso wie den albanischen Bäcker am Stammtisch von Szabadka. Du konntest keinem auf die Schulter klopfen, konntest nicht sagen, welch schöner Zug es von ihm sei, bei euch zu bleiben. Bei euch!? Als heimatloser Europäer auf der Durchreise durftest du nicht im Plural sprechen. Bei euch blieb niemand. Wer weniger taktvoll war, fertigte dich damit ab, du hättest es ja leicht, dir bliebe noch eine Ersatzheimat, war hier alles verloren, könntest du dorthin fliehen. Sie dachten natürlich an Ungarn. Für sie hingegen gebe es keinen Zufluchtsort. Du hieltest dich dort vorübergehend auf, sie schicksalsbedingt.

Alldem entnahmst du, dass die Luftangriffe für dich höchstens eine lästige Privatangelegenheit waren, die zwar dein Leben kosten konnte, dir aber kein größeres moralisches Opfer abverlangte. Aber sie würden vielleicht alles verlieren, auch wenn sie vom Schreckensszenario der nationalen Vergeltung nicht bedroht waren. Einige wohlwollende Bekannte von dir waren sich über Letzteres im Bilde und ließen dich spüren, dass diesbezüglich leider das Schlimmste eintreten könnte, zuckten jedoch nur mit den Schultern, dagegen ließe sich nicht viel machen. Dafür sei Viktor Orbán verantwortlich, wäre er nicht der NATO beigetreten oder katzbuckelte er wenigstens ein bisschen vor dem Führer, so wie es die Griechen taten, gäbe es keinen Grund zur Besorgnis. Warum musste er auch neben Blair stolzieren? Blair würde sein ganzes Geschick, seine Schläue, ja Hinterlist anwenden, wenn das Schicksal von 300.000 Engländern auf dem Spiel stünde.

In der Stadt munkelte man, dass das hohe Gebäude der Hauptpost eurem Büro gegenüber eine sichere Zielscheibe sei. Sie sei auch schon evakuiert worden, selbst um den Platz davor machten die Fußgänger einen großen Bogen. Dein Büro befand sich etwa sechzig Meter davon entfernt. Tag für Tag saßt du mit deinen Kollegen inmitten der Grabesstille, Besucher klopften kaum an. Die überwiegende Mehrzahl jener, die ihr in den letzten Jahren gefördert hattet, wartete ab, welches Schicksal euch ereilen würde. Du konntest dir also sicher sein, dass diese Leute, die selbst einen Stein gemolken hätten, wenn es möglich gewesen wäre, in diesen gefahrvollen Tagen nicht einkehren würden.

Wer doch einmal bei euch vorbeischaute, hatte nicht Geld im Sinn, er wollte nur einen Klimawechsel. Sie schleppten ihre Einsamkeit mit sich herum. Öffneten leise die Tür. Atmeten auf, als sie sahen, dass ihr alle auf euren Plätzen wart. Wie in einem Käfig. Sie setzten sich stumm an einen Tisch. Du empfandest großen Respekt für ihren Mut. Ihr wart sowohl schweigsam als auch redselig, dass ihr euch in einem kleinen, eingeschlossenen Kreis aufhieltet, besagte mehr als alles andere.

Es gab auch eine bewegende Szene, ein Hochschullehrer, der kurz vor der Pensionierung stand, betrat das Büro, hielt inne vor dir, blinzelte, als traue er seinen Augen nicht. Er fragte dich, ob du den Verstand verloren, warum du nicht rechtzeitig das Weite gesucht habest, solange es noch möglich war. Ob du nicht wissest, dass die Crème de la crème der Belgrader Zivilelite in Budapest hauste? Auch einer seiner Verwandten sei unter ihnen, auch ihn hätten sie gerufen, aber er sei geblieben, weil er in drei Monaten pensioniert werde. Und dann werde man ihn endgültig vergessen. Am glücklichsten sei heute der, den man vergessen hatte. Deshalb lese er in aller Ruhe Zeitung, mit der fixen Idee, die ganze Geschichte gehe ihn nichts an. Aber mit der Zeit bereute er auch, geblieben zu sein, er fürchtete, nicht an seine Medikamente zu kommen. Zum Glück schickte ihm sein Verwandter, der nach Budapest geflohen war, einiges auf Vorrat. Jedenfalls müsse er sich das Medikament bis zur Pensionierung einteilen. Aber was passierte, wenn die Grenzen für alle geschlossen würden? Dann begann er, dich wieder in väterlichem Ton zu tadeln, bei der Stiftung zu bleiben und ein Ungar zu sein, sei eine aberwitzige Tollkühnheit. Reine Torheit, sagte er immer wieder. Wie könne jemand so unvernünftig sein? Dann gab er dir seine Visitenkarte. Er schrieb auf ein Blatt, dass er eine große Wohnung habe, du solltest unter allen Umständen bei ihm Unterschlupf suchen, du könntest monatelang dort bleiben. Er wolle dir nur noch einen einzigen Rat geben – fügte er flüsternd hinzu –, halte dich nicht zu viel auf der Straße auf. Wenn du natürlich hier bist, kannst du nicht dort sein, du verstehst schon, sagte er. Entweder das Büro oder die Wohnung. Er beugte sich über das Blatt und schrieb weiter: Wenn du dort bist, setze keinen Fuß auf die Straße, nicht einmal über die Schwelle, nicht einmal die Nachbarn sollten bemerken, dass er jemanden in seiner Wohnung versteckte. Er riss das Blatt in winzige Streifen und wartete auf deine Antwort. Nein, winktest du ab, das war jetzt auch schon egal.

Zwölfte Szene

Jugenderinnerung – Privater Schutzraum, Extraschutzraum – Der Nachbar rebelliert – Prophezeiungen – Geschichten vom Land – Erinnerung an einen alten Roman

Es war Mittag, die Glocken läuteten. Du warst auf dem Weg ins Büro, wartetest nahe der Wohnung in Liman, dass die Ampel auf Grün schaltete. Auf der anderen Seite erblicktest du einen alten Bekannten. Er winkte dir mit den Armen fuchtelnd zu. Das fehlte gerade noch, dachtest du. Ihr hattet euch während der '68er Studentenproteste angefreundet; er reiste täglich nach Belgrad, um an den Ereignissen teilzunehmen. Er stand vor der Belgrader Überführung, als die Polizisten mit Schlagstöcken über die aufmarschierenden Studenten herfielen. Auch er bekam einiges ab, aber noch schlimmer war es – wie er sagte –, mit anzusehen, wie die Mädchen verprügelt wurden. Ihr traft euch abends und analysiertet die Ereignisse wie verschworene Komplizen. Es ging das Gerücht, Marschall Tito habe das Militär um Belgrad zusammengezogen. Einmal fuhrt ihr gemeinsam in die Hauptstadt und saht mit eigenen Augen, wie Panzer und Militärfahrzeuge an den Hängen von Szerémség vorbei in Richtung Hauptstadt rollten. Ihr starrtet sie an, vielleicht gäbe es eine Revolution wie in Berlin oder in Budapest 1956. Aber eines lauen Sommerabends forderte Tito inmitten der abwegigsten Versprechungen die Studenten auf, die Demonstrationen zu beenden, er stelle sich auf ihre Seite und versichere ihnen, auf ihre berechtigten Forderungen einzugehen. Die Studenten zogen auf den zentralen Platz in Belgrad, tanzten vor Freude Kolo und besangen ihren Sieg. Dein Freund behauptete jedoch, Tito habe eine Falle gestellt, die Revolution sei vorbei, der Kommunismus unbesiegbar.

Er blieb ein desillusionierter Radikaler, meldete sich auf diversen Jugendforen zu Wort, unter anderem auch auf der Jugendtribüne, die auch du frequentiertest. Er beteuerte ungeduldig, die Führung habe die Forderungen der Studenten übergangen. Tito werde irregeführt, beteuerte er in der Annahme, diese Wendung biete ihm ein Schlupfloch. Er agitierte so lange, bis er seinen Arbeitsplatz verlor. Er ließ sich von seinen Eltern aushalten, später fand er eine Stelle in einer sozialen Einrichtung, galt jedoch noch lange als verdächtige Person. Ab und zu lieft ihr euch über den Weg, du erfuhrst, dass er geheiratet und seine Frau ein Kind bekommen hatte, dass irgendein unbegreiflicher Hass sich seiner bemächtigt hatte, nicht einmal über die Geburt seines Kindes freute er sich. Auch mit dir sprach er nicht viel, fragte nicht einmal, wie es dir ging, murmelte nur etwas vor sich hin. Du hattest das Gefühl, dass er dich mied.

Er gehörte zu den depressiven Radikalen von '68, deren Talent für immer verlorengegangen war. Aber Ende der achtziger Jahre erlebte er eine Wiedergeburt. Immer häufiger hattest du in der Zeitung über ihn gelesen, stutztest überrascht: Er gehörte zu den heftigsten Nationalisten. Du sahst ihn auch im Fernsehen, wie er bei einer antialbanischen Massenkundgebung Miloševićs Foto hochhielt. Dann erkanntest du ihn in den Belgrader Fernsehnachrichten, er sprach mit der gleichen tiefen Überzeugung wie früher. Als wolle er das verlorene Jahrzehnt nachholen. Nur forderte er diesmal die Aufhebung der Autonomie der Vojvodina und des Kosovo. Als echter Liberaler – sagte er – sei er natürlich gegen solche feudalistischen Relikte wie die Autonomie. Dann traft ihr euch zufällig auf der Straße, und er begann umgehend über den Fernsehauftritt zu sprechen. Er erzählte, dass er nicht ganz so gesprochen habe, man habe das Interview ein bisschen zusammengeschnitten, ein bisschen dazugelogen, es ein bisschen verfälscht. Er habe sich auch zum Kosmopolitismus bekannt, aber die Schere habe dazwischengefunkt, der Kosmopolit sei herausgeschnitten worden. Der einstige '68er Radikale hielt sich für einen Kosmopoliten; reißt die Grenzen ein, phantasierte er, es bleibt euch ohnehin keine Wahl, wenn ihr schon nicht fähig seid, die Machthaber zu stürzen, sagte er immer. Aber die Schere arbeitete fleißig, die Schere stutzte den Kosmopoliten, bis nur der Nationalismus übrig blieb, was zwar eine Zwangsjacke werden sollte – aber zum Rettungsring wurde. Und er klammerte sich an den Rettungsring, der nach ihm geworfen wurde, klammerte sich daran und stritt es wenigstens nicht ab. Darin unterschied er sich von jenen, die in den europäischen Salons schmausten und ständig ihren Kosmopolitismus beteuerten. Sie schwafelten über die Beatles und waren doch längst durch und durch Nationalisten geworden. Macht nichts, Papa, die Beatles sind schon längst außer Atem, grölten ihre Söhne, als ihre Väter mit todernster Miene zum Parteitag aufbrachen.

Abrupt bliebst du stehen, diese Begegnung war dir zuwider, denn dieses unglückselige '68 und all die anderen alten Freundschaften waren dir nur noch eine Bürde. Es ist vorbildlich, dass du hier geblieben bist, sagte er, Hut ab. Wenn wir Serben am meisten leiden, hältst du als Ungar zu uns. Wäre ich ein Bürgermeister, ich würde eine Straße nach dir benennen, schon um jenen feigen serbischen Pseudopatrioten, die sich so schnell aus dem Staub gemacht haben, ein Beispiel zu geben. Denn das haben deine kosmopolitischen serbischen Freunde getan, nicht wahr? Sogar dich haben sie hier im Stich gelassen. Sie frönen in Budapest dem Müßiggang. Noch vor einem Jahr konnten sie gar nicht genug Ratschläge erteilen. Serbien dies und Serbien das! Zweites Serbien und drittes Serbien! Serbien brauche dies, Serbien brauche jenes. Erst waren sie für Jugoslawien, aber als es darum ging, es zu verteidigen, wuschen sich alle die Hände in Unschuld. Wie Pilatus. Sie wollten aus Serbien einen Musterstaat machen, aber als das Unheil begann, verwandelten sie sich alle in einen Budapester Pilatus. Deine Freunde, du weißt, wen ich meine, zogen schön artig in die Budapester Villen ein, von dort schimpfen sie mit blutunterlaufenen Augen auf die NATO. Sie hocken am Vörösmarty-Platz, die Heuchler, fressen Dobostorte, Somloer Spätzle, Palatschinken und spielen den beleidigten Patrioten. Verfluchte NATO und so weiter, trompeten sie und hoffen, dass ihnen das Vaterland gleich verzeiht. So sehen sie aus, die frischgebackenen Patrioten. Wenn nur Sterija noch lebte, er hätte was zu schreiben.

Das Lob widerte dich an, du starrtest auf das Target-Abzeichen an seiner Jacke, merktest nur an, dass sich wahrlich nicht nur die Kosmopoliten davongemacht hätten. Nun ja, auch manche von uns haben versagt, stimmte er zu. Du blicktest auf deine Uhr. Nach dem freundschaftlichen Händedruck umarmte er dich und legte dir wichtigtuerisch ans Herz, ihn unbedingt aufzusuchen, solltest du Schwierigkeiten bekommen, aber auch sonst. Du dachtest darüber nach, natürlich, natürlich, unbedingt, erwidertest du. Seitdem diese tollwütigen Hunde Bomben abwerfen, koche ich jeden Abend ein fürstliches Abendessen, fuhr er nachdrücklich fort. Du weißt, dass ich hervorragend koche, sogar meine Frau überschlägt sich fast vor Bewunderung. Am Markt kann man spottbillig guten Fisch kaufen, die Leute trauen sich ja nicht, Fisch zu kaufen, da sie Angst haben, die Gewässer könnten durch die Wunderwaffen vergiftet sein. Davon ist nur soviel wahr, dass die Fische erst in einigen Jahren vergiftet sein werden, was jetzt gefischt wird, ist noch in Ordnung. Wir würden uns freuen, dich bei uns zu sehen, du brauchst dich nicht vorher anzumelden, ruf einfach an, wenn du aufbrichst, damit wir Zeit haben, einen vierten Teller auf den Tisch zu stellen. Er drückte dir seine Visitenkarte in die Hand. Sonntags grillen wir auf dem Hof in Csurog. Auch mein Sohn kommt mit seiner Braut. Komm doch auch! Du murmeltest etwas, mal sehen. Ihr gabt euch erneut die Hand, während er dir bedeutungsvoll in die Augen blickte. Solltest du in Gefahr geraten, ruf an, sagte er. Dir entging nicht, dass für einen Moment ein verstörtes Lächeln über seine Züge huschte.

Ab und zu kehrtest du in deiner Wohnung an der Radialstraße ein, wo der Aufzug natürlich nicht funktionierte. Dir blieb nichts anderes übrig, als mit letzter Kraftanstrengung in den siebten Stock hinaufzukraxeln. Du bliebst mitten in deinem Arbeitszimmer stehen, alles war voll Staub, die Bücherregale genauso wie der Schreibtisch. Das Rollo war herabgelassen, die Fenster angelehnt, damit die Druckwelle die Scheiben nicht zerstörte. Alles war genau so, wie du es am 24. März zurückgelassen hattest. Anikó hatte den Computer mit einem Laken abgedeckt, damit ihn die Splitter nicht beschädigten, wenn eine Explosion die Fensterscheibe eindrückte. Das Fenster vor deinem Schreibtisch blickte auf ein Gebäude des Innenministeriums, auf die große Antenne auf seinem Dach sowie auf die Militärzentrale der Stadt, die ebenfalls voller Antennen war. Du betrachtetest diese möglichen Ziele kaum hundert Meter vor deinem Fenster. In der Ferne schimmerte der Turm der orthodoxen Kirche in der Almási-Straße. Das war in diesen Tagen die beste Wohngegend, dort wurden keine Radaranlagen stationiert, und deshalb wurde man auch nicht Ziel der Bomber.

Verschlug es dich doch gelegentlich nach Hause, kramtest du in deinen Büchern, fandest aber kein einziges, das zu lesen du Lust gehabt hättest. Du überprüftest das Telefon, es funktionierte nicht, obwohl du die Rechnung bezahlt hattest. Aus dem Hahn tropfte kaum Wasser. Baden, dich waschen konntest du in dieser Wohnung nicht. Voll bitterer Nostalgie beäugtest du die Flaschen mit Badezusatz. Wann würdest du wieder so baden können wie früher? Von dem Kokosshampoo war noch etwas übrig, das mochtest du in letzter Zeit am liebsten, vielleicht weil du es von deiner Tochter in Paris bekommen hattest. Du besahst dir die Shampoos der Reihe nach, das Avoné war sehr gut für schuppiges Haar, Anikó hatte es in Budapest besorgt. Jede Kleinigkeit gewann an Bedeutung, anders als vor dem 24. März. Beim Gedanken an die schaumgefüllte Badewanne musstest du erkennen, dass niemand dort weitermachen konnte, wo er aufgehört hatte. Du würdest von nun an nicht mehr so denken können wie noch vor einigen Monaten. Demokratie? Freiheit? Das war so, als setztest du dich in eine leere Badewanne, aus dem Hahn tropfte zwar kein Wasser, aber du hättest dennoch das Gefühl, als planschtest du im mild duftenden, schäumenden Wasser. Oder war gerade das die perfekte Selbstdisziplin? Das Spiel, von dem so viele träumten? Der Augenblick jenseits aller Worte? Du beruhigtest dich, vielleicht sei das alles unvermeidlich, vielleicht müsse sich das ganze Land durch und durch verändern. Mit welchem Recht mischtest du dich ein? Mit welchem Recht stochertest du in den Wunden? Du gehörtest nicht der staatstragenden Ethnie an, jetzt hatte sie jedoch das Sagen. Du warst allein geblieben, deine erste Sorge galt deiner eigenen Person. Nur mit ihr durftest du dich beschäftigen, mit nichts anderem. Du warst dazu gezwungen, du hattest keine Wahl. Andererseits quälte dich die Frage, wie du dazu kamst, dir einen solchen Luxus zu erlauben. Du zogst dich aus dem Arbeitszimmer zurück, du wagtest gar nicht, dir vorzustellen, deine jahrzehntelangen Bemühungen könnten sinnlos und vergeblich gewesen sein. Dein einziger Trost war, dass diese Wohnung mit dem Zimmer, in dem du dich jahrzehntelang sinnlos über den Schreibtisch gebeugt hattest, nicht aufgebrochen worden war.

Du verriegeltest die Tür hinter dir, gingst zu Fuß hinunter. Im Treppenhaus begrüßtest du die vertrauten Nachbarn, du warst froh, sie zu treffen, das bestärkte ihren Eindruck, dass die Wohnung doch nicht leer stand. Dieser Anschein war dir auch deshalb so wichtig, weil dir statt der vertrauten Gesichter immer öfter auch unbekannte begegneten. Vielleicht hielten sie sich nur vorübergehend dort auf, aber es konnte auch sein, dass ein Teil der alten Bewohner endgültig ausgezogen war. Es war gut, wenn sie annahmen, es lebte jemand in der Wohnung, der nur selten einen Fuß auf die Straße setzte, sich nicht mehr allzu sehr dafür interessierte, was in der Welt geschah.

Einmal begegnete dir der Professor, der über dir wohnte, er erläuterte in apokalyptischem Tonfall, das sei erst der Anfang, in Wahrheit gehe es nicht darum, was in den Zeitungen stand, sondern um etwas ganz anderes; nicht die Serben sollten ausgerottet, sondern die Erdbevölkerung um ein, zwei Milliarden verringert werden. Das hätten ranghohe wissenschaftliche Autoritäten auf internationalen Konferenzen gefordert, sonst stünde dem Planeten der endgültige Untergang bevor. Er könne einfach nicht so viele Menschen tragen und basta. Reine Mathematik. Deshalb müsse man sich auf einen langen Krieg einstellen, er habe schon eine dauerhafte Lösung gefunden. Die Hausbewohner sollten sich zusammentun und dafür sorgen, dass der Mieter im Erdgeschoss seine Wohnung frei mache, denn der Strumpfhändler sei inzwischen eh nach Szeged geflohen, die Räumlichkeit ließe sich dann für ein paar Groschen in einen privaten Schutzraum verwandeln.

Sein Freund, der Architekt, habe bereits Berechnungen angestellt: Der mit Säulen aus armiertem Beton ummantelte Gebäudeteil würde auch der stärksten Bombe widerstehen. Dort wären wir geschützt, genauso geschützt wie im sichersten Atombunker der Stadt, beteuerte er. Wir sollten unser Leben nicht wegen eines Strumpfhändlers aufs Spiel setzen! Du beruhigtest ihn, er könne auf dich zählen, sie sollen den Mieter ruhig hinauswerfen, das würde keinen großen Schaden anrichten, wer bräuchte schon aus Szeged und Istanbul eingeschmuggelte modische Damenstrümpfe. In den nächsten Jahren würde ohnehin niemand mehr aparte Netzstrümpfe kaufen, stelltest du fest. Recht hast du, stimmte dir der Nachbar zu, wichtig ist nur, dass wir unser Leben retten, und wenn wir ohne Strümpfe herumlaufen müssen. Dann treffen wir uns wenigstens, unterhalten uns, trinken etwas, kochen Kaffee. Wir könnten sogar Ćevapčići vor dem Haus braten, schlug er in einem Anflug von Begeisterung vor. Nun leben wir seit fast drei Jahrzehnten in diesem Häuserblock und kennen uns noch gar nicht, so werden wir uns wenigstens näherkommen, fuhr er überzeugt fort.

Ein paar Tage später stießst du an der Eingangstür mit dem leitenden Buchhalter zusammen. Ihn fürchtetest du ein wenig, weil er in den Wochen vor dem Kriegsausbruch eifrig bekundet hatte, man solle die Albaner ein für alle Mal erledigen, er sei zu allem bereit. Man hätte sie schon 1913 aus dem Kosovo vertreiben sollen, so wie es Hitler mit den Juden getan habe. Er sei 1992 bei der Befreiung Vukovars dabei gewesen, darauf sei er sehr stolz. Die Albaner seien noch schlimmer als die Kroaten, die Kroaten seien ja doch Brüder. Es lief darauf hinaus, dass er bereit war, notfalls für den Kosovo zu kämpfen, doch erst wollte er der Radikalen Partei beitreten, weil Šešelj der Einzige sei, dem das Schicksal Serbiens am Herzen liege. Ein harter Bursche. Alle müssten an die Front, bekräftigte er. Auch Šešelj werde in der vordersten Reihe stehen und mit ihm die ganze Führungsriege der Radikalen. Darauf würde er wetten. Begäben sich nicht alle in die Schützengräben, wären die Serben verloren.

Diesmal war er sehr zuvorkommend, er ließ dir den Vortritt und befragte dich, ob du neue Nachrichten über die Friedensverhandlungen hättest, er sei mit seiner Geduld am Ende, er habe die Nase voll von alldem. Er verbringe die Nächte im Schutzraum, seine Frau sei kaum zu ertragen, außerdem gebe es an seinem Arbeitsplatz, in der Bank, kaum Umsatz. Die Beamtinnen saßen auf ihren Plätzen und strickten, wenn die Sirene erklang, trabten sie in den Schutzraum und strickten dort weiter. Die Frauen beschäftigten sich wenigstens, die Männer hingegen starrten nur vor sich hin. Die Chefs drohten: Wer keine Begeisterung an den Tag legt, erhält einen Eintrag als überschüssige Arbeitskraft. Auch ihm könnte gekündigt werden, obwohl er jeden Abend zähneklappernd der Aufforderung nachkam, die Brücke zu bewachen, damit ihn sein Chef nicht zur Rechenschaft zog, wo er denn herumlungerte.

Außerdem habe sein Chef nur seinen Arsch gewärmt, während er in Vukovar sein Leben riskiert habe. Der sei während des Krieges gegen die Kroaten zu einem wahren Vermögen gekommen, womöglich kaufe er sogar die Bank. Und jetzt wolle er ihn in Sachen Patriotismus belehren, dieser Arschkriecher. Abends lasse er sich auf die Brücke fahren, inspizierte, wer dort war und wer nicht. Dann setze er sich wieder in seinen Dienstwagen, und der Chauffeur fahre ihn direkt zu einem Extraschutzraum. Das müsse ein Ende haben! Er könne nur nicht verstehen, warum die Radikalen die Schwänze einzögen. Dann sollte es schon lieber Frieden geben. Auch das wäre besser als diese Profiteure, die sich in Extraschutzräumen versteckten. Wissen Sie, Herr Nachbar, dass in den Extraschutzräumen Sekt serviert wird? Lammbraten und Ćevapčići mit viel Salat. So lässt sich leicht Krieg führen!

Dann flüsterte er dir vertraulich ins Ohr: Dieser Tschernomyrdin hat nichts Böses vor, er ist schließlich auch orthodox, man soll auf die Russen hören, Tito hat die Serben dadurch ruiniert, dass er nicht auf sie hörte, sondern mit dem Westen liebäugelte. Er hat nach Krediten gegiert und die Russen und den Sozialismus im Stich gelassen. Und wir erwarten, dass uns die Russen retten, als sei nichts gewesen. Warum sollen die Russen solch scheinheiligen Brüdern helfen? Als es uns gut ging, verkehrten wir in Rom und Paris, und jetzt soll uns Moskau gut genug sein? Vom Kapitalismus jedoch habe ich die Nase voll. Wir müssen uns erst darüber klar werden und uns erst dann an die Russen wenden. Es nutzt gar nichts, wenn wir die NATO besiegen und sich der Kapitalismus bei uns einnistet. Wofür haben wir dann gekämpft? Sie wollen nicht auf Tschernomyrdin hören, weil sie den Kapitalismus wollen. Die Sozialisten machen dem Volk bloß Versprechungen, sie wollen den Sozialismus gar nicht, sondern kaufen alles auf, stecken alles in die eigene Tasche und führen dann still und heimlich den Kapitalismus ein. Das ist eine höchst vertrauliche Information, Nachbar, Sie verstehen doch? Verbreiten Sie sie nur vorsichtig, sie könnte uns in Schwierigkeit bringen.

Ende April wurden die Luftangriffe immer heftiger, die Brücken von Újvidék lagen in Trümmern, die Menschen verkehrten mit Fähren, um von Szerémség auf der gegenüberliegenden Seite zur Arbeit zu gelangen. Am Donauufer warteten lange Schlangen, viele transportierten sogar das Wasser mit der Fähre nach Hause, denn mit den Brücken war auch das Netz der städtischen Wasserwerke zerstört worden, so dass die Wasserversorgung auf der Seite von Szerémség nicht mehr gewährleistet war. Drüben galt sogar schon Mineralwasser als Mangelware, erzählten die Anwohner. Die Menschen in den Häuserblocks wurden fast verrückt.

Zunehmend mischte sich Verbitterung in die Vorwürfe gegen den Westen, die meisten nahmen ihm übel, dass die Bomben sie persönlich bedrohten. Die NATO bombardiere ihr Privatleben. Wer wagte zu behaupten, sie hätten das verdient? Trafen sich zwei Menschen auf der Straße, beteuerten sie einander sofort leidenschaftlich, dass die Großmächte sie in ihrem Menschsein erniedrigten. Das Pendel schlug in eine eher apolitische Richtung aus, immer weniger war die Rede von großen historischen Wahrheiten, noch weniger vom Kosovo. Mochten doch die Albaner gehen, wohin sie wollten. Die Mehrheit der Menschen tat so, als gäbe es den Kosovo gar nicht mehr, als sei nicht er der Auslöser des Krieges gewesen, sondern ausschließlich der sinnlose Hass gegen die Serben. Viele glaubten zu wissen, die Bombardierungen wären auch ohne den Kosovo erfolgt, die Großmächte hätten schon andere Gründe gefunden. Wenn nicht der Kosovo, dann Szandzsák, wenn nicht Szandzsák, dann die Vojvodina, wenn nicht die Vojvodina, dann irgendeine bedeutungslose Kleinigkeit. Ich hasse die NATO, weil sie mich gezwungen hat, mich auf Miloševićs Seite zu stellen, war auf einer Betonwand zu lesen. Die Parole stammte vermutlich von einem Oppositionellen, die Bitterkeit war nicht nur eine Folge des Gefühls von Not und Ohnmacht, sondern auch des Bewusstseins, dass es eine andere Seite nicht gab und noch lange nicht geben würde.

Dieser Notlage entwuchs der Gedanke des Patriotismus, die Ideologie durchsetzte das Lebensgefühl, die Psyche, sie bestimmte nicht nur das öffentliche, sondern auch das persönliche Wertesystem. Der Krieg hatte das ganze Ausmaß des verletzten Nationalgefühls an die Oberfläche gebracht, es nährte sich nicht mehr vom Sieg, sondern vom Schmerz. Von einem Schmerz, der den Nationalismus zu einem inneren, persönlichen Erlebnis werden ließ. Dieses Erlebnis wurde zum Verhängnis, es erfasste auch solche, die sich dafür schämten. Immer öfter hörtest du Menschen sagen, sie seien nie Nationalisten gewesen, sie hätten sich ein Leben lang zu Jugoslawien bekannt, nie hätten sie darauf geschaut, wer welcher Nationalität angehöre. Die Katastrophe begann, als sich das in den Vordergrund drängte. Menschen, die sich tags zuvor noch zu Jugoslawien bekannt hatten, gaben plötzlich reumütig zu, sie hätten sich geirrt, sie hätten sich von ihren Stammesinstinkten befreit, andere jedoch nicht. Ein Oppositioneller, ein Hochschullehrer, der sich für unabhängig und freigeistig hielt, berief sich auf das Beispiel Frankreichs, dort besuchten alle, egal welcher Herkunft, französische Schulen. Alle Schüler lernten, die Jungfrau von Orléans sei die Heldin der Nation, warum lernten also nicht auch die Ungarn, die Rumänen und alle anderen, dass ihr Nationalheld Kraljević Marko sei? Warum sollten die Ungarn nicht serbische Schulen besuchen? Was beklagten sich die Kroaten? Das sei doch letztlich in ihrem Interesse. Warum musste man um die Schließung der Minderheitenschulen soviel Aufhebens machen? Das sei der Lauf der Welt. Im Zeitalter der Globalisierung könne man nicht wählerisch sein.

Du standest am Bürofenster und beobachtetest die Fußgänger. Du hättest ihnen gern ins Herz geblickt und erfahren, was jeder Einzelne dachte. Diejenigen, die sie in Schutz nahmen, wiederholten ständig, die armen, unglücklichen Menschen seien Opfer der Propaganda geworden. Aber diese Argumentation wurde immer unglaubwürdiger. Konnte die Blendung über ein Jahrzehnt andauern? An der Ćevapčići-Bude gegenüber stopften zwei Männer Ćevapčići in Fladenbrot in sich rein. Gierig verschlangen sie das Fladenbrot, du konntest vom Fenster aus die Brösel auf ihren Jacken erkennen. Einer von ihnen strich sich mit der fettigen Hand das Haar zurück. Neben ihnen ein Radfahrer, mit einer Hand lenkte er, mit der anderen umklammerte er eine Plastiktüte, in der sich ein Liter Öl befand. So eilte er mit der täglichen Beute nach Hause, seine Familie würde ihn gewiss jubelnd empfangen. Ein Rentner las Zigarettenstummel auf. Ein genauso alltäglicher Anblick wie die Menschen, die Mülltonnen durchsuchten, die Bettler, die endlosen Schlangen vor den Läden. Niemand stieß sich an dem Anblick, regte sich in einer kleinen Runde von Freunden doch einmal jemand darüber auf, hatte er nur soviel Kraft, um festzustellen: Das ist nun mal so. Sie hatten sich an den Fatalismus genauso gewöhnt wie an die Menschen, die in Mülltonnen stocherten.

Waren diese Menschen wirklich verhexte Schlafwandler, oder leitete sie doch irgendeine Überzeugung? Du zögertest, es war nicht einfach, die Wahrheit zu finden, und du warst dir nicht einmal mehr sicher, welche Variante die schlimmere war. Die Fußgänger verschwanden aus deinem Blickfeld, du fixiertest einen unbestimmten Punkt. Vielleicht besagte der leere Raum mehr als der Anblick einer belebten Straße. Dann ertapptest du dich dabei, dass dir vor Müdigkeit die Augen zufielen und dir schwindelig wurde. Das Summen einer Fliege störte dich, du öffnetest das Fenster und jagtest sie hinaus. Du sahst, wie sie hinausflog, machtest das Fenster schnell zu, da hörtest du das Summen einer anderen Fliege. Vielleicht bildetest du es dir nur ein, trieb das Nichts seinen Spaß mit dir. Dir fiel Camus' *Pest* ein, in den Köpfen der unter Quarantäne stehenden Menschen reiften ganz seltsame Gedanken heran. Du hättest dich mit der Lehre des Romans trösten können: Der Pestanfall regt die Bürger zum Nachdenken an. Aber stattdessen machtest du die Erfahrung, dass vom persönlichen Schicksal keine Rede mehr sein konnte, es existierte nur eine einzige kollektive Geschichte, in der beim Ausbruch der Pest oder eines anderen Unheils jeder Einzelne aufging. Persönliche Schicksale enthüllten sich nur, insofern sie in der kollektiven Geschichte aufgingen. Und die Pest breitete sich nur deshalb aus, weil die meisten Menschen voller Empathie in die kollektive Geschichte eintraten. Wer draußen blieb, geriet in die Verbannung. In die freiwillige oder die erzwungene. Die Pest breitete sich nur dort aus, wo die Menge zusammenlief, also in der Wiege der kollektiven Geschichte. Dort fandest du dich wieder, dort wurdest du ein Fremder. Du hattest schon immer gewusst, dass sich das Virus überall ausbreiten konnte, vor allem in diesem Teil Europas, du hattest auch eine Vorstellung davon, denn jetzt wütete es in deiner eigenen Umgebung; niemand wusste, wie lange noch, wann es sich leise verziehen würde, als sei nichts gewesen. Jedenfalls wirkte es sich nicht so aus, wie Camus es sich vorgestellt hatte; die Pest entließ die meisten Menschen nicht in die Einsamkeit. Stündlich widerlegte der siegestrunkene Alltag die Literatur. Irgendwann begriffst du, dass du dich nur deshalb den Büchern zuwandtest. Um nichts anderes, nur um dieser Widerlegung willen.

Nach der Arbeit eiltest du nach Hause, ein Bekannter Anikós brachte euch zum Mittagessen eine Fischsuppe vom Land. Du aßt mit einem Bärenhunger und horchtest den Geschichten vom Land: Die Fischsuppe sei in jenem als Radikalennest bekannten Wirtshaus gekocht worden, in dem es schon vor dem Krieg die beste Fischsuppe gegeben habe, so auch jetzt. Nichts habe sich geändert, die Menschen gingen ihrem Tagwerk nach, auf dem Land denke man nicht so viel an den Krieg. Erst in diesen Tagen habe man die Stromzähler abgelesen, der Briefträger gehe durch die Straßen und gebe zwischendurch laute Schreie von sich. Und verlange natürlich seine tägliche Portion Schnaps. Er schlug euch vor, auf den Hof hinauszufahren. Ihr packtet die Gelegenheit beim Schopf, die paar Tage in Újvidék hatten dich ohnehin bereits seelisch ruiniert.

Ihr zogt wieder um, Anikó trug eilig das Wichtigste zusammen, dann machtet ihr aus, dass sie auf einen Sprung in der Wohnung an der Radialstraße vorbeischauen solle, während du über eine Bekannte Treibstoff auf dem Schwarzmarkt besorgen würdest, damit du wenigstens jeden zweiten Tag zur Arbeit fahren konntest. Zum Glück gelang es dir, Treibstoff aufzutreiben. Die sündhaft teure Schmuggelware wurde aus Literflaschen in den Benzintank gefüllt, außerdem verstecktet ihr etwa zehn Liter in einem Reservetank unter einer Decke im Kofferraum, damit er nicht offen daläge, wenn euch Polizisten unterwegs kontrollierten. Nun konntest du eine Weile beruhigt nach Újvidék fahren. Während ihr euch mit dem Treibstoff plagtet, erschütterte der Knall eines gewaltigen Einschlags in der Nähe die Luft, bald darauf ertönten die unheilverkündenden Sirenen.

Anikó stieg vor der Wohnung in den Wagen ein und erzählte, sie habe sich gerade auf dem Balkon im siebten Stock die Haare getrocknet, als die Bomben fielen. Wasser sei aus dem Hahn gekommen, das sei im siebten Stock ein so unwahrscheinlicher Anblick gewesen, dass sie beschlossen habe, sich die Haare zu waschen, sagte sie lachend. Sie habe sich gerade auf dem Balkon die Haare getrocknet, als sie den Knall hörte, die Ölraffinerie, sei ihr durch den Kopf geschossen, dann habe die Druckwelle sie durch die offene Tür in die Wohnung geschleudert. Erst danach habe die Sirene aufgeheult. Sie hätten tatsächlich die Ölraffinerie bombardiert, sagte sie, sie habe vom Balkon aus die Flammen gesehen. Wie auch nicht, schließlich lag die Raffinerie keine zwei Kilometer Luftlinie von der Wohnung entfernt. Der Luftalarm dauerte noch an, in der Nähe der Kanalbrücke verstummtet ihr alle drei. Als ihr die Brücke hinter euch gelassen hattet, wurdet ihr wieder gesprächig, fühltet euch erleichtert. Ihr träumtet davon, auf dem Hof Unmengen von frischem Salat und Obst zu verzehren.

Du hattest Lust auf einen Cappuccino. In einem Dorfcafé unterwegs bekamt ihr auch einen, mit viel Schaum und Schokolade. Du kostetest genüsslich den Cappuccino, nipptest am kalten Mineralwasser und dachtest daran, welch großes Glück solche Kleinigkeiten bedeuten konnten, die du früher gar nicht wahrgenommen hattest. Genau dieses Gefühl hattest du auf den letzten Seiten von *Memoiren eines Zuhälters* heraufbeschworen, als der Protagonist darüber sinnierte, dass ein Mensch dann glücklich war, wenn er, nach der neuesten Mode gekleidet, an einem mit einer weißen Decke gedeckten Tisch auf einer Terrasse nahe einem Tannenwald sitzend, seinen tiefroten, eisgekühlten Campari trinken konnte. Vielleicht hattest du diesen Satz damals selbst nicht verstanden. Er war seiner Zeit voraus und musste gerade deshalb Wirklichkeit werden. Du hattest alles hinter dir, du konntest endlich glücklich sein. Du hattest vor kurzem auf dem Markt bessere Rasierklingen gekauft, es tat gut, sich mit ihnen zu rasieren. Du hattest zum Glück gleich ein Dutzend gefunden, hieltest sie in Reserve. Erst würdest du die benutzen, die du ein paar Wochen zuvor gekauft hattest. Die zerrten zwar an deiner Haut, aber auch sie mussten verbraucht werden. Dankbar starrtest du deine alten, zertretenen Schuhe an und stauntest, wie gut sie die Strapazen ertrugen.

Dreizehnte Szene

Geschichten aus der Welt der Einödhöfe – Temerin – Lob des Rasens – Die Geschichte des jungen Metzgers – Die Nachrichten auf Radio Kossuth – Tabus – Orbáns Lächeln

Am Hof angekommen, zogst du dich in dein Zimmer zurück und besahst dir durch das Fenster die Gegend. Das Dorf war nicht weit weg, du konntest die Häuser im westlichen Teil ganz gut erkennen. Ihr packtet die Koffer aus, es musste für alles Platz gefunden werden, dann schlichst du in den Hof hinaus. Langsam, lautlos, fast wie auf einer Theaterbühne brach der Abend an. Die Sirenen heulten auf, dein Gesicht zuckte nicht einmal. Erst viel später, gegen Mitternacht, kamen die Flugzeuge an. Ihr lieft in den Hof hinaus, spähtet nach Süden. Wieder waren die Ölraffinerie und die Abhänge von Fruška Gora das Ziel. Die Bombardierung Letzterer wurde weder im Radio noch im Fernsehen erwähnt, die Nachrichten sprachen nur von der Ölraffinerie. Also gab es auf dem Berg militärische Einrichtungen. Du hattest schon oft gehört, dass Fruška Gora ein großer Militärbunker sei, den noch Tito mit westlichem Geld gebaut habe, um sich gegen Stalin zu verteidigen. Der russische Diktator, für den sich das Volk einst so begeistert hatte, lachte sich jetzt in der Hölle ins Fäustchen.

Am Vormittag trankt ihr gerade Kaffee im Hof, als der Grundpächter eintraf und erzählte, die Äcker seien voller NATO-Flugblätter. Die Kinder läsen sie auf und nähmen sie mit nach Hause. Anderswo seien schon die Gärten voll solcher Drucksachen. Er habe auch schon NATO-Fernsehen geschaut. Er habe sich über die ungarische Tageszeitung der Vojvodina *Magyar Szó* totgelacht, in der er gelesen habe, kein normaler Mensch sehe dieses schändliche Programm. Er habe lange gedacht, nur die Ungarn sähen es. Jeden Nachmittag würden sie das Tor abschließen und sähen in den abgedunkelten Zimmern fern. Aber dann habe er erkannt, dass sich auch schon die Serben daran gewöhnten. Auch sie würden nachmittags das Tor abschließen und machten erst nach langem Klopfen auf. Sie lächelten dann verlegen, sie seien eben eingenickt, sagten sie.

Du wähntest dich fast in einer Idylle. Jemand rief an, in der Nachbarschaft werde ein Kalb geschlachtet, es gebe billiges Fleisch. Eine alte Frau brachte frische Eier und Milch. Sie bot euch auch Wurst und Speck an. Sie verkaufe auch Honig, morgen würde sie etwas mitbringen, feinsten Akazienhonig. Nach einigen Tagen fiel dir auf, dass immer mehr Leute den Hof besuchten. Der Hauswirt rannte und brachte Bier, schnitt Wurst und Speck auf. Es kamen vor allem Flüchtlinge, unter ihnen befand sich auch ein serbisches Mädchen aus Priština, das mit lauter Stimme erzählte, wie die Albaner die Serben gejagt hätten. Diese Tiere vergewaltigten mit besonderer Vorliebe die serbischen Frauen. So wollten sie das Serbentum erniedrigen, sonst schielten sie ja vergeblich nach den serbischen Frauen, die wären um kein Geld der Welt mit einem Albaner ins Bett gegangen. Alle wüssten doch, dass die Zivilisation sie übergangen habe. Dein Gastgeber nickte, das ist wahr, sagte er, während er Erfrischungsgetränke und kaltes Bier, Wurst- und Schinkenaufschnitt servierte. Das sei erst die Vorspeise, brüstete er sich. Das Mädchen aus Priština wollte zuerst eine Suppe, der Hauswirt sprang von seinem Stuhl auf, ich mache sie sofort warm, sagte er schnell. Einer lauter als der andere verfluchten die Gäste die NATO, verschonten aber auch den Führer nicht. Er hat uns wieder verraten, beteuerten sie. Sie schoben die morschen Holzklötze unter den Spieß, schimpften unablässig und verfluchten die Politiker. Auch Šešelj hockte nur in Belgrad, jammerte, dass sein Luxuskabinett weggebombt worden sei, obwohl sein Platz im Kosovo wäre.

Das Feuer prasselte, das Fett knisterte, die Gäste stießen mit den Biergläsern an. Die leeren Bierflaschen warfen sie unter den Tisch. Sie legten das heiße Fleisch auf das frische, selbstgebackene Brot und mampften es genüsslich. Je mehr Nationalgefühl in der jeweiligen Person pulsierte, umso mehr schimpfte sie auf das System. Während die Andersdenkenden ihren Patriotismus hervorkehrten, warfen die Nationalisten sich geradezu in die Brust. Sie vertrauten den gegenwärtigen Machthabern nicht. Einer von ihnen erklärte klipp und klar: Serbiens Sonne werde erst aufgehen, wenn Šešelj das Ruder an sich gerissen hat. Man müsse nur abwarten, er allein könne Milošević aus dem Weg räumen.

Nebenbei lobten sie den Gastgeber. Sie verstünden gar nicht, was die Ungarn hätten, fragten sie empört. Sind wir etwa nicht gleich, fragten sie ihn. Natürlich sind wir gleich, antwortete er und nickte begeistert. In allem, absolut allem. Genau darum gehe es, setzten die Gäste den Gedankengang fort, die Albaner wollten größere Rechte für sich als die Serben. Viel größere. So große Rechte gebe es in ganz Europa nicht, dennoch beharrten sie darauf. Sie wollen uns den Boden unter den Füßen wegziehen. Sie wollen unsere Wiege, die Elenden. Einer der Männer stellte nach ein paar Bier fest, mochten die Amerikaner nur kommen, damit sie sähen: Wer sich anständig benähme, dem würde kein Haar gekrümmt. Die Ungarn würden hier größere Rechte als in Ungarn genießen, wo jetzt die NATO das Sagen habe. Sie hätten nämlich gehört, dass in Ungarn auch die Sekretärinnen Englisch sprechen müssten, da die Chefs alle Engländer seien. Selbst mit ihrem Hintern würden sie auf Englisch wackeln. Eine Serbin würde sich so etwas nicht erlauben.

Als die Gäste gegangen waren, sank der Hauswirt erschöpft in seinen Armstuhl. Er betrachtete die schmutzigen Teller. Dann stand er auf und schlich in die Speisekammer. Von wegen Rechte, murmelte er. Sie haben den Schinken aufgegessen. Es müsse sein, erklärte er, man müsse sich an irgendjemanden klammern. Das mache jeder im Dorf. Wer allein blieb, also keinen Freund unter den Serben fand, geriet in Gefahr. Niemand konnte wissen, wie der Krieg ausging. Wisst ihr, dass sie eines Nachts auftauchen und sagen könnten: Raus aus dem Hof. Und das wäre noch die bessere Variante, sagte er verbittert. Es gibt auch andere Gerüchte. Es könnte noch schlimmer kommen. In der Stadt kann man es überstehen, dort geht man in der Menge unter und fertig. Hier wissen alle, wer Ungar, wer Serbe ist. Hier kann man sich nicht verstecken. Oder soll ich den Hof verlassen? Solange es noch möglich ist? Er starrte lange vor sich hin, goss Wasser auf die Glut. Er hatte vor lauter Müdigkeit keine Lust zum Abwaschen, schleppte sich ins Zimmer, obwohl es noch nicht einmal zehn Uhr war. Du starrtest auf das schmutzige Geschirr, am nächsten Tag erwartete euch dasselbe. Schlaflosigkeit, schmutziges Geschirr und verletzende Worte, die vielleicht nicht einmal verletzend gemeint waren. Dir fiel die Fischsuppe ein, die Dorfgeschichten, dass die Menschen dort nicht an den Krieg dächten. Du wusstest nun, dass das nicht stimmte, sie hatten von nichts anderem geredet, nur brutaler. Ob so oder so, alle machten sich etwas vor.

Du schaltetest das Radio nicht an, du konntest dich einfach nicht auf die Nachrichten konzentrieren. Du gingst frühzeitig ins Bett, beobachtetest durch das Fenster nach Osten die Felder. Irgendwo in der Ferne, ein paar Kilometer weiter, bellten Hunde, dämmerte eine ferne Lichterwelt. Vielleicht ein anderer Einödhof oder ein kleines Dorf. Mal schienen die Lichtbündel näherzukommen, mal sich zu entfernen. Es war noch nicht die Zeit der Nebel, aber dir war, als betrachtetest du die Landschaft der Bácska durch einen Nebelvorhang. Du bekamst ohnehin immer Angst, wenn dich die Dunkelheit auf den Wiesen, Feldern ereilte. Du konntest dich erinnern, dass dich dein Großvater nie hatte beruhigen können, wenn ihr erst nach Anbruch der Dunkelheit von den Feldern heimkehrtet. Vor nichts hattest du so viel Angst wie vor der unendlichen Tiefebene in der Abenddämmerung, nie konntest du die Schönheit der Landschaft genießen. Jetzt war sie geradezu furchterregend; du wälztest dich im Bett, wolltest den Kopf vom Fenster abwenden, aber sobald du die Augen zumachtest, sahst du immer dasselbe Bild.

Gegen Mitternacht ertönten die Sirenen, ihr lieft in den Hof hinaus. Du spähtest zum Himmel und bemerktest plötzlich, dass die Landschaft ihren unheilvollen Charakter verloren hatte. Die angespannte Erwartung verlieh ihr auf einmal etwas Menschliches: Büsche, Bäume, Gräser, alles wartete. Dir war, als unterhieltest du dich mit der Natur, als verstündest du ihre fürsorglichen Worte, zum ersten Mal machte sie dir Mut: Hab keine Angst! Und du hattest keine Angst, du schlendertest beruhigt über den Rasen. Du dachtest an deine Mutter. Sicher stand auch sie mitten im Hof. Und hatte keine Angst. Eine Stunde später ertönte das Raunen der Bomber, dann schlugen im Süden helle Flammensäulen empor. Die Landschaft erstrahlte. Wieder wurde die Ölraffinerie getroffen. Und wer weiß was noch.

Ende April beruhigte sich allmählich die Stimmung in der Öffentlichkeit, die Emotionen flauten ab. Vom Sieg sprach man immer seltener. Der Lebensrhythmus hatte sich verlangsamt, die Menschen gingen wieder in den Straßen spazieren, sie hatten es nicht mehr so eilig, in den Läden machten sich die Händler zu schaffen. Auf der Straße unterhielt man sich stockend, lange Pausen schoben sich zwischen die Worte. Das Target-Abzeichen wurde nicht mehr so oft getragen wie noch vor einer Woche. Auch auf den öffentlichen Plätzen lichteten sich die singenden, tanzenden Massen, einige kleinere Lokalsender strahlten auch amerikanische Rockmusik aus.

Auch eure Vorsicht ließ nach, ihr hattet genug vom Versteckspiel, du und Anikó hattet beschlossen, euch ins Haus in Temerin zurückzuziehen. Wenn ihr vorsichtig wärt, würden nur wenige merken, dass ihr da wart.

Ihr packtet wieder einmal das Nötigste zusammen und zogt weiter. Die Sackgasse in Temerin, in der das Häuschen lag, war wie ausgestorben, ihr traft niemanden unterwegs. Zur Straße hin die unverputzten Mauern eines im Bau befindlichen Hauses, noch ohne Dach. Du hattest Angst, auch diesem Winter ohne Dach entgegensehen zu müssen. Erstaunt beäugtest du das kniehohe Gras, betratest das Haus und sahst dich ratlos um. Endlich warst du irgendwo heimisch.

Die vertrauten Zimmer potenzierten Anikós Kräfte. Ihr wart seit Kriegsbeginn nicht mehr hier gewesen, ihr entstaubtet die Möbel, den Tisch, die Schränke, vielleicht gewissenhafter als je zuvor. Anikó trug die Teppiche in den Hof hinaus, saugte Staub, putzte die Fenster. Bald glänzten die beiden großen, zu den Nachbargärten blickenden Fenster des Wohnzimmers. Es herrschte Stille, nirgends ein Geräusch. Bis zum Abend wart ihr todmüde, den Luftalarm am Nachmittag hattet ihr gar nicht beachtet. Ihr strecktet euch auf dem Bett aus, eine angenehme Müdigkeit übermannte euch. Nirgendwo in der Nähe erglomm am Abend ein Licht, später erfuhrt ihr, dass die meisten Nachbarn nach Ungarn abgereist waren.

Du nahmst feierlich am Schreibtisch Platz, als wolltest du eine alte Rolle ausprobieren. Jahrelang hattest du hier gesessen, dich mit Beginn der wärmeren Jahreszeit hierher zurückgezogen, weil du dich hier leichter von den Verkrampfungen befreien konntest, dir die Worte schneller kamen, du die persönlichen Erfahrungen, die die Sätze ständig zertrümmerten, leichter aus deinem Kopf verbannen konntest. Du hofftest, vielleicht gelänge es dir wieder, alles aus deinem Kopf zu verbannen und ein paar Sätze zu schreiben. Es kam nur auf die ersten Worte an, danach war es leichter, den Verstand auszuschalten. Stets hattest du darum gerungen, dein eigenes Ich zu verbergen, damit dein ungläubiger Geist beim Schreiben die Worte nicht störte, die ewigen Zweifel nicht die Oberhand gewannen. Du müsstest dich davon überzeugen, dass du nicht existiertest, dich in nichts einmischtest, was nichts anderes hieße, als dass du für nichts verantwortlich warst. Das Schreiben war nichts als ein unverzeihliches Missverständnis. Du warst ein Armleuchter, das bekam dir nicht. Du verplempertest deinen ganzen Tag.

Ihr schlieft wieder frühzeitig ein, hörtet nicht einmal den Luftalarm. Nach Mitternacht erwachtet ihr jedoch von einer Detonation, beobachtetet aus dem Wohnzimmerfenster, was vor sich ging. Die Flugzeuge dröhnten in Wellen über eure Köpfe hinweg, dann gab es einen entsetzlichen Knall, sekundenlang erstrahlte die südliche Hälfte des Himmels grellweiß. Dann folgte völlige Dunkelheit, die Landschaft wurde stockfinster, du wolltest das Licht anmachen, aber es gab keinen Strom. Nirgends, nicht einmal in der Ferne brannte irgendein Licht. In den fernen Gärten bellten die Hunde, die Hähne krähten gegen Mitternacht. Du nicktest ein, schrakst auf, auf der Kurzwelle erfuhrst du, dass neuartige Graphitbomben das energetische System betriebsunfähig gemacht hatten.

Auch am Morgen gab es keinen Strom, aus dem Hahn floss kein Wasser, du wuschst dich mit Mineralwasser, rasiertest dich, eiltest zur Arbeit. An der Bushaltestelle wartete die übliche Menschenmenge, nur waren die Leute diesmal gesprächiger als sonst. Der Stromausfall hatte ihre Zungen gelöst. Erst jetzt sei ihnen der Krieg richtig bewusst geworden, sagten mehrere. Es gibt Krieg, plapperten sie einander nach und starrten ungläubig vor sich hin. Niemand wusste etwas Bestimmtes, man wusste nicht einmal, wann es wieder Strom gäbe, morgen, übermorgen oder erst in einem Monat.

Manche hielten ein Transistorradio in der Hand, die Wartenden scharten sich um sie, lauschten den neuesten Nachrichten. Sie redeten jetzt weniger über Politik, diskutierten eher darüber, wie sie ein Mittagessen zustande bringen sollten, ob es warmes Wasser zum Baden gäbe. Am meisten beunruhigte sie, was mit den Kühlschränken passierte. Viele meinten, sie hätten fünfzig, sechzig Kilo Fleisch tiefgekühlt, und jetzt verdürbe alles, wenn nicht in ein, zwei Tagen durch irgendein Wunder der Strom zurückkehrte. Wieder andere hatten ein ganzes Schwein in der Tiefkühltruhe gelagert. Lebende Frischlinge seien billig, Kälber auch, es gebe niemanden, dem man sie verkaufen könne. Man müsste schnell alles anbraten, aber wie. Ein Mann mit Hut erzählte stolz, der benachbarte Bäcker backe das Brot mit Butangas, noch an jenem Nachmittag brate er ihm das Kalb, das er vor dem Krieg in der Tiefkühltruhe gelagert habe. Er habe mit einem Bauern auch schon über ein zweites Kalb und einen Frischling einen Handel abgeschlossen. Auch die werde er vom Bäcker braten lassen, den Frischling werde er dem Bäcker schenken, es lohne sich, denn wer wisse schon, wie lange der Krieg noch dauere. Wer einen Erdgasanschluss habe, habe es jetzt gut, wiederholten viele. Aber was passierte, wenn auch die Gasversorgung aufhörte? Man müsste schnell alles braten. Die eine Pizzeria war in Betrieb, die andere nicht. Es hing davon ab, ob sie zum Pizzabacken Gas oder Strom benutzten. Aber auch die Hamburger- und die Ćevapčići-Buden waren außer Betrieb. Sie hatten sich anscheinend auf Strom eingerichtet. Wegen der Stromausfälle schlossen die Ćevapčići-Buden im ganzen Land, die Menschen auf den Straßen empörten sich. Jetzt reichte es, nicht einmal mehr auswärts könne man satt werden.

Der Rasenmäher konnte das kniehohe Gras nicht bewältigen. Aber selbst wenn er es hätte schneiden können, die Stromausfälle waren so lang, dass das Unterfangen aussichtslos erschien. Also musste die Sense benutzt werden. Nur hattest du keine Sense, konntest sie nicht bedienen und musstest schon zum x-ten Mal im Laufe des Krieges erkennen, dass du für das praktische Leben ungeeignet warst. Und es erschien dir geradezu absurd, mit der Sense über den Rasen zu stolpern, während die als »Hornissen« bekannten B-17er über deinen Kopf hinwegflogen. Das Gras war kniehoch, in den ersten Tagen wolltest du nicht einmal den Hof betreten, obwohl Rasenmähen jahrelang dein einziges halbwegs brauchbares Vergnügen gewesen war. Hätte dich jemand gefragt, ob du dich im vergangenen Jahrzehnt überhaupt einmal entspannt hättest, hättest du erwidert: ja, beim Rasenmähen.

Aber jetzt musste das Gras mit der Sense gemäht werden, denn es gab keinen Rasenmäher. Der Pächter eures Grundes in Temerin erbarmte sich deiner, eines Vormittags mähte er mit Hilfe seines Sohnes das Gras mit der Sense, ignorierte dabei das Summen der »Hornissen«, das Heulen der Sirenen. Fortan betratest du abends gut gelaunt den grünen Rasenteppich, und eine zuversichtliche Stimmung bemächtigte sich deiner. Du konntest allmählich den milden nächtlichen Windhauch genießen und warst dir auf einmal sicher, dass du den Krieg überleben würdest. Von da an vergingen deine Tage ruhiger. Es kam öfter vor, dass Bombeneinschläge den Boden erschütterten, während du gerade zu Mittag aßt: Sie bombardieren wieder Újvidék, murmeltest du und löffeltest die Suppe immer schneller. Denn du bekamst immer Hunger während der Bombardements, du schieltest misstrauisch zum Fenster, wolltest jedoch ruhig bleiben. Nur keine Angst, machtest du dir Mut. Wenn dich jemand auf der Straße auffällig ansah, bliebst du vor einer Auslage stehen und betrachtetest sie desinteressiert. Du hattest gelernt, dass es günstiger war herumzulungern, als sich davonzumachen.

Wenn du nach Újvidék fuhrst, schlendertest du müßig durch die Straßen, miedest aber weiterhin deine alten Bekannten, die in den vergangenen Wochen auf diversen Literaturmatineen, Konzerten oder in der Presse die offiziellen Sprüche wiederkauten. Du kanntest sie schon alle auswendig. Serbien kämpfe für Europa, das serbische Volk habe den Söhnen anderer Nationen nie Schaden zugefügt, es sei freigiebig und großzügig. Sein größter Fehler sei es gewesen, seinen Feinden allzu leichtfertig verziehen zu haben. Den Kroaten 1945, den Ungarn wer weiß wie oft – selbst den Moslems. Es habe die undankbaren Albaner von der türkischen Herrschaft befreit, sie aufgenommen und mit den größten Rechten beschenkt, so große Rechte gebe es in ganz Europa nicht. Nirgendwo! Nie habe ein serbischer Soldat einen Fuß auf fremdes Territorium gesetzt. So sprachen die Populisten, die Postmodernen, die Konzeptualisten, die Avantgardisten ... Noch nie war dir die Literatur so kümmerlich vorgekommen wie in diesen Monaten. Die Worte, die Worte selbst waren unmoralisch geworden. Du miedest deine Kollegen, weil du schon vorher wusstest, was sie sagen würden: Solange die Bomben fielen, müssten sie aus moralischen Beweggründen das Vaterland verteidigen. Das sei ihre Pflicht. Sie hätten kein anderes Vaterland, sie müssten das eine verteidigen, das sie hatten. Ob gut oder schlecht, es war doch das eine Vaterland. Du befürchtetest, schon ein Zucken deines Gesichts könnte dich verraten, oder dir könnte der Satz entfahren, man hätte das Vaterland vorher retten sollen, noch bevor die schmerzhafte Serie von Kriegen begann. Aber sie hätten dich sicher nur feindselig, verständnislos angestarrt, wie immer, wenn du dich versprachst und in Oppositionskreisen solche Tabuthemen aufbrachtest.

Denn Tabus gab es reichlich. Über etwas, was tabu war, konnte man auch unter Andersdenkenden nicht reden. Niemand habe in der Bácska Massengräber gegraben, ja, vielleicht hier und da, vereinzelt, die Übergriffe der Kommunisten, das mochte schon mal vorgekommen sein, aber es sei nichts Ernsthaftes passiert. Niemand habe die Deutschen vertrieben, sie seien von sich aus gegangen, weil sie schuldig waren. Es sei notwendig gewesen, sie kollektiv zu bestrafen, sie hatten es ja verdient. Manche hatten die Kollektivstrafe also verdient, andere nicht. Kinder, Frauen, egal. Es sei natürlich bedauerlich, Bosnien und Herzegowina, vielleicht auch der Kosovo, eine gegenseitige Angelegenheit, gewiss, ein paar Übeltäter hätten sich die Hände schmutzig gemacht, das Volk jedoch habe davon nichts gewusst. Es habe Dinge gegeben, von denen niemand gewusst habe, deshalb sei auch niemand irgendjemandem etwas schuldig. Wenn deine Miene verriet, dass du nicht ganz ihrer Meinung warst, musterten sie dich misstrauisch, konnten nicht verstehen, worüber du nachdachtest. Diesem verständnislosen, unschuldig strahlenden, aufrichtig verwunderten Blick begegnetest du oft während der Balkankriege. Der Gedanke eines deutschen Schriftstellers spukte in deinem Kopf. Ja, diese verwunderten Blicke verrieten, dass man in diesem Land höchstens fünf oder sechs oder, sagen wir, ein Dutzend Schuldige finden wird; was unwillkürlich die Frage nach sich zog, warum es dann das große Gerangel gegeben hat? Wozu waren dann so viele furchtlose Oppositionelle, so viele unerschütterliche Helden, so viele Opfer nötig; die unzähligen Widerständler, von denen es eines Tages so viele geben wird wie Sand am Meer.

Doch jetzt gab es keinen, dem man etwas sagen konnte, der etwas sagte. An wen hätte sich der Schaffner im Bus nach Becse, dem man an die Gurgel gegangen war, während die Fahrgäste die Köpfe senkten und sich klein machten, wenden sollen? Und an wen sollte sich der junge Metzger in Temerin wenden, der euch am ganzen Körper zitternd empfing? Du und Anikó hattet die Metzgerei betreten und als er hörte, dass ihr euch auf Ungarisch unterhieltet, sah er euch von der Theke hilfesuchend an. Sie seien gerade da gewesen, ihr verdienet dasselbe wie die Albaner, hätten sie gesagt. Das Schlachtbeil zitterte in seiner Hand, er stöhnte, trat humpelnd an die Kasse. Seine Hand bebte, als er das Geld entgegennahm. Er schien es nicht annehmen zu wollen. Du drücktest ihm den Hunderter in die Hand, er gab dir heraus. Du standest mit gesenktem Kopf vor ihm. Du warst ein Intellektueller, ein Schriftsteller. Du zögertest, du musstest doch etwas sagen, sicher erwartete er aufmunternde Worte von dir, aber was hättest du sagen sollen? Er sagte, es wäre besser, man würde ihn einberufen, aber man wollte ihn nicht. Er verstand nicht, was das zu bedeuten hatte! Etwa weil er humpelte? Wer wird sich vor der Angst des Metzgers verneigen, wenn sich herausstellt, dass alle Opfer waren und alle unschuldig?

Nach einer vorübergehenden Windstille machten wieder unheilvolle Nachrichten die Runde. Würde sich der Krieg nun auch auf die Vojvodina ausdehnen, fragten viele. Laut Redakteuren der *Times,* einer der angesehensten britischen Tageszeitungen, erwog der amerikanische Präsident Clinton die Stationierung von etwa 90.000 amerikanischen Soldaten zur Vorbereitung einer allgemeinen Bodenoffensive. Vertrauliche Informationen gingen herum. Es war nach Ansicht vieler nur eine Frage von Tagen, bis die Grenze nach Ungarn vollständig geschlossen würde. Jetzt packten auch schon die Frauen, die Männer flöhen bereits über die grüne Grenze oder die Drau. Einer deiner oppositionellen serbischen Freunde bat dich um eine Telefonnummer in Budapest, damit seine Frau eine zur Hand hatte, wenn es eng wurde. Er mahnte auch dich: Überleg nicht lange, für fünfzig D-Mark bringt man dich über die Drau nach Bosnien. So werde auch er seiner Frau folgen: über die Drau. Vertrau deinen Wohnungsschlüssel einem ehrlichen Menschen an, zögere nicht! Wenn die NATO ihre Bodenoffensive von Ungarn aus beginnt, würden die Ungarn in der Bácska zu Geiseln, dasselbe Schicksal erwartete sie wie die Albaner.

London war der gleichen Meinung wie Washington. Wenn in drei Wochen noch kein ernsthaftes Ergebnis vorlag, müsse die ganze Balkankneipe in die Luft gejagt werden. Die Infanterie werde in Bewegung gesetzt! Es werde der Einsatz von einem Heer von 150.000 bis 160.000 Mann erwogen. Der Angriff würde von Norden, also von Ungarn ausgehen.

Auch Radio Kossuth sprach immer öfter von diesen unbestätigten Informationen. Mal berief es sich auf diese westliche Zeitung, mal auf jene. Die Nachrichten vom Krieg wurden größtenteils von Journalisten, die aus der Vojvodina stammten, zusammengestellt, du konntest ihrem Tonfall die Schadenfreude entnehmen. Vorschnell, altklug zitierten sie die westliche Presse, die zu wissen wähnte, dass die Bodenoffensive von Ungarn aus erfolgen sollte. Da stutzten auch die Serben in der Vojvodina. Selbst die, die bis dahin zurückhaltend waren, brausten nun auf. Also stimmte es doch, Ungarn wollte Serbien zerstückeln! In den Nachrichtensendungen des Belgrader Radios und Fernsehens begannen fast alle Nachrichten damit, dass die Bomber in Ungarn aufstiegen. Du spürtest förmlich, wie sich zur gleichen Zeit die Menge empörte. Die ungarnfeindliche Stimmung, die sich Anfang Mai etwas gelegt hatte, entflammte von neuem in den Straßen.

In den Dörfern der Bácska wurden die Bauern mobilisiert. Sie mussten auf den Feldern Schützengräben graben, stellenweise vier Meter breit, einige Meter tief, genau nach Vorschrift. Das Gelände wurde also für Panzer vorbereitet. Du trafst den Pächter, er müsse sich auf die Ernte vorbereiten, aber er habe keine Zeit dafür, lamentierte er. Sein Gesicht war blass, er war todmüde, er hatte tagelang Schützengräben gegraben. Er werde in den nächsten Tagen erneut einbeordert. Nur wir Ungarn graben die Gräben, klagte er unter Schmerzen. Als wolle er sich von einem ominösen Gefühl befreien, bemerkte er scherzhaft: Endlich können wir Ungarisch sprechen. Der Offizier sitze den ganzen Tag unter einem Baum, trinke Bier, blicke mit ausdrucksloser Miene zum Himmel. Er sei kein schlechter Mensch, er habe jüngst Obstsaft für die Arbeiter bestellt. Einmal habe er sich sogar versprochen: Diese Gräben würden gegen die NATO-Panzer nichts nutzen. Erst würden sie Bomben werfen, dann folgten die Kanonen, dann die Hubschrauber, dann die Panzer. Aus der Ernte würde vielleicht nichts werden, stellte der Pächter fest. Aus dem Maisbrechen auch nicht. Was würde nun aus dem Weizen werden, seufzte er, als interessierte ihn nur das; an sein Leben schien er nicht zu denken. Du fuhrst nach Szenttamás, dort hörtest du die gleichen Nachrichten, an der Grenze würden Schützengräben ausgehoben, am besten sei, die Schweine rechtzeitig zu schlachten, sonst würde sie das Militär requirieren. Bis zum Herbst werde es nicht einmal mehr Brot geben.

Die Nachrichten krallten sich aneinander, rangen miteinander, wurden unverständlich: Du warst ihnen gänzlich ausgeliefert. Dir blieb nichts anderes übrig, als alles zu registrieren, deinen Spürsinn zu gebrauchen. Die Diplomaten flogen von einer Stadt in die andere, ihnen blieb nicht einmal Zeit, ihre Anzüge zu wechseln. Obwohl ihre Sekretärinnen Ersatzanzüge, Ersatzkrawatten, Ersatzunterwäsche dabei hatten. Sie verhandelten, gewiss verhandelten sie, sagten sie auf den Pressekonferenzen, sie machten kleine Fortschritte, es dürfe nichts übereilt werden, die Verhandlungen hätten eine sensible Phase erreicht, sie könnten keine Auskunft geben. Und doch sickerte einiges durch. Nach Ansicht westlicher Sender war der Frieden zum Greifen nah. Die örtlichen Sender spielten immer öfter Lieder von Madonna und Cher. Es würde etwas geschehen. Wenn nicht, dann wäre es nur eine Frage von Wochen, bis die schreckliche Bodenoffensive begann.

Die serbischen Politiker waren da schon etwas zurückhaltender, vor allem die, die zuvor mit langem Atem schwadroniert hatten. Allmählich blieben auch die russischen Kommunisten aus, sie stellten keine Raketen mehr in Aussicht, badeten nicht mehr im See von Palics. Die Russen erhielten Lebensmittelhilfe von Amerika im Wert von etwa einer halben Milliarde Dollar. In einigen Städten Südserbiens, vor allem in Čačak, protestierten die Menschen, dieser Krieg sei sinnlos. Čačak, Čačak, ging dir durch den Kopf. Während der Joghurt-Revolution hatte das größte Transparent noch verkündet: Wir Bewohner von Čačak sind zur Stelle! Wir helfen! Und sie kamen. Halfen. Kamen mit riesigen Milošević-Postern. Kamen und verhalfen Milošević zum Sieg. Die Bewohner von Čačak, von Niš, von Kragujevac, von Valjevo. Über zehn Jahre waren vergangen, niemand erinnerte sich mehr, dass erst in Újvidék die Verfassung mit Füßen getreten und dann mit dem Todesstoß für die Vojvodina der Weg des Krieges eingeschlagen wurde. War es möglich, das Ende des Weges zu verleugnen, ohne seinen Anfang zu verleugnen?

Mal gab es Strom, mal nicht. Die Busse zwischen den Städten verkehrten immer seltener. Das Reisen im Dreieck Újvidék – Temerin – Szenttamás wurde immer beschwerlicher. Die Brille war fertig, du fuhrst eilig nach Szenttmás, um deine Mutter zu beruhigen, denn auch sie hörte regelmäßig Radio Kossuth, und du hattest Angst, sie könnte, wenn sie von der Bodenoffensive hörte, zusammenbrechen. Zum Glück arbeitete sie lieber im Garten, wenn keine andere Arbeit anfiel, jätete sie Unkraut, Radio hörte sie zuletzt kaum mehr und sah auch nicht fern. Sie beklagte sich nicht. Sie erzählte, einer der ungarischen Nachbarn sei gestorben, das Herz habe ihm den Dienst versagt. Er habe gerade die Nachrichten von Radio Kossuth gehört. Na, die Herren in Budapest spielten uns übel mit, habe er gesagt und sei in den Hof hinausgeschlendert. Er habe sich am Fuß eines Heuhaufens hingesetzt und sei gestorben. Seine Frau habe erst nach Stunden bemerkt, was geschehen war.

Du versichertest deiner Mutter, man müsse die Nachrichten nicht wörtlich nehmen, Radio Kossuth wisse sowieso nichts. Tatsächlich hattest du während des Krieges dort am wenigsten erfahren. Was will dieser Csurka, fragte deine Mutter. Nichts, sagtest du, er redet, weil ihm nach Reden zumute ist. Warum haut ihm Orbán nicht eins auf die Finger, der scheint ein vernünftiger Junge zu sein. Er kann ihm nicht eins auf die Finger hauen, weil er noch jung ist, sagtest du. Deine Mutter nickte. Der Orbán, der lächelt immer so merkwürdig, das gefällt mir nicht, als würde er etwas im Schilde führen und wollte es nicht laut sagen, sinnierte sie weiter. Er lächelt, um Vertrauen zu gewinnen, erwidertest du. Das machen alle. Ein Ministerpräsident muss lächeln, beendetest du das Thema. Tatsächlich, warum lächelte Orbán, ging dir durch den Kopf. Vor allem, wenn er um Blair herumschlich. Clinton und Blair lächelten auch, aber anders, einfacher, weniger prätentiös. Gewiss deshalb, weil sie um niemanden herumschlichen.

Du nahmst die Brille aus deiner Tasche sowie ein Geschichtsbuch, das du aus Újvidék mitgebracht hattest. Die Geschichte der Ungarn. So etwas las deine Mutter gern. Doch diesmal legte sie Buch und Brille gleichgültig beiseite. So war es auch 1941, sie machten großes Tamtam, dann brachen sie ihre Zelte ab, grübelte sie weiter. Am wichtigsten sind die Anweisungen des Arztes, sagtest du, um das Thema zu wechseln. Es wird bald alles vorbei sein, versprachst du.

Der Freund rief an, er werde sich verspäten. Es gebe kein Benzin. Schließlich besorgte er doch etwas. Eine halbe Stunde später hupte er vor dem Haus, ihr könntet losfahren. Zum Glück hatte es an jenem Vormittag keinen Luftalarm gegeben. Auch die Blutuntersuchung zeigte ermutigende Werte, das heiterte dich auf. Ihr fuhrt zurück, der Luftalarm blieb aus, deine Mutter war während der ganzen Heimfahrt schlecht gelaunt, um sie zu trösten, erklärtest du, du werdest nicht gleich mit dem Wagen zurückfahren, sondern erst am nächsten Morgen nach Újvidék aufbrechen. Deine Mutter lächelte, dann wolle sie ein Huhn braten.

Du holtest getrocknete Maiskolben aus dem Schuppen, zündetest ein Feuer an. Deine Mutter brühte das Huhn ab, rupfte es. Sie bat dich, von den Enkeln zu erzählen, wie es ihnen ginge. Sie wollte jedes noch so kleine Detail wissen. Wie sie sich anzogen, welche Schulen sie besuchten, was sie später werden wollten. Immer wieder stellte sie die gleichen Fragen. Du wiederholtest die gleichen Antworten, immer ausführlicher. Ja, es gehe ihnen gut. Die Details erfandest du manchmal. Natürlich, du habest in Budapest ein Restaurant entdeckt, in dem es auch Zwetschgenknödel und Mohnnudeln gebe. Dorthin gingst du mit deinem Sohn, wenn du in Budapest warst. Und deine Tochter habe in Paris ein ungarisches Restaurant ausfindig gemacht. Davon hat sie in ihrem Brief nichts geschrieben, sagte deine Mutter. Sie servierte die Suppe, nahm am Tisch Platz, ihr aßt zusammen zu Abend. Ihr wart noch nicht fertig, als die Sirenen ertönten. Deine Mutter legte das Messer hin und bemerkte nach einer langen Pause: Dein Vater wäre auf seine Enkel stolz gewesen. Sie haben das verwirklicht, was er nur geplant hatte. Kanada, Australien, murmelte sie.

Früh am Morgen brachst du nach Újvidék auf, wartetest zwei Stunden an der Haltestelle, wusstest nicht, wann der Bus käme. Die Fahrgäste unterhielten sich, immer öfter fiel das Wort: Frieden. Endlich fuhr der Bus vor, es begann ein unbeschreibliches Gedränge. Der Schaffner brüllte hilflos, dann winkte er ab, betrachtete gleichgültig, wie sich die Menschen gegenseitig traten. Du spürtest einen heftigen Schmerz in deiner Hüfte. Jemand trat dir gegen das Bein, man trampelte dir auf den Fuß; du konntest kaum Luft holen, dir blieb keine Wahl, auch du fingst mächtig zu drängeln an, um möglichst schnell einzusteigen. Dann bekämst du wenigstens wieder Luft. Zusammengepfercht fuhrt ihr los. Plötzlich blieb der Bus mitten auf der Straße stehen. Vielleicht wieder ein Luftalarm, erregten sich die Fahrgäste. Nein, nur ein kleiner Motorschaden, sagte der Schaffner. Ihr stiegt aus, schobt den Bus an und fuhrt im Bummeltempo nach Újvidék.

Vierzehnte Szene

Märchenhafter Mikrobus – Massengräber, noch einmal – Frieden – Siegesfeuerwerk, noch einmal – Lob des Rasens, wieder und wieder

Du wolltest am Bahnhof von Újvidék eine Karte für einen Abendbus nach Temerin im Voraus lösen. Vor den Schiebefenstern warteten die Menschen in endlosen Schlangen, die Beamten hinter den Schiebefenstern schrieben die Fahrkarten per Hand, da die Computer wegen des Stromausfalls außer Betrieb waren. Ab und zu riefen sie den Wartenden zu, es würden keine Fahrkarten im Voraus verkauft, da die Abfahrtszeit der Busse ungewiss sei. Niemand rührte sich von seinem Platz, die Menschen nahmen die Zeit nicht mehr wahr, also regten sie sich auch über das Anstehen nicht auf. Manche rannten zur Haltestelle hinaus, kehrten ein paar Minuten später mit gesenktem Kopf wieder zurück. Der Bus aus Szabadka war nicht eingetroffen. Der aus Zombor auch nicht. Kurz darauf begann alles von vorn. Und so ging es tagelang, wochenlang. Die Busse aus Belgrad verspäteten sich, sie machten einen großen Umweg, fuhren über das Bánát nach Újvidék. Wer Fahrkarten im Voraus kaufen will, braucht nicht zu warten, er bekommt sowieso keine, brüllte die Beamtin hinter dem Schiebefenster. Du fandest dich damit ab, du hattest keine Ahnung, wie du nach Temerin zurückkommen solltest.

An der Haltestelle sprach sich herum, dass neuerdings ein grüner Mikrobus die Fahrgäste nach Temerin befördere. Man reise damit wie im Westen, schworen die Gutinformierten. Der Besitzer erfrische die Luft im Mikrobus mit wohlduftenden Sprays, öffne einem beim Aussteigen die Tür, grüße höflich, duze einen nicht, sondern sage: Bitte sehr, mein Herr.

Von wo fuhr er ab? Wann? Keiner konnte genau sagen, von wo er abfuhr, aber alle hatten schon von ihm gehört. Er tauchte gelegentlich auf, sammelte die Fahrgäste ein. Endlich können wir reisen wie die vornehmen Leute, spuckte ein Mann aus. Die Kassiererin glaubte zu wissen, dass ein grüner Mikrobus in der Nähe der städtischen Bushaltestelle auf der gegenüberliegenden Seite aufzutauchen pflegte, sie habe ihn mit eigenen Augen gesehen. Der Besitzer trage einen dunkelblauen Anzug aus gutem Stoff und eine hellblaue Krawatte mit dünnen roten Streifen, ein echter Herr also. Manchmal habe er aber auch einen mausgrauen Anzug, ein dunkelgraues Hemd und eine schwarzgrün gestreifte Krawatte an. Eine größere Gruppe machte kehrt und drängte in die angegebene Richtung, vielleicht tauchte der Mikrobus just in jener Sekunde auf, samt seinem Besitzer – im mausgrauen Anzug. Auch du hetztest hinter ihnen her. Du wolltest nicht zurückbleiben, auch du wolltest endlich einmal fürstlich reisen. Das ist schon richtig, sagte der Schaffner des städtischen Verkehrsbetriebs, er pflegt von hier abzufahren, nur weiß niemand, wann. Er hat immer einen eleganten Anzug an, soviel ist sicher. Soweit ich weiß, fährt er immer, wenn er Treibstoff ergattern kann. Aber auf dem Schwarzmarkt kommt er nicht immer an Treibstoff heran, hin und wieder schnappen ihn die Polizisten, dann ist es vorbei mit dem Komfort. Manchmal findet er nur am Vormittag Treibstoff, am Nachmittag nicht, je nachdem, ob der Polizist ein Auge zudrückt oder nicht, grinste der Schaffner. Du merktest dir die Stelle, gingst zu Fuß ins Büro, da auch die städtischen Busse nicht fuhren. Ab und zu tauchte einer auf, aber völlig unberechenbar. Es war riskant, die Straße zu überqueren, da auch die Ampeln nicht funktionierten und die Autofahrer nervös waren. Die Autos waren ohnehin voller Soldaten, Offizieren. In der Stadt herrschte völliges Durcheinander. Du befandest dich etwa auf halbem Weg, als die Sirenen ertönten. Du drücktest dich unwillkürlich gegen die Wand, so gingst du einige hundert Meter, dann setztest du dich müde auf die Terrasse eines Bistros. Die Fahrt hatte dich erschöpft, deine Hüfte schmerzte noch lange. Du bestelltest einen Cappuccino. Die Terrasse war voller Jugendlicher, sie blickten forschend zum Himmel und erzählten sich Kriegswitze. An einem der Tische diskutierten einige junge Männer, sie müssten wieder nach Budapest fahren. Als sie das letzte Mal eine Demonstration in Budapest organisiert hätten, hätten sie ein schönes Sümmchen eingesteckt. Die Ungarn müssten mobilisiert werden, sonst blieben sie für immer NATO-Knechte.

Vor der Eingangstür des Büros stand die verhutzelte, grauhaarige, alte Frau aus dem Erdgeschoss. Ihr Mann war vor etwa zehn Jahren gestorben, sie hatte niemanden. Dir war aufgefallen, dass sie bei Luftalarm ständig zur Eingangstür rannte. Du fragtest sie einmal, warum. Sie wolle sehen, wie das marmorne Gebäude der Hauptpost einstürzt, erwiderte sie. Sie habe einen Mieter gehabt, er sei abgehauen, in Crna Gora gelandet und wolle von dort in den Westen emigrieren. Wie solle sie mitten im Krieg einen neuen Mieter finden, wenn doch alle auf der Flucht seien und niemand eine Wohnung suche? Denn von der Rente allein könne sie nicht leben. Deshalb möchte sie die Hauptpost in Trümmern sehen. Im Büro erwartete dich eine Grabesstille, die Kollegen hatten sich ins sicherere Zimmer, das auf den Hof blickte, zurückgezogen.

Am späten Nachmittag gingst du wieder zum Busbahnhof, vor der Haltestelle Temerin stritten sich zwei alte Frauen mit einem Polizisten, warum der Bus noch nicht abfuhr. Fragt doch Clinton, schrie der Polizist zurück. Und außerdem, was lungern Sie hier während des Luftalarms herum? Wollen sie, dass Ihnen die NATO eine Rakete in den Hintern schießt? Was ist das für eine Ordnung, die ganze Stadt treibt sich während des Luftalarms in den Straßen herum. Die alten Frauen verbaten sich das, das machte den Polizisten noch wütender. Einer seiner Kollegen sprang zu ihm, zerrte ihn weg, er solle es doch lassen, wenn jemand nicht in den Schutzraum gehen wolle, dann eben nicht. Aber der Polizist schrie weiter, die scherten sich gar nicht um den Luftalarm. Wenn die Sirenen ertönten, hätten sich die Bürger in die Schutzräume zu begeben. Er schimpfte noch eine Weile, dann beruhigte er sich, kaufte von einem Straßenhändler eine Coca-Cola, kippte sie grimmig hinunter. Selbstgebrannter Schnaps wäre besser, bemerkte ein dickbäuchiger Mann. Der Polizist schnitt eine verbitterte Grimasse. Wohl wahr, aber der sei längst ausgegangen, sagte er. Der Dickbäuchige zog eine Schnapsflasche aus seiner Tasche und reichte sie ihm. Der Polizist zögerte, dann trank er schnell, reichte sie seinem Kollegen. Auch der nahm einen großen Schluck aus der Flasche und nickte anerkennend. Der Dickbäuchige tat auch einen kräftigen Zug, sie setzten sich zu dritt auf eine Bank und ließen die Flasche herumgehen. Auf der anderen Bank lästerten die beiden alten Frauen. Die wollen das Land verteidigen, dabei wissen sie nicht einmal, wann der Bus abfährt!

Im nächsten Augenblick verschlug es dir vor Staunen die Sprache: Auf dem Parkplatz hielt ein grüner Mikrobus, der Fahrer stieg aus, er trug einen grauen Anzug und versprühte tatsächlich Duftspray im Inneren des Wagens. Ein paar Leute gingen auf den Mikrobus zu, du ranntest ihnen hinterher, fragtest ungläubig, ob er wirklich nach Temerin fahre und ob es noch Plätze gebe? Natürlich, mein Herr, sagte der Fahrer, steigen Sie nur ein, wir fahren gleich ab. Die Fahrgäste stiegen ein und lobten lauthals den Komfort. Ach, meine Herren, Serbien ließe sich im Nu in ein Paradies verwandeln, wenn man es nur gestattete, sagte der Fahrer und rückte im Rückspiegel seine Krawatte zurecht. Ich habe zwanzig Jahre in Frankfurt gearbeitet, bin wegen meiner Enkel zurückgekommen, hatte sozusagen Heimweh. Nun, ich wage die Behauptung, dass wir besser als die Deutschen sind, nur lässt der Westen nicht zu, dass wir es beweisen.

Ein paar Tage später bevölkerte sich plötzlich das Büro. Der quarantäneartige Zustand fand ein Ende, weil die staatliche Zeitung eine an irgendeiner amerikanischen Universität gehaltene Rede von George Soros, wenn auch entstellt, abgedruckt hatte. Er hatte unter anderem bemerkt, dass Amerika nicht Weltpolizist sein könne, der Abschnitt über die Unvermeidlichkeit der Einmischung fehlte jedoch. Die Nachricht ging von Mund zu Mund. Ungläubig betraten die alten Besucher das Büro und fragten nach Fotokopien des Artikels. Einer von ihnen wollte fünf Exemplare, aber wenn möglich noch mehr, er wolle sie unbedingt seinen Bekannten zeigen.

Gleichsam von einem Tag auf den anderen wart ihr nicht mehr stigmatisiert, das Büro bevölkerte sich, es kam einer nach dem anderen, die alten Bekannten und Leute, die sich nach Möglichkeiten der Unterstützung erkundigten. Du saßt am Schreibtisch, lauschtest den vertrauten Reden. Die große Mehrheit der Besucher verurteilte verbittert den Westen, nun sei auch das letzte Ideal gefallen, hieß es immer wieder. Ich war noch nie ein Anhänger der amerikanischen Demokratie, aber jetzt bin ich auch von der europäischen enttäuscht, beteuerte einer der Besucher. Alle Ideale seien besudelt, stellte er fest. Die meisten fanden, die westliche Welt habe sie in diesen Monaten erniedrigt, zwischen ihren früheren Vorstellungen und ihren jüngsten Erfahrungen habe sich ein großer Abgrund aufgetan. Dieser Tenor herrschte auch in der unabhängigen Presse vor. Die Journalisten ritten unaufhörlich darauf herum, dass sich der Westen unverständlich verhalte, eingebildet, egoistisch und nur seinen eigenen Interessen verpflichtet sei. Die Andersdenkenden beteuerten einstimmig, es gehe nicht um den Schutz der Rechte der Albaner, sondern einzig um die Bestrafung der Serben. Nichts belege das eklatanter als die Bombardierung der Fernleitungen.

Bis jetzt haben wir es überstanden, aber wer soll uns vor dem inneren Zusammenbruch bewahren?, fragte besorgt ein alter Freund von dir. Niemand, erwidertest du. Du ahntest, dass in nächster Zeit sehr vieles, wovor du Angst hattest, zu einem Bürgerrecht würde. Bis zur Katharsis war es noch ein langer Weg, Generationen würden darum kämpfen müssen und nur schwer begreifen können, warum ihr Kampf so aussichtslos war. Alle Werte waren umgewertet worden. Was gestern noch Nationalismus war, würde schon morgen zu einer bürgerlichen Tugend werden. Wir sind also machtlos, entfuhr es deinem Freund. Machtlos, pflichtetest du ihm bei. Er nickte nach einer Weile. Ich weiß, gestand er. Ihr dachtet nach, was euch noch bevorstehen mochte, nachdem auch jene dünnen Fäden gerissen waren, die euch mit der Außenwelt verbunden hatten.

Das Belgrader Fernsehen wiederholte stündlich: Nur die NATO und die UCK hätten die Kosovoalbaner gefährdet, die serbische Polizei habe sie mit keinem Finger angerührt. Demgegenüber sprach die ausländische Presse von nahezu einer Million albanischen Flüchtlingen. Ein Belgrader Oppositioneller verkündete selbstsicher, die unmoralischen westlichen Journalisten wollten nicht darüber schreiben, dass Kosovoserben Albaner, die vor der NATO auf der Flucht waren, in ihren eigenen Wohnungen versteckt hätten. Schon möglich, dass hier und da paramilitärische Einheiten aufgetaucht waren, natürlich, gewiss, und doch hätten Serben Albaner bei sich versteckt. Hätten die Hand über sie gehalten, sie beschützt, jawohl, denn das Volk war unschuldig. Wer wagte es, das Volk zu verurteilen? Die Massengräber seien von ausländischen Spionageringen erfunden worden, sie stellten diese schrecklichen Fälschungen selbst her, wiederholte auch der Mann von der Straße beharrlich. Wer ihnen Glauben schenkte, führte bereits Böses im Schilde. Am besten war, niemals etwas über irgendetwas zu sagen. Der Kommentator eines unabhängigen Belgrader Blattes stieß zornig hervor, warum sich CNN nicht an der unabhängigen serbischen Presse ein Beispiel nehme.

Zwei Welten existierten nebeneinander, die nichts miteinander zu tun hatten. Laut internationalen Nachrichtenquellen kamen an einem einzigen Tag im April über zehntausend Flüchtlinge mit dem Zug in Mazedonien an. Die Fernsehbilder logen, argumentierte das Staatsfernsehen. Nach einer NATO-Meldung wurden in der letzten Aprilwoche etwa 50.000 Menschen aus Prizren und seiner Umgebung im Südkosovo vertrieben. Die Generäle logen, antworteten im Chor das erste, das zweite und das dritte Serbien. Wer wagte zu behaupten, die jugoslawische Armee habe viele von ihnen gezwungen, ihre Befestigungsanlagen um die Städte auszubauen? Wer wagte zu behaupten, die flüchtenden Albaner seien ausgeplündert worden? Wer wagte zu behaupten, die paramilitärische Einheiten mordeten und plünderten?

Die humanitären Organisationen schickten fleißig die Berichte. An einem einzigen Tag, am letzten Sonntag im April, seien 10.000 Kosovoalbaner nach Albanien geflohen, wo ihre Zahl die 450.000 bereits überstieg. Die BBC lüge, lautete die Antwort. Im 12.000-Seelen-Ort Kukës seien 100.000 Flüchtlinge aus dem Kosovo untergebracht worden. Die Deutsche Welle verleumde die Serben, ereiferte sich die andere Seite. Das Gros der Flüchtlinge bestehe zu achtzig Prozent aus Frauen, Kindern und Alten. Wohin waren die Männer verschwunden?, fragte Emma Bonino. Die EU-Kommissarin für humanitäre Angelegenheiten reproduziere wieder die altbewährten serbenfeindlichen Rezepte, widersprach die serbische Seite. Seht, wie perfide die westlichen Medien sind! Die Bilderfolgen der ausländischen Fernsehsender zeigten vor allem ältere Frauen und Kinder. Sie hätten die Szenen, in denen Männer zu sehen waren, absichtlich herausgeschnitten. Der Kameramann habe die strikte Weisung erhalten, keine Männer zu fotografieren, sonst würden ihn die Kapitalisten auf die Straße setzen. Worum es gehe, sei klar. Die Welt wolle die Serben in Misskredit bringen. Man verbreitete, der Fall von Srebrenica, bei dem Männer und Frauen zwischen zwanzig und vierzig verschwunden waren, habe sich wiederholt. Die Serben hätten 8.000 Muslime ermordet! Aber auch das sei nicht wahr, nichts davon sei wahr. Auch Srebrenica sei nicht wahr! Serben grüben keine Massengräber. Niemals grüben sie die. Alles sei erlogen. Landauf, landab war nichts anderes zu hören.

Die Albaner flüchteten, und selbst ein Blinder konnte sehen, dass sie sich vor der NATO aus dem Staub machten, beteuerte das Belgrader Fernsehen. Wort für Wort dasselbe behaupteten die oppositionellen Intellektuellen. Ein Hochschullehrer wehrte deine besorgte Frage ab, indem er auf György Konrád verwies. Auch Konrád habe die Verantwortung der NATO für die Flüchtlinge eingestehen müssen. Die westliche Demokratie könne ihre tollwütigen Hunde nicht an der Kette halten. Jawohl, er habe eingeräumt, Menschenrechte seien nicht mit Waffen zu sichern. Man hätte die Gewalt durch geduldiges Zureden stoppen sollen, hätte verhandeln, Diskussionsrunden über Menschenrechte und Minderheitenrechte, anschließend Bankette, Festessen veranstalten, Ehrenvorsitzende wählen sollen. Dann hätte die Gewalt aufgehört. Auch das habe er eingeräumt. Waffen jedweder Art kämen nicht in Frage, soviel sei klar. Die Albaner lögen vor den Fernsehkameras, schwor der Hochschullehrer. Sie haben sich abgesprochen und lügen. Viele haben geschworen, mit eigenen Augen gesehen zu haben, wie Albaner vor der Kamera geweint, anschließend beiseite gegangen seien und gelacht hätten. Das war versehentlich drin geblieben, sie hatten die Sequenz versehentlich nicht herausgeschnitten. Was für Massengräber? Das ist reine, amerikanische Propaganda! Glauben Sie denn, Konrád würde Partei für die Serben ergreifen, wenn es Massengräber gäbe? So etwas würde der große europäische Humanist nie tun. Er ist der beste Beweis dafür, dass die westlichen Schreiberlinge lügen. Nirgends gebe es Massengräber, nicht einmal auf Befehl könnten die Söhne der serbischen Nation so etwas tun. Allein Konrád habe den Mut gehabt, sich gegen den ungarischen Faschismus zu wenden, so die wohlbekannten Ausführungen.

Aber die Bilder sprachen wieder einmal eine andere Sprache. Zehntausende Albaner harrten an der Grenze nach Albanien und Mazedonien aus. Tausende irrten in der Mittagshitze umher, die Sonne stieg immer höher, immer schwerfälliger schleppten sich die Menschen dahin. Jeden Tag begann das Drama von Neuem. Sie wollten fliehen, doch wohin? Keiner wollte sie aufnehmen, der Westen feilschte über die Quoten, die Mazedonier demonstrierten gegen die Albaner. Auch sie hatten Angst. Du versankst in nüchternen Zahlen, dennoch trautest du deinen Augen nicht, so grauenerregend waren sie. Du vernahmst die Siegeshymne und hantiertest mit kleinen, belanglosen Zahlen. Im April hatten englische Soldaten für die Flüchtlinge aus dem Kosovo allein in Albanien 46.000 Hähnchen, 19.500 Lángos gebraten, 48 Tonnen Gulasch und 16.000 Eier gekocht. Sie hatten 129.000 Portionen Essen bereitet, 145 Tonnen Obst, 129.000 Laibe Brot und 102.432 Portionen Babynahrung unter den Bedürftigen verteilt. Sie hatten täglich 4.000 Hektoliter Trinkwasser geliefert und bis dahin insgesamt 240 Latrinen gegraben.

Nach den Berechnungen hatten seit Ende März 976.000 Menschen den Kosovo verlassen. Laut Angaben von AFP waren die meisten von ihnen in die Nachbarländer geflohen: In Albanien warteten 442.000, in Mazedonien 250.000, in Bosnien-Herzegowina fast 22.000 Flüchtlinge auf eine Normalisierung der Lage. Du schaltetest den Fernseher aus, machtest die Augen zu und stelltest dir den endlosen Flüchtlingsstrom vor. Nachts schrakst du auf, du hattest geträumt, dass auch du in einer solchen Kolonne gehen musstest. Ihr schlepptet euch über irgendwelche Felder, ihr saht Bekannte, spracht einander jedoch nicht an. Ihr schämtet euch, nie hättet ihr so etwas für möglich gehalten. Deine Kraft ließ nach, dein Alter erlaubte keine langen Märsche mehr. Soldaten umzingelten euch, durchsuchten euch, auch unter ihnen entdecktest du Bekannte. Ein junger Soziologe, einige Rechtsprofessoren wiesen euch mit dem Gewehrkolben den Weg. Du nahmst ein Buch aus deiner Tasche, Pascal, das hatte man dir noch nicht abgenommen. Darum geht es jetzt nicht, sagte einer von ihnen und lehnte das Geschenk mit entsetztem Gesichtsausdruck ab. Niemand sollte jetzt in meiner Haut sein wollen, murmelte er, als spräche er nicht zu dir. Auch er hatte Angst, genauso wie du. Er hatte es schwerer, dachte er vielleicht, denn du warst vielleicht nur ein zufälliges Opfer, er hingegen war notwendigerweise zu einem Opfer geworden.

Um Mitternacht begannen die Sirenen zu heulen. Also hatte dich nicht der Alptraum aus dem Schlaf gerissen, du hattest gar nichts Schlimmes geträumt, versuchtest du, die schrecklichen Bilder zu verscheuchen. Einzig der Luftalarm hatte dich aus dem Schlaf gerissen. Du atmetest auf. Lieber würdest du so geweckt als von derartigen Traumbildern voller Gewissensbisse. Denn wenn dich das überkam, hattest du umsonst gelebt. Du und Anikó lieft in den Garten, ihr wartetet auf die Flugzeuge. Ihr konntet beide nicht schlafen. Erst Stunden später erdröhnten die Flugzeuge, dann hörtet ihr eine Explosion, und Flammen schlugen zum Himmel.

Am folgenden Nachmittag ging Anikó zur Arbeit. Das war die bessere Schicht; am gefährlichsten war, wenn sie die Arbeit spät in der Nacht beendete, wenn die Flugzeuge in der Luft kreisten. Vormittags Ruhe, nachmittags Ruhe. Du saßt am Computer, versuchtest zu schreiben. Doch das Schreiben fiel dir schwer, du fandest keine Worte für die Ereignisse. Es tauchten nur Bilder und Szenen auf, Bilderfolgen, die ihrerseits in winzige Szenen zerfielen. Es gab keine einzige Geschichte, die sie zusammengehalten hätte. Denn eine Geschichte konnte von zweierlei zusammengehalten werden: entweder von der Wahrheit oder von der Lüge. Die Diktatur hatte die schönen, in sich geschlossenen Geschichten, die melancholischen Menschenschicksale stets hochgehalten. Und das ewig Menschliche natürlich. Sie hatte das ewig Menschliche der Phantasie überlassen, denn sie war sich sicher, dass sich die Geschichte von der Lüge nährte; sie war wie ein rachsüchtiger Krüppel, sie verschlang alles und blieb dennoch ein Krüppel. In Anbetracht dessen, dass dich die Worte im Stich ließen, sobald du dich auf die Suche nach der Wahrheit machtest, musstest du schnell einsehen, dass das Schreiben dich nicht zur Wahrheit führen würde. Die Wahrheit hatte keine Geschichte. Doch was sollte aus dir werden, wenn dir die Worte untreu wurden wie einst Jonas? Du warst altmodisch geworden, stelltest du verbittert fest, schon weil du dir den Kopf über so etwas zerbrachst. Es zählte auch nicht, dass dich die schweren Zeiten dazu gemacht hätten, dass sie den kühnen und schuldhaften Gedanken in dich gerammt hätten, dass die Worte der Wahrheit doch nicht untreu geworden waren.

Gegen Mittag standest du auf, gingst über den Rasen im Vorgarten, mustertest den Himmel und warst glücklich, weil es keinen Luftalarm gab. Du ließt dich wieder am Tisch nieder, als wolltest du irgendeiner wichtigen Angabe nachgehen, blättertest eines deiner alten Bücher auf. Bürgerkrieg, Bürgerkrieg, last in den ersten Seiten deines eigenen Romans *Eckhardts Ring*. Unsichtbarer und sichtbarer Bürgerkrieg. Er hatte schon vor Langem begonnen, vor über einem Jahrzehnt. Permanenter und vorübergehender Bürgerkrieg. Natürlich. Irgendwie hatte es damit begonnen, dass die Eingeweihten altklug darauf pochten, der Bürgerkrieg, in dem ihr alle zu Komplizen wurdet, habe schon vor Jahren begonnen. Einen Weg zurück gebe es nicht.

Du konntest nicht einmal in deinem eigenen Buch lesen. Die letzten Monate hatten nur Momentaufnahmen aus einer langen Reihe von Ereignissen zugelassen, deren Einzelheiten chaotisch aufeinanderfolgten. Es war kein Krieg, das war dir klar. Die unglückselige NATO war im Grunde nur ein Nebendarsteller in dieser Geschichte, sie ließ sich nur hineinziehen, um die Geschichte, deren Ausgang weiterhin offen war, zu beschleunigen. Sie war hineingeschlittert wie der Frosch ins Abspülwasser, könnte man sagen, vor allem aus moralischen Gründen. Und stand augenblicklich vor dem größten Widerspruch: War es möglich, aus moralischen Gründen Krieg zu führen? Womöglich gab es nur eine noch größere Sünde, längst mechanisch und eingebürgert: aus moralischen Gründen keinen Krieg gegen den Krieg zu führen. Stumm abzuwarten! Von vornherein aussichtslose, unfruchtbare Verhandlungen zu führen! Diskussionen am runden Tisch zu organisieren! Vom Hotelzimmer aus die Landschaft zu bewundern und Tag und Nacht zu beraten, in den Pausen zwischen den Beratungen trübsinnig im Cappuccino zu rühren. Sich besorgt über den Weltfrieden zu äußern. Auf dem Bildschirm tatenlos zuzusehen, wie Dörfer eingeäschert wurden. Dem sinnlosen Wüten der Machthaber hilflos zuzuschauen. Sich gefallen zu lassen, dass sich Politiker auf die Brust schlugen: Wir sind die Stärkeren, die Schwächeren sollen das Maul halten. Was für Zeiten standen dir bevor, wenn selbst die biblische Judith in eine Generalsuniform schlüpfen musste? Weshalb beschämte dich dein Jahrhundert derart? Du hattest einst in einem deiner Dramen geschrieben, man würde Judith schließlich eine gewöhnliche Hure nennen, obwohl du nur allzu gut wusstest, dass sie im Innersten eine Mörderin war.

Du hattest keinen einzigen Satz niedergeschrieben, aber du sehntest dich wenigstens nach Worten. Auch das war ein gutes Gefühl. Anikó musste spätestens gegen sechs heimkommen, aber du wartetest vergeblich auf sie. Sie hatte sicher keinen Bus erwischt, dachtest du anfangs. Du hattest ihr gleich empfohlen, es mit dem grünen Mikrobus zu versuchen. Sollte es mit dem grünen Mikrobus zu Ende sein? Du riefst am Bahnhof an, ja, der Bus sei um vier Uhr abgefahren, danach seien noch mehr Busse abgefahren, erwiderte man. Natürlich, die Busse führen auch während der Luftalarme, natürlich führen sie, es würde ja nicht bombardiert.

Du blicktest immer wieder zur Straße, die Nachbarn machten sich draußen zu schaffen. In den Vorgärten verbrannten sie das getrocknete Gras, das sie noch nicht zur Abfallhalde hatten bringen können. Die Nachbarn kehrten die Bürgersteige, die Anwohner unterhielten sich ruhig miteinander, das waren keine Kriegsszenen mehr. In einem der Gärten schärfte man eine Sense. Manche blickten dich überrascht an, sie wussten nicht, dass ihr euch hier draußen aufhieltet. Ihr seiet erst vor ein paar Tagen hergekommen, erwidertest du. Sie bemitleideten die Städter, die seien nach alldem sicher frustriert und hysterisch. Ja, frustriert und hysterisch, pflichtetest du ihnen bei. Sie wollten deine Meinung hören, ob man Frieden schließen würde. Du hattest das Gefühl, das Volk auf der Straße hoffte es. Gewiss, nicktest du, er nahte, der Frieden nahte. Stunden vergingen, es dämmerte, von Anikó gab es noch immer keine Spur. Du riefst sie mehrmals auf ihrem Handy an, es war ausgeschaltet. Traute sie sich nicht, es einzuschalten? Nach zehn Uhr erhellte ein greller Lichtstrahl den Garten. Du ranntest hinaus, Anikó taumelte herein, an ihrer Seite zwei Männer. Sie konnte sich kaum auf den Beinen halten, ihr Gesicht, ihre Kleidung waren voll Blut. Sie öffnete den Mund, konnte nicht sprechen.

Es hatte einen Verkehrsunfall gegeben, die Ambulanz hatte sie gegen sieben ins Krankenhaus gebracht. Ihr Kopf und Hals waren verletzt, ihre Stirn war aufgerissen. Sie hatte den offiziellen Bus nach Hause genommen, aber der Fahrer missachtete die Vorfahrt, bog aus der Seitenstraße mit hoher Geschwindigkeit in die Hauptstraße ein. Ihm war nichts geschehen, doch Anikó wurde von schrecklichen Schmerzen gequält, sie konnte den Kopf kaum aufrechthalten. Du führtest sie in die Wohnung, stütztest sie mit dem Arm und bettetest sie hin. Ihre Augen waren die ganze Nacht geöffnet, sie lag reglos da, unfähig zu schlafen. Um Mitternacht ertönten die Sirenen. Anikó reagierte nicht, lief nicht wie sonst in den Hof, machte nur winzige, kaum vernehmbare Atemzüge. Du rührtest dich nicht, horchtest dem Summen der Flugzeuge. Du spürtest, wie das kleine Haus erbebte, mit ihm die Fensterscheiben erzitterten. Aber die Bomber flogen nur über dich hinweg, eine Welle, dann eine zweite.

Die Morgennachrichten bestätigten, die Friedensverhandlungen würden mit an Sicherheit grenzender Wahrscheinlichkeit erfolgreich abgeschlossen. Gegen Morgen schlummerte Anikó vor Übermüdung ein. Es gab Strom. Es gab Wasser. Du nahmst ein Bad, endlich. Du machtest Anikó einen heißen Tee, dein Auge leuchtete auf, als du eine Dose Earl Grey entdecktest. Du ließt alle leeren Töpfe, Gläser mit Wasser vollllaufen, solange Wasser aus dem Hahn rann. Du hörtest dir die Morgennachrichten an, knabbertest ein Stück trockenes Brot. Du schenktest dir Tee ein und dachtest darüber nach, dass du kein bisschen klüger geworden warst. Die NATO-Soldaten würden zweifellos in den Kosovo einmarschieren, die albanischen Flüchtlinge zurückkehren, Serbien würde eine Niederlage erleiden und lange brauchen, um sich damit abzufinden. Nur würdest du das nicht als Geschichte bezeichnen. Du konntest nicht einmal wirklich begreifen, was geschehen war, denn die Folgen waren noch nicht im Geringsten abzusehen. Erst in einigen Jahrzehnten würde sich zeigen, was geschehen war. Gäbe es nur ein bisschen weniger Ungerechtigkeit, Leiden, hätte es sich gelohnt. Erleben würdest du es nicht mehr. Die Zukunft war noch weit weg. Zu weit weg. Du wusstest nur, dass du mehr denn je ausgeliefert warst. Vermutlich nahm man immer mit einem solchen Gefühl zur Kenntnis, dass die Geschichte doch irgendwohin dümpelte. Mal hierhin, mal dorthin, ohne Ziel. Dennoch war es wichtig, dass sie sich rührte. Die Nachrichten am Nachmittag meldeten die Unterbrechung der Friedensverhandlungen. Nur vorübergehend, konstatiertest du verärgert. Sie feilschten in den Zelten wie die Marktweiber. Das Ganze war nur ein großes Schauspiel, du hattest keine Lust, einen Blick hinter die Kulissen zu werfen. Du schlürftest den Tee, knabbertest das trockene Brot.

Das alles geschah am 6. Juni. In den nächsten vier Tagen warst du mit Ärzten und Untersuchungen im Krankenhaus beschäftigt. Du eiltest nach Szenttamás, anschließend nach

Újvidék, dann wieder zurück nach Temerin. Deine Mutter bat dich, den Dachboden sauberzumachen, weil die Ratten überhandgenommen hätten. Das sei im Krieg immer so, sagte sie nickend. Anikó hob den Löffel, aß gequält die Suppe. Halt die Türen geschlossen, sagte sie, sonst kommen die Fliegen herein. Die Sirenen heulten ab und zu noch auf, aber die Luftschläge blieben aus. Nur im Süden, im Kosovo, fielen noch Bomben, hieß es. Du hattest keine Kraft mehr, an den Krieg zu denken.

An den Busbahnhöfen verbrachtest du Stunden mit Warten, die Haltestellen wurden immer schmutziger. Flugblätter mit Target-Abzeichen flatterten im Wind. Du standest herum und wartetest beharrlich. Dir war klar, dass sie Frieden schließen würden, aber du hattest auch keinen Zweifel daran, dass es nach dem Frieden noch schwerer würde. Die kaum wahrnehmbaren, zuweilen übertriebene Hoffnungen weckenden Unterschiede, die es in der serbischen Gesellschaft gab, hatten sich fast in nichts aufgelöst. Die Genesung würde lange dauern, und niemand wusste, welche Gefahren sie barg. Würde doch in Erfüllung gehen, was viele in Europa in den finsteren Stunden der letzten Jahrhunderte gefordert hatten? Dass sich die Freiheit mannhaft wehren möge. Nicht untätig bliebe. Begriffe, dass sie in Gefahr war! Sich wehrte! Denn allzulange hatte sie sich nicht gewehrt. Hatte sich zumindest in den Schicksalsstunden nicht gewehrt. Zig Millionen hatten es mit ihrem Leben bezahlt, weil niemand sie beschützte. Denn selbst die unbeständigste Freiheit war Verwöhnung für dein Jahrhundert gewesen, das einer hysterischen Frau glich. Manchmal wunderschön, gewiss. Manchmal das, aber stets auch launisch. Doch selbst diesen Wunsch ließ das Jahrhundert bei seinem leisetreterischen Abschied zum Jahrtausendende wahr werden, die Freiheit wehrte sich. Es war ein abstoßender Anblick, aber was hätte es sonst sein sollen? Dieses wunderschöne und hysterische Jahrhundert hatte es mit dem gleichen Hochmut wie all die anderen edlen

Ideale Wirklichkeit werden lassen. Wie Gift hatte es euch die vielen schönen, erhabenen Utopien ins Gesicht gespritzt. Ihr hattet ja danach verlangt. Genau danach; auch die, die sich im Augenblick der Erfüllung dagegen wehrten. Die Allergrößten, deren Ansehen heute außer Frage stand, hatten danach gerufen. Der europäische Humanismus hatte sich als fähig erwiesen, seine Ideale in kämpferischer Form neu hervorzubringen – so wie das ein deutscher Schriftsteller vor über einem halben Jahrhundert angemahnt hatte. Weil Europa sonst zugrunde ginge, ein bloßer geografischer Begriff würde. Armes Europa, erwidertest du, du müßiger Minderheitenschriftsteller, der du nicht einmal dem verängstigten Metzger hattest antworten können. Würde man ihn verschleppen, oder doch nicht? Was würde aus ihm werden? Weder dein kommunistischer Großvater, den die Partisanen vor seiner eigenen Haustür verprügelten, hatte antworten können. Noch dein Vater, dem die Serben eine weiße Armbinde angeheftet hatten, damit er ihnen den Mais umsonst brach. Solange seine Kräfte reichten! Und dann? Keiner wusste es. Schon hob man die Massengräber aus, bügelten die Frauen in deiner Straße die weißen Hemden. Dein Großvater überstand es, auch dein Vater, auch du. Europa würde vielleicht gerettet werden, aber der Gegend, in der du geboren wurdest, würde auf ewig ein unheilvoller geografischer Name anhaften. Vielleicht überstand es auch der Metzger. Und auch der Schaffner. Viele überstanden es. So, gerade nur so, erniedrigt, zum Schweigen gebracht und doch so, als sei gar nichts geschehen, alles geschah immer so, als sei gar nichts geschehen. Es gab keine Antwort. Nicht einmal deiner Mutter konntest du etwas antworten.

Ein paar Tage später, am 10. Juni, genau um Mitternacht, wurde der Friedensvertrag unterzeichnet. Bunte Raketen zuckten verspielt am Himmel, die Flugabwehrkanonen grollten furchterregend, aber es dröhnten, raunten keine Flugzeuge am Himmel, nur die Hunde aus der Gegend kläfften, winselten unheilverkündend in Richtung des Firmaments. Und ohne den Tagesanbruch abzuwarten, krähten die Hähne im Chor um Mitternacht. Immer mehr Gewehre knatterten in der Gegend. Dieses Freudenfest war ein riesiges Wagnis, dachtest du, ein Wagnis, das eine eingestandene Niederlage nicht verkraftete. Aber egal: alles oder nichts. Mochten doch alle zur Kenntnis nehmen, dass sich der Kosovo-Mythos erfüllt hat; Serbien hat Europa gegen Amerika verteidigt. Wie einst gegen die Türken. Europa war gerettet. Inzwischen mischte sich auch Maschinengewehrgeratter in die Feierlichkeiten. Vor allem in den von Siedlern bewohnten Stadtteilen knatterten die Gewehre in leidenschaftlichem Rhythmus, mit diesem Geknatter, Gedröhne ließ sich der Freudentaumel am besten zum Ausdruck bringen. Wie viele Waffen mochten sie in diesen Häusern versteckt halten, fragtest du dich. Wo bewahrten sie sie auf? Im Schuppen? Im Schlafzimmer? Neben dem Kommunistischen Manifest, das sich bekanntermaßen einer beinahe ebenso großen Beliebtheit erfreute wie das Gewehr?

In den ungarischen Stadtteilen jedoch blieben die Fenster dunkel, mit sorgenvollen Menschen dahinter, die wochenlang gesenkten Hauptes durch die Straßen gegangen waren, in der Hoffnung, auf diese Weise keinen Zorn auf sich zu ziehen. Im abgedunkelten Zimmer, aus dem Fenster spähend, überstand man sogar den Krieg.

Du standest im Hof deines Hauses in Temerin, ließt den Kopf hängen, du konntest dich nicht über den Frieden freuen, obwohl du jede Sekunde davon geträumt hattest. Anikó folgte dir, tastete sich im Dunkeln in den Hof hinaus, sie konnte sich infolge des Verkehrsunfalls kaum bewegen, dennoch schleppte sie sich hinaus. Frieden, sagtest du zu ihr und reichtest ihr den Arm. Sie sah dich nur ungläubig an. Sie musterte mit starrem Blick den Himmel, sie konnte ihren Hals kaum bewegen. Dort müsste der Saturn sein und dort die Venus, sagte sie. Siehst du sie, fragte sie. Du sahst nichts. Vielleicht sah auch sie sie nicht, dennoch waren sie sicher dort.

Ihr tastetet euch vorsichtig ins dunkle Zimmer zurück, Anikó schlüpfte unter großen Schmerzen wieder ins Bett. Was feiern sie, fragte sie. Den Sieg, erwidertest du. Unmöglich, sprach sie vor sich hin. Deshalb feiern sie es, sagtest du leise. Weil es unmöglich ist. Du zogst eine Zigarette heraus, ertastetest das Feuerzeug auf dem Tisch, die Flamme schlug hoch, einen Moment schien das Zimmer vom Licht einer verirrten Rakete zu erstrahlen. Du nahmst einen tiefen Zug an der Zigarette. Da war er also wieder, der heimtückische Aufschub. Wieder ein Aufschub! Wieder einmal ein Aufschub, nunmehr seit fast einem Jahrhundert. Man war niemandem Rechenschaft schuldig. Niemandem. Serbien bliebe auch in Zukunft das Land der Unschuldigen und Erniedrigten, und diese beiden zusammen ergaben die Hölle. Die verlorene Generation eines vergeudeten Landes würde kaum für etwas Rechenschaft ablegen. Dazu blieb keine Zeit. Später, irgendwann einmal. Vielleicht in absehbarer Zeit. Doch vorerst nicht. Nichts geschah. Alles geschah, als sei nichts geschehen.

Du schautest aus dem Fenster, wie herrlich der Garten und der Rasen waren. Du hattest einen Einfall: Wenn es Strom gab, gab es auch Wasser. Gutes, warmes Wasser zum Baden. Erst stelltest du dich unter die Dusche und ließt das heiße Wasser an dir hinunterlaufen. Du bekamst eine Gänsehaut am Rücken. Dann stiegst du in die Badewanne, du konntest vom schäumenden Wasser gar nicht genug bekommen. Du horchtest. Ab und zu blitzten in dem kleinen Badezimmerfenster die Lichter der Feier auf. Wie wohltuend das warme Wasser war! Wie angenehm die Dunkelheit war! Dann standest du auf, verdunkeltest das Fenster, machtest das Licht an, trocknetest dich ab. Rubbeltest dir lange die Haut. Zogst dir einen frischen Pyjama an. Dein Blick streifte die kleine Reisetasche. Du öffnetest sie. Nahmst den Rasierschaum, die Rasierklingen, den Pyjama heraus. Der Pyjama musste gewaschen werden, den Rasierschaum und die Rasierklingen stelltest du an ihren Platz neben die anderen. Du legtest dir einen

Anzug zurecht. Er war schön gebügelt. Du fandest auch eine passende Krawatte. Du ordnetest die Schlüsselbunde. Es dämmerte bald, ein wenig Schlaf täte dir gut, wenigstens ein paar Stunden, damit du am Morgen mit dem Rasenmäher den Rasen in Ordnung bringen konntest. Danach würdest du dich sicher an den Schreibtisch setzen und erschaudern: Wie schön du doch den Garten bestellt hättest.

Chronologie

Februar 1974 – laut neuer Verfassung werden die beiden autonomen Provinzen Vojvodina und Kosovo Teil des jugoslawischen Staatenbundes

Mai 1980 – Tod von Josip Broz Tito

Mai 1989 – das serbische Parlament wählt Slobodan Milošević, den Parteichef des Bundes der Kommunisten Serbiens, zum Vorsitzenden der serbischen Staatspräsidentschaft

Januar 1990 – *Mein Kampf* erscheint auf Serbisch

September 1990 – das serbische Abgeordnetenhaus ratifiziert die neue Verfassung Serbiens, in der die Autonomie des Kosovo und der Vojvodina aufgehoben wird

Mai 1991 – das slowenische Abgeordnetenhaus erklärt den Austritt Sloweniens aus dem jugoslawischen Staatenbund

Juni 1991 – das kroatische Parlament erklärt den Austritt Kroatiens aus dem jugoslawischen Staatenbund

September 1991 – Panzer der jugoslawischen Volksarmee bilden einen Belagerungsring um das kroatische Vukovar

Oktober 1991 – das bosnische Abgeordnetenhaus erklärt den Austritt Bosniens aus dem jugoslawischen Staatenbund

November 1991 – die jugoslawische Volksarmee erobert Vukovar, nachdem es dem Erdboden gleichgemacht wurde

April 1992 – die Armee der Republik Serbien bildet einen Belagerungsring um Sarajewo. Die Belagerung der Stadt dauert bis Dezember 1995

Juli 1995 – Serben begehen einen Genozid in Srebrenica. Etwa 8.000 Muslime werden niedergemetzelt

Dezember 1995 – Unterzeichnung des Friedensvertrags von Dayton, der den Kriegen in Jugoslawien ein Ende setzt

Juni 1998 – UNO-Generalsekretär Kofi Annan verurteilt die serbischen Sicherheitskräfte wegen Grausamkeiten gegen die Zivilbevölkerung

März 1999 – die jugoslawischen Streitkräfte ziehen 30.000 Soldaten im Kosovo ein

März 1999 – Beginn der achtundsiebzig Tage lang dauernden NATO-Luftangriffe. Etwa 800.000 Albaner flüchten aus dem Kosovo oder werden von der serbischen Polizei, der Armee beziehungsweise den paramilitärischen Einheiten vertrieben

Juni 1999 – Unterzeichnung des Abkommens von Kumanovo zwischen der NATO und Jugoslawien. Die NATO zieht unter der Aufsicht der UNO in den Kosovo ein

Ortsregister

Personenregister

Handke, Peter (1942), österreichischer Schriftsteller und Dramatiker. Bereiste Serbien zu Zeiten des Krieges, setzte sich persönlich und in seinen Schriften für das Land und für Milošević ein – 147

Heilige Sava (1175-1236), Heiliger des christlichen-orthodoxen Glaubens. Erster orthodoxer Erzbischof von Serbien – 101

Hitler, Adolf (1889-1945) – 19; 27; 201

Horthy, Miklós (1868-1957), ungarischer Admiral und Staatsmann, konservativer Verteidigungsminister von Ungarn (1919-1944), sympathisierte mit Mussolini – 22; 163

Jelzin, Boris (1931-2007), erster Staatspräsident der Russischen Föderation (1991-1999) und erstes demokratisch gewähltes Staatsoberhaupt in der Geschichte Russlands – 17; 26; 63; 68; 147

Karadžić, Vuk (1788-1864), als Übersetzer der hl. Schrift wichtiger Vertreter der serbischen Sprachreform des 19. Jh. – 24

Karadžić, Radovan (1945), ehemaliger Politiker und Präsident in Bosnien und Herzegowina. Im Zusammenhang mit dem Bosnienkrieg liegt seit 1996 ein internationaler Haftbefehl des Haager Tribunals gegen ihn vor. Er ist bis heute untergetaucht – 76

Konrád, György (1933), ungarischer Schriftsteller – 76; 233

Koštunica, Vojislav (1944), Gründer der sich als gemäßigt nationalistisch bezeichnenden Demokratischen Partei Serbiens. Ehemaliger Präsident Jugoslawiens (2000-2003) und seit 2004 Premierminister von Serbien – 79

Kosztolányi, Dezső (1885-1936), ungarischer Schriftsteller – 158

Kraljević, Marko (1331-1355), idealisierter Held der Serben, der gegen die Türken kämpfte – 101; 204

Lenin, Wladimir Iljitsch (1870-1924) – 7; 26

Lukaschenko, Aljaksandr (1954), seit 1994 Präsident der Republik Weißrussland – 16; 147

Le Pen, Jean-Marie (1928), rechtsextremer französischer Politiker – 145

Sachregister

AFP (Agence France-Presse), internationale Nachrichtenagentur

BBC, britischer Nachrichtensender

Beli Dvor, ein in den dreißiger Jahren für die serbischen Könige erbautes Schloss. Nach dem Zweiten Weltkrieg diente es protokollarischen Zwecken

Chasaren, ursprünglich nomadisches, später halbnomadisches Turkvolk ungeklärter Herkunft in Zentralasien, das im 9. Jahrhundert zum jüdischen Glauben konvertierte

Chasarisches Wörterbuch, literarisches Lexikon von Pavić, in dem er die Polemik zwischen Vertretern des jüdischen, christlichen und islamischen Glaubens darstellt und miteinander verknüpft

CNN, amerikanischer Nachrichtensender

Deutsche Welle, deutscher Auslandsrundfunk

Duna TV, Budapester Fernsehsender

Frauen in Schwarz, internationales Netzwerk von Frauen, die für Frieden und Gerechtigkeit arbeiten. Sie protestierten gegen die Kriegspolitik des serbischen Regimes

Joghurt-Revolution, im Oktober 1988 von Milošević angeführte Demonstration in Újvidék, bei der die Demonstranten das Rathaus solange mit Joghurtbechern bewarfen, bis die autonomen Politiker der Vojvodina zurücktraten. Daraufhin übernahm Miloševićs Gefolgschaft die Macht in der Vojvodina

Kajmak, aus der Sahne von erhitzter Milch hergestellter Rahmkäse

Kolo, serbischer Kreistanz

Kosava, aus Russland kommender, außerordentlich kalter Ostwind an der Donau

Kulen, Hartwurst

Lángos, in Fett gebackener ungarischer Hefefladen

Magyar Szó, ungarische Tageszeitung in der Vojvodina

Pecsenye, Braten

Radio Kossuth, ungarischer Radiosender

RFI, Radio France International

Sajkaca, serbische Soldatenmütze

Sarma, eine Art Kohlroulade

Sender Freies Europa, ein durch den amerikanischen Kongress unterstützter Radiosender, der für die Bewohner Osteuropas Programme sendete

Somloer Spätzle, ungarische Süßspeise

Strapatschka, slowakisches Gericht mit Kartoffelnudeln

Target-Abzeichen, dieses Zeichen trugen in Serbien die Nato-Gegner

Times, britische Tageszeitung

Tschetnik-Symbol (serb. *Četnik*), kommt von serb. *Četa* (Truppe). Tschetniks waren volkstümliche und meist antikommunistische Milizen, die für die nationalen Interessen Serbiens kämpften. Ihr Wahrzeichen ist eine schwarze Pelzmütze mit einem Totenkopf-Emblem

UCK, Befreiungsarmee im Kosovo. Begann 1998 den bewaffneten Kampf zur Befreiung des Kosovo

Vreme, oppositionelles serbisches Politmagazin